多元能力觉醒

学生项目式班本课程的思考与实施

牟海霞　著

中国海洋大学出版社

· 青岛 ·

图书在版编目（CIP）数据

多元能力觉醒：学生项目式班本课程的思考与实施 /
牟海霞著 . -- 青岛：中国海洋大学出版社，2025.9.
ISBN 978-7-5670-4114-1

Ⅰ．G622.3

中国国家版本馆 CIP 数据核字第 2025ML3491 号

多元能力觉醒：学生项目式班本课程的思考与实施

DUOYUAN NENGLI JUEXING: XUESHENG XIANGMU SHI
BANBENKECHENG DE SIKAO YU SHISHI

出版发行	中国海洋大学出版社		
社　　址	青岛市香港东路 23 号	邮政编码	266071
网　　址	http://pub.ouc.edu.cn		
出 版 人	刘文菁		
订购电话	0532-82032573（传真）		
责任编辑	王　慧	电　　话	0532-85901092
电子信箱	shirley_0325@163.com		
印　　制	青岛中苑金融安全印刷有限公司		
版　　次	2025 年 9 月第 1 版		
印　　次	2025 年 9 月第 1 次印刷		
成品尺寸	170 mm × 230 mm		
印　　张	19.75		
字　　数	278 千		
印　　数	1—1 000		
定　　价	80.00 元		

发现印装质量问题，请致电 0532-85662115，由印刷厂负责调换。

序

PREFACE

　　晨光漫过教室窗棂时，我总想起老校园那棵百年梧桐。它的年轮里镌刻着24道节气纹，春分抽新芽，霜降铺金毯，年复一年注视着穿梭于校园的少年。这让我开始思考：教育是否也该有属于自己的节气历法？那些在标准化课程表里整齐排列的40分钟格子，或许正需要注入些天地自然的气韵。

　　2021年的谷雨，几个学生蹲在花坛边争论蚂蚁搬家的路线。这个偶然的场景催生出持续三周的项目课程：他们用放大镜观察并记录昆虫苏醒的轨迹，用图表分析温度与生物活动的关系，最后竟用废弃纸箱搭建出立体生态模型。当那个总爱揪女生辫子的男生，小心翼翼地捧来标注着23种昆虫的观察手账时，我忽然理解了何为"教育谷雨"——当知识学习遇上生命萌动的节气，沉默的种子里自有破土的力量。

　　我们的课程改革就像在编织一张捕梦网。用芒种的汗水浸润土地丈量课，把数学单位换算成田垄间的脚步；借白露的晨霜设计冷凝实验，让科学课本上的相变原理凝结成掌心的露珠。最动人的是冬至那天的"长夜读书会"，学生用几何计算烛光照明范围，引用《月令七十二候集解》讨论极夜现象，最后用毛毡制作出带温度传感的夜读灯。这些闪着微光的时刻，都在诉说着教育本该有的样子——不是往容器里注水，而是点燃簇簇星火。

　　在这条探索之路上，教师更像是掌握节气的农人。记得小满时节带学生调研社区菜市，数学教师教统计时顺带讲解"小满者，物致于此小得盈满"的智慧，美术教师带着速写本捕捉摊贩掌纹里的岁月。当卖菜阿婆受邀到课堂讲述

1

二十四节气农谚时，课程的生命力便如同雨水渗入土地般自然生发。这种打破围墙的教育，让知识在每个生命经验里找到扎根的缝隙。

十年树木的深意，或许就藏在这样的慢生长里。雨水节气观察过檐角水滴的孩子，三年后在科学竞赛中设计出精妙的流体实验；秋分时痴迷测绘日影的少年，如今在天文社团继续追索光影的奥秘。教育不该是催熟的暖棚，而要像农人一样懂得留白——在春分的躁动里容得下凝思的静默，在大雪的封藏中守得住萌芽的信念。

此刻书页间这些带着露水的案例，与其说是课程样本，不如说是无数个教育瞬间的切片。当您看到寒露课程里那个把晨露结晶画成星系图的女孩，或者处暑实践中那个为老旧空调设计节能罩的男孩，相信您也会看见：真正的教育变革从来不在宏大的叙事里，而在每个顺应天时的细微处。这或许就是教育节气论最深的隐喻——不是追赶时光，而是让生命在属于自己的节气里，长成该有的丰茂模样。

牟海霞

2025 年 5 月于青岛

一位班主任的12年班本课程实践手记

春萌:埋下一粒种子的故事

12年前的惊蛰,当第一声春雷掠过青岛市市南实验小学三楼拐角的教室时,我正蹲在地上和几个五年级的孩子用硬纸板搭建简易温箱。窗台上的紫藤嫩芽还没探出新绿,我们试图用自制的装置验证"地气上升"的节气谚语。那个用电子温度计、矿泉水瓶和锡箔纸拼凑的"土法观测仪",后来成了一个"精密物联网气象站"的"原始胚胎"。这间不足60平方米的教室,从此成了我和每一届学生共同耕作的课程试验田。我们像候鸟般遵循节气迁徙学习场域:春分日测量梧桐落叶堆积层的酸碱度,夏至时在操场绘制日晷投影曲线,霜降后追踪校园池塘微生物群落的变化。这些看似随性的探索,最终编织成二十四节气课程图谱的经纬,而图谱的每个结点,都记录着生命在真实场景中的觉醒时刻。

记得2015年清明前的那个雨天,小雨同学——那个总在课堂角落叠纸船的沉默男孩——突然抱来三个玻璃罐。罐里分别装着雨水、自来水和矿泉水,罐壁歪歪扭扭贴着"清明三候"的标签。"老师,虹始见的时候,是不是光的折射率会突变?"他指着窗外雨帘后隐约的彩虹,眼里闪着我从未见过的光。这个提问,开启了持续三年的"节气光学图谱"研究。如今在学校的实验室里,那台能自动记录大气折光率的智能装置,操作面板上还刻着小雨设计的桐花纹样。

这类故事在12年里不断重演:总有些孩子的智慧火花在某个节气节点突然被点燃,将传统文化的密码转化为科学探究的火种。记得我的导师曾说:"你们教室的节气不单是时间刻度,更是认知跃迁的里程碑。"这句话点破了班本课程的核心——让知识生长回归自然节律,使学习成为生命体感知世界的本能。

夏长：破土而出的课程枝丫

课程形态的蜕变往往始于某个不经意的瞬间。2017 年小满时节，当孩子们把麦穗含水率测量数据与诗歌《观刈麦》的情感曲线叠加分析时，我忽然意识到：跨学科学习不应是刻意的知识拼盘，而应像藤蔓一样攀缘，寻找支撑点。

那个夏天，我们开始系统构建"节气课程四维模型"：物候观测场（每个节气定点记录 10 种动物或植物的生长参数）、文化解码头（建立节气诗词与科学文献的对照数据库）、问题发生器（从节气现象中提炼 108 个驱动性问题）、成果孵化器（搭建跨年级项目传承平台）。芒种时节的麦田数学成为首个经典案例。孩子们带着量角器和风速仪走进麦浪，原本单纯的劳动体验演变成多维度探究：麦秆倒伏角度与产量的函数关系、麦穗芒刺排列的斐波那契数列规律、收割号子节奏与劳动效率的关联分析。其他班的教师看到我的学生自制的《麦田里的数学猜想手册》时惊叹："这不仅是跨学科，简直是认知的转基因工程！"

这样的转型充满艰辛。2019 年秋分，当我们试图整合科学重心原理与传统竖蛋习俗时，整整两周的失败让教室地面铺满蛋壳。直到有学生发现"蛋液凝固度对重心的影响"，用不同熟度的鸡蛋创造性地解决了难题。这个教训催生出"容错性课程设计五原则"：留白、试误、重组、迭代、庆典。现在，每年秋分的竖蛋挑战赛已成为全校盛事，那些曾经破碎的蛋壳，被学生烧制成琉璃镇纸，永远封存着失败的价值。

秋收：沉甸甸的实践智慧

历经六轮节气循环，课程体系渐趋丰盈。2020 年寒露，第一届学生返校参加"节气课程发展论坛"。已经成为材料工程师的小雨，带来了用气凝胶复刻的古籍测雪器；在中国农业科学院工作的小雯展示了基于当年麦田数据育出的抗旱麦种；连当初最坐不住的小杰，也以非遗传承人身份演示了改良版节气农具。望着这些在不同领域绽放的生命，我忽然懂得：好的班本课程就像节气，既塑造生命的节律，又被生命重新定义。

在各级领导专家的指导下，我们提炼出"教师课程领导力四阶发展模型"：惊蛰阶（发现班级特有的物候信号）、夏至阶（设计跨学科生长支架）、白露阶（构建动态评价生态系统）、冬至阶（沉淀校本化理论成果）。这个过程布满荆棘。2021 年霜降，当我们尝试将项目式班本课程推广到随迁子女占 80% 的新班级时,地域文化差异导致课程严重"水土不服"。来自南方的孩子不理解"冬至数九",在他们的记忆中新年也是温暖的。这场危机反而催生出更包容的课程形态——现在的节气课程图谱上,"地域物候对比研究"已成为必修模块,教室里的节气文化墙贴满了不同版本的《数九歌》。

冬藏:静默中的生长力量

教育最动人的力量,往往在看似停滞的冬季孕育。孤独症儿童阳阳的故事,就是最温暖的见证。连续三年的冬至饺子宴,他总是安静地捏着面团。直到第四年立冬,他突然指着蒸汽说:"云在煮饺子。"这句诗意的表达,触发全班对"物态变化与节气饮食"的深度研究。现在的阳阳已成为学校气象站首席插画师。这样的奇迹源于静待花开的勇气。在"速成教育"盛行的今天,我们坚持每个项目至少跨越两个节气周期。2018 年启动的"梧桐年轮密码"项目,通过连续五年追踪同一棵树的生长数据,终于在今年春分破解了城市热岛效应与木质部结构的关联规律。

课程进化的过程也是教师的自我觉醒。12 年间,我的角色从知识传授者蜕变为学习生态的营造者。那些熬夜编写的校本教材,反复修改的评价量表,以及与各领域专家碰撞出的思想火花,最终凝结成三个核心理念:第一,教室应是缩微的自然系统。第二,错误应是珍贵的生长素。第三,教师应是勤勉的园丁而非精巧的工匠。

轮回:永不落幕的生命课堂

如今,当新教师问我班本课程的秘诀时,我总带他们去看那株窗台上的紫藤。12 年前的嫩枝已长成覆盖整面外墙的植物幕墙,它的卷须曾勾住风向标传感器,落叶曾成为腐殖质实验样本,花穗曾启发仿生学设计。最重要的是,每届学生都在它的年轮里留下独特的印记:2015 届刻下的莫尔斯电码,2020 届嵌入的纳米防水膜,还有正在进行的水质实验装置。这株紫藤见证着课程最本质的规律——真正的教育永远是未完成时。就像我们至今仍在完善的"物候课程图谱",就像每年冬至仍在续写的《班级节气志》。这些永远"在路上"的课程形态,恰恰构成了抵御教育异化的抗体。

站在第 12 个年轮的交界点,我常想起钱理群教授的话:"教育是慢的艺术。"

但在这间充满传感器低鸣与古籍墨香的教室里，在孩子们测量露珠折射率的专注眼神中，在跨届传承的项目笔记里，我分明看见缓慢生长中迸发的惊人力量。这份力量正突破教室的物理边界，如同那株紫藤的根系，悄然延伸向更广阔的教育原野。

牟海霞

2025 年 5 月于青岛

目录
CONTENTS

春之篇

立春　春芽探秘：植物观察与民俗手工制作（低年级）／3

立春　春芽探秘：植物观察与民俗手工制作（高年级）／8

雨水　水滴旅行：水循环实验与诗歌创作（低年级）／14

雨水　水滴旅行：水循环实验与诗歌创作（高年级）／19

惊蛰　昆虫乐园：探秘昆虫世界与自然剧场（低年级）／25

惊蛰　昆虫乐园：探秘昆虫世界与自然剧场（高年级）／30

春分　平衡魔法：立蛋挑战与风筝设计（低年级）／36

春分　平衡魔法：立蛋挑战与风筝设计（高年级）／41

清明　生命对话：踏青绘画与感恩手账（低年级）／47

清明　生命对话：踏青绘画与感恩手账（高年级）／52

谷雨　种豆得豆：农耕体验与茶艺启蒙（低年级）／58

谷雨　种豆得豆：农耕体验与茶艺启蒙（高年级）／62

夏之篇

立夏　清凉发明：降温工具制作与树叶标本（低年级）／71

立夏　清凉发明：降温工具制作与树叶标本（高年级）／77

小满　麦香故事：麦穗手工＋粮食保卫战（低年级）／85

小满　麦香故事：麦穗手工＋粮食保卫战（高年级）／90

芒种　小小农夫：迷你菜园与稻草人设计（低年级）／98

芒种　小小农夫：迷你菜园与稻草人设计（高年级）／104

夏至　影子游戏：日晷制作＋光影绘画（低年级）／113

夏至　影子游戏：日晷制作＋光影绘画（高年级）／120

小暑　防暑行动：凉茶调配＋社区宣传（低年级）／128

小暑　防暑行动：凉茶调配＋社区宣传（高年级）／134

大暑　冰雪奇缘：制冰实验与夏日冰雪派对（低年级）／144

大暑　冰雪奇缘：制冰实验与夏日冰雪派对（高年级）／150

秋之篇

立秋　树叶密语：叶脉书签与自然拼贴画（低年级）／161

立秋　树叶密语：叶脉书签与自然拼贴画（高年级）／165

处暑　能量侦探：太阳能小车趣味探索（低年级）／172

处暑　能量侦探：太阳能小车趣味探索（高年级）／177

白露　水晶世界：露珠观察与果冻天气瓶制作（低年级）／184

白露　水晶世界：露珠观察与果冻天气瓶制作（高年级）／190

秋分　趣探索：水果电池与天平游戏（低年级）／197

秋分　趣探索：水果电池与天平游戏（高年级）／201

寒露　种子银行：种子分类＋创意手工（低年级）／208

寒露　种子银行：种子分类＋储存实验（高年级）／213

霜降　果蔬魔法：保鲜与果酱制作（低年级）／220

霜降　果蔬魔法：保鲜与果酱制作（高年级）／225

冬之篇

立冬　魔法屋：地窖模型制作与暖宝宝 DIY（低年级）／235

立冬　魔法屋：地窖模型制作与暖宝宝 DIY（高年级）／240

小雪　彩虹魔法：棱镜实验与雪景沙画（低年级）／247

小雪　彩虹魔法：棱镜实验与雪景沙画（高年级）／252

大雪　冰雪城堡：纸屋承重实验与雪花剪纸（低年级）／259

大雪　冰雪城堡：纸屋承重实验与雪花剪纸（高年级）／264

冬至　阳光礼物：饺子宴与灯光秀（低年级）／271

冬至　阳光礼物：饺子宴与光影艺术（高年级）／276

小寒　鸟巢庇护所：喂鸟器制作与冬日童话剧（低年级）／283

小寒　鸟巢庇护所：喂鸟器制作与冬日童话剧（高年级）／288

大寒　年味工坊：传统玩具与家庭春晚（低年级）／295

大寒　年味工坊：传统玩具与家庭春晚（高年级）／300

春之篇

鸟鸣涧

唐 王维

人闲桂花落，夜静春山空。

月出惊山鸟，时鸣春涧中。

立春
（低年级）

春芽探秘:植物观察与民俗手工制作

一 项目基本信息

　　项目名称是"立春 春芽探秘:植物观察与民俗手工制作"。主学科是科学、美术。关联学科是语文、综合实践。授课年级为小学低年级(一至三年级)。教学单元或知识点:科学中的植物生长规律、观察方法,美术的绘画技巧、手工制作,语文中描写春天的诗词积累,综合实践中的节气习俗体验。课时安排:课内 3 课时 + 课外 2课时。项目概要:本项目就像一场有趣的冒险之旅。在立春这个特别的节气,师生一起去探寻春芽的秘密,还要动手制作有创意的民俗手工作品。在这个过程中,学生能了解到植物的神奇变化,感受传统民俗文化的魅力,锻炼观察能力、动手能力,还能爱上自然科学,增长综合素养。

二 项目内容分析

(一)课标分析

　　内容要求:科学方面,学生要学会像小侦探一样观察植物的生长变化,弄清楚植物生长都需要哪些条件。美术方面,掌握绘画技巧、手工制作方法,能用各种材料创作出有创意的作品。语文方面,多积累描写春天的优美词句和诗词。综合实践方面,积极参加与节气相关的实践活动,体验传统习俗。

　　教学建议:教师教学生用科学的方法记录植物的生长过程。在美术课上,教师准备多种有趣的材料,让学生尽情发挥创意。语文课上,师生一起欣赏描写春天的文学作品,感受文字的魅力。综合实践活动中,学生亲身体验节气习俗。

　　学业质量标准:学生要能准确地说出立春时节植物的特征和生长变化,画出生动的画或者做出精致的手工作品,还要熟练背诵描写春天的诗词,大方地分享自己

3

在节气活动中的有趣经历和感受。

（二）教材分析

纵向来看，不同年级的教材对植物、季节、传统文化这些内容的讲解越来越深入。这次的项目就是在之前学习的基础上，来一次升级。横向分析，科学、美术、语文、综合实践这些学科就像好伙伴一样，在立春这个主题上紧紧相连。科学提供知识基础，美术负责创意表达，语文丰富文化内涵，综合实践让学生体验感悟。

（三）学情分析

学生对自然现象和手工活动感兴趣，也有一定的观察能力和简单的手工操作技能。但是，对于植物生长的科学知识，学生了解得还不够多。把观察到的东西变成艺术作品和文字描述，对学生来说也有点困难。虽然学生对传统文化有了初步认识，但是对立春习俗的内涵，还需深入挖掘。

（四）核心知识设计

科学：探索立春时节植物的生长特点，学会观察植物的方法、记录的小窍门。

美术：运用绘画技巧画出可爱的春芽，学习制作民俗手工。

语文：积累描写立春和春天的诗词、词句，让自己的语言表达能力变得更强。

综合实践：了解立春的传统习俗，参加有趣的实践活动，感受传统文化的魅力。

三  驱动性问题/任务设计

（一）应用情境分析

应用情境原型是充满神秘的校园植物园和热闹欢乐的传统民俗活动现场。这是一个把校园生活和实际生活完美结合的奇妙情境，就像进入了一个充满惊喜的魔法世界。

（二）驱动性问题/任务设计

驱动性问题：立春来了，到处都充满了生机。我们怎么通过观察可爱的春芽，制作有创意的民俗手工，去感受春天的气息和传统文化的魅力呢？

最终作品：一本植物观察手册，记录下立春时节植物的生长变化，配上自己画的漂亮插画和有趣的文字描述；一组漂亮的民俗手工制品，例如，制作超精美的春幡，用黏土捏出可爱的春芽造型作品。

（三）驱动性问题/任务框架

寻找校园里的春芽小秘密：关联知识与技能为科学观察方法、植物知识。阶段性作品/成果为植物观察记录卡。收集立春民俗宝藏资料：关联知识与技能为语文阅读、资料收集。阶段性作品/成果为民俗资料卡片。绘制植物观察手册草图：关联知识与技能为美术绘画、文字书写。阶段性作品/成果为手册草图。制作民俗手工制品：关联知识与技能为美术手工制作技巧。阶段性作品/成果为春幡、黏土作品等。

四 项目目标与评价设计

（一）项目学习目标

A类目标为学生将会知道的内容（学科知识）。A1：知道立春的时间和气候特点，了解春芽的生长特征。A2：了解立春的民俗文化和传统习俗。A3：积累描写立春和春天的诗词、词句。

B类目标为学生将能做到的部分（学科素养、通用素养）。B1：认真观察，详细记录春芽的生长过程，完成植物观察手册。B2：熟练制作有创意的民俗手工制品。B3：能够流畅背诵相关诗词，在交流中巧妙运用优美词句。

（二）项目评价设计

对于A1、B1目标，评价依据是植物观察手册，评价方式是教师评价、学生互评。对于A2、B2目标，评价依据是民俗手工制品、民俗资料卡片，评价方式是教师评价、小组评价。对于A3、B3目标，评价依据是诗词背诵、课堂交流表现，评价方式是教师评价、同学评价。

五 项目活动设计

（一）启动阶段（问题情境、项目计划）

1. 创设情境

教师播放立春时节大自然万物复苏的视频，展示春芽萌动图片，再讲一讲立春的传统习俗故事，包括咬春、打春牛等，激发学生的兴趣。教师观察学生在课堂上的参与度、提问的积极性并记录。对应学习目标是A1、A2。

2. 制订计划

学生分组讨论项目任务，一起确定植物观察的地点、内容和时间安排，还有民俗手工制作的种类，每个人都有自己的小任务。学生撰写项目计划书。教师从计划书的完整性、任务分配的合理性来评价计划书质量并打分。

（二）探究阶段（活动探究、作品制作）

1. 植物的观察

教师带学生去校园植物园，指导学生用科学的观察方法，观察春芽的形态、颜色、生长速度，然后学生认真记录在观察手册上。学生要带放大镜、尺子、观察手册，做植物观察记录。教师依据观察记录的准确性、详细程度来评价。对应学习目标是A1、B1。

2. 民俗资料的收集

学生查阅图书、上网搜索，收集立春的民俗文化、传统习俗等资料，然后制作成超酷的资料卡片。从资料卡片内容的丰富性、准确性以及资料的相关性等方面，进行小组之间的互相评价。对应学习目标是A2。

3. 作品的制作

教师教学生美术技巧。学生根据观察记录制作植物观察手册，用收集的民俗资料制作民俗手工制品。学生要运用彩笔、画纸、手工材料制作植物观察手册、民俗手工制品。从观察手册的内容质量、绘画水平，手工制品的创意、制作工艺等方面，进行教师评价和学生互评，选出最有创意的小艺术家。对应学习目标是A2、B1、B2。

（三）展示阶段（成果交流、评价反思）

1. 成果展示

举办一场热闹的成果展示会，学生展示植物观察手册和民俗手工制品，分享自己在观察和制作过程中的有趣收获和体会。从展示的内容、表达的清晰程度、作品的质量等方面，进行教师评价、学生互评和同学评价，看看谁是最厉害的分享小达人。对应评价目标是A1、A2、B1、B2。

2. 评价反思

学生从知识掌握、观察能力、手工制作技能、团队协作等方面进行自我评价和小组评价，一起总结项目过程中的经验和不足。学生撰写反思报告。教师从反思报告的深度、对自身问题的剖析准确性等方面来评价。

（四）知识拓展与文化传承

教师介绍与立春相关的诗词、谚语，例如，"律回岁晚冰霜少，春到人间草木知"，与学生一起感受古人对春天的赞美。教师鼓励学生课后和家人一起参加立春的传统活动,例如,吃春饼,然后把自己的有趣体验分享给同学。

(五)立春的故事

很久很久以前,人们靠打猎、捕鱼和采摘野果生活。有一年冬天,大雪下得没完没了,食物越来越少,大家又饿又冷。有个勇敢的年轻人叫阿福,他决定出去找吃的。阿福走了好久,终于在一个山谷里发现了一些嫩绿的新芽。他小心翼翼地挖了一些带回去,大家尝了尝,哇,这些新芽不仅能吃,还特别美味!后来,人们为了纪念阿福,也为了庆祝春天的到来,每到立春这一天,就会去找刚发芽的植物,慢慢地就有了"咬春"的习俗。

 附 录

可照下面的综合评价表设计其他节气项目式课程的综合评价表。

综合评价表

评价维度	评价指标	自评	互评	总评
学习态度	提前通过简单途径收集跨学科学习主题的相关资料	☆☆☆☆☆	☆☆☆☆☆	☆☆☆☆☆
	在课堂或小组讨论时积极发言	☆☆☆☆☆	☆☆☆☆☆	☆☆☆☆☆
	面对学习任务,尝试用不同方法解决	☆☆☆☆☆	☆☆☆☆☆	☆☆☆☆☆
	主动向他人请教并尝试改进学习方法	☆☆☆☆☆	☆☆☆☆☆	☆☆☆☆☆
知识整合与运用	能运用两门学科知识到学习任务中	☆☆☆☆☆	☆☆☆☆☆	☆☆☆☆☆
	讲述各学科知识在解决问题时的联系	☆☆☆☆☆	☆☆☆☆☆	☆☆☆☆☆
	借助多学科知识,提出新的想法	☆☆☆☆☆	☆☆☆☆☆	☆☆☆☆☆
	在熟悉的场景中,运用跨学科知识解决问题	☆☆☆☆☆	☆☆☆☆☆	☆☆☆☆☆
解决问题	在一定时间内发现问题	☆☆☆☆☆	☆☆☆☆☆	☆☆☆☆☆
	尝试制定解决问题的办法	☆☆☆☆☆	☆☆☆☆☆	☆☆☆☆☆
	在解决问题过程中能做出调整	☆☆☆☆☆	☆☆☆☆☆	☆☆☆☆☆
	简单总结解决问题的经验	☆☆☆☆☆	☆☆☆☆☆	☆☆☆☆☆
团队协作	明确自己在小组中的任务并努力完成	☆☆☆☆☆	☆☆☆☆☆	☆☆☆☆☆
	积极参与小组交流	☆☆☆☆☆	☆☆☆☆☆	☆☆☆☆☆
	和小伙伴友好相处	☆☆☆☆☆	☆☆☆☆☆	☆☆☆☆☆
	帮助小伙伴解决问题	☆☆☆☆☆	☆☆☆☆☆	☆☆☆☆☆

续表

评价维度	评价指标	自评	互评	总评
成果展示	成果包含两门及以上学科知识	☆☆☆☆☆	☆☆☆☆☆	☆☆☆☆☆
	采用较新颖的方式展示成果	☆☆☆☆☆	☆☆☆☆☆	☆☆☆☆☆
	展示时要表达清楚	☆☆☆☆☆	☆☆☆☆☆	☆☆☆☆☆
	根据他人的意见改进成果	☆☆☆☆☆	☆☆☆☆☆	☆☆☆☆☆

最终作品评价表

评价维度	评价指标	自评	互评	总评
植物观察手册	观察记录准确而详细,绘画生动得就像植物在纸上活了一样,文字描述清晰流畅,还能体现出自己对植物生长变化的思考	☆☆☆☆☆	☆☆☆☆☆	☆☆☆☆☆
民俗手工制品	制作精细,创意满满,能完美体现立春民俗特色,春幡造型美,寓意明确	☆☆☆☆☆	☆☆☆☆☆	☆☆☆☆☆

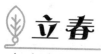

立春

（高年级）

春芽探秘：植物观察与民俗手工制作

一 项目基本信息

项目名称是"立春 春芽探秘：植物观察与民俗手工"。主学科是科学、美术、综合实践。关联学科为语文。授课年级是小学高年级（四至六年级）。教学单元或知识点：科学探究春芽生长的生理机制、环境影响因素；美术运用多种艺术形式创作春芽主题作品；综合实践组织学生参与立春民俗活动,传承文化；语文赏析立春诗词,进行创意写作,研究立春民俗的起源与演变,分析不同地区立春时节的气候与植物生长差异,学习植物的分类、生长周期与生态关系。课时安排：课内5课时＋课外4课时。项目概要：立春是万物复苏的起点,本项目将带领学生深入探索春芽的奥秘,了解与之相关的民俗文化。通过多学科融合学习,学生不仅能掌握丰富的知识和技能,还能培养文化传承意识和科学探究精神,提升综合素养。

二 项目内容分析

(一)课标分析

内容要求:科学方面,理解春芽生长的生理过程,探究环境因素对其生长的影响;美术方面,运用不同材料和技法创作体现立春特色的艺术作品;综合实践方面,策划并参与立春民俗活动,传承立春文化;语文方面,深度赏析立春诗词,进行创意写作,梳理立春民俗的历史脉络,分析不同地区立春气候与植物生长的联系,掌握植物分类和生长周期知识。

教学建议:组织学生开展实地考察、实验探究、文化调研等活动,运用多媒体资源辅助教学,鼓励学生参与小组合作、交流展示。

学业质量标准:能系统阐述春芽的生长原理和环境对春芽生长的影响,创作出高质量的艺术作品,撰写优秀的文章和调研报告,策划并执行有意义的民俗活动,清晰地讲解历史文化和地理知识。

(二)教材分析

纵向来看,前期教材已为学生积累了部分相关知识,本项目将在此基础上进行深度拓展与综合运用。横向分析,科学、美术等多学科相互关联,从不同角度共同诠释立春的文化与科学内涵,促进学生全面发展。

(三)学情分析

先验知识:学生已有一定的学科基础知识,但知识体系不够完善,缺乏对知识的深度理解和综合运用能力。技能方面:学生具备一定的观察、分析和表达能力,但科学研究方法、艺术创作技巧和团队协作能力有待提高。思维特点:学生开始具备抽象逻辑思维,对探究活动有较高的热情,但还需进一步培养自主探究和创新能力。

(四)核心知识设计

科学:深入研究春芽生长的科学原理和环境适应性。

美术:创作具有创意和文化内涵的春芽主题艺术作品。

综合实践:策划并组织立春民俗活动,传承立春文化。

语文:深度赏析与立春有关的诗词,进行创意写作。

历史与地理：探究立春民俗的历史渊源和地理差异。

生物：了解植物的分类和生长周期与春芽生长的关系。

三 驱动性问题/任务设计

（一）应用情境分析

应用情境为校园植物园、图书馆、博物馆以及社区文化场所。学生在校园进行观察和创作，在图书馆查阅资料，在博物馆了解历史文化，在社区参与民俗活动，形成多场景融合的学习环境。

（二）驱动性问题/任务设计

驱动性问题：在立春时节，如何运用多学科知识深入探究春芽生长的奥秘，传承和创新立春民俗文化？

最终作品：一份专业的春芽生长研究报告，涵盖科学实验数据、环境分析、生长规律总结；一组创意春芽主题艺术作品集，包括绘画、手工、摄影等多种形式；一份有影响力的立春民俗活动策划与实施记录，包含活动方案、执行过程和效果评估。

（三）驱动性问题/任务框架

探索春芽生长密码：关联知识与技能为科学实验、数据分析。阶段性作品/成果为春芽生长观察记录。挖掘立春文化内涵：关联知识与技能为语文阅读、历史研究。阶段性作品/成果为立春文化研究报告。创作春芽艺术盛宴：关联知识与技能为美术创作、创意表达。阶段性作品/成果为艺术作品草图。传承立春民俗传统：关联知识与技能为综合实践策划、组织协调。阶段性作品/成果为立春民俗活动方案。

四 项目目标与评价设计

（一）项目学习目标

A1：精通春芽生长的科学知识和环境影响因素。A2：深入理解立春诗词和民俗文化内涵。A3：掌握多种春芽主题艺术创作技巧。A4：学会策划和组织民俗活动的方法。A5：了解立春民俗的历史演变和地理差异。A6：掌握植物分类和生长周期知识。A7：培养对传统文化的热爱和传承意识。B1：独立完成高质量的春芽生长研究报告。B2：创作优秀的立春主题文学作品，讲解民俗文化。B3：创作出具有艺术感染力的春芽主题作品。B4：成功策划并执行立春民俗活动，传承立春文化。B5：分析历史演变和地理差异对民俗的影响。B6:准确识别春芽所属植物类别,解释生长周期特点。B7:积极参与文化传承活动,传播立春文化。

(二)项目评价设计

对于 A1、B1 目标,评价依据是春芽生长研究报告、实验操作表现,评价方式是教师评价、学生自评。对于 A2、B2 目标,评价依据是立春主题文学作品、文化讲解,评价方式是教师评价、学生互评。对于 A3、B3 目标,评价依据是春芽主题艺术作品、创作过程记录,评价方式是教师评价、小组互评。对于 A4、B4 目标,评价依据是立春民俗活动策划与实施记录、活动效果,评价方式是教师评价、师生互评。对于 A5、B5 目标,评价依据是立春文化研究报告、课堂表现,评价方式是教师评价、学生自评。对于 A6、B6 目标,评价依据是植物分类识别记录、知识问答,评价方式是教师评价、小组评价。对于 A7、B7 目标,评价依据是文化传承活动记录、宣传成果,评价方式是教师观察、学生互评。

五 项目活动设计

(一)启动阶段(问题情境、项目计划)

1.创设情境

播放立春时节春芽萌发的纪录片,展示与立春有关的诗词、书法作品和民俗图片,讲述立春传说故事,激发学生的兴趣。教师观察学生的参与度和兴趣表现并记录。对应学习目标是 A1、A2。

2.制订计划

学生分组讨论,制订项目计划,明确分工和时间安排。学生撰写项目计划书。教师评估计划的合理性和可行性。

(二)探究阶段(活动探究、作品制作)

1.科学研究

教师带领学生在校园植物园进行春芽生长实验,控制环境变量,记录数据。学生运用实验器材、观察工具,做春芽生长观察记录。教师评价实验操作的规范性和数据的准确性。对应学习目标是 A1、B1。

2.文化研究

学生查阅文献,研究与立春有关的诗词、民俗历史和地理差异,撰写研究报告。

教师评价报告的深度和研究方法的科学性。对应学习目标是 A2、A5、B5。

3. 艺术创作

教师指导学生运用多种艺术形式创作春芽主题作品。从创意、技巧和主题表现方面，完成教师评价和学生互评。学生运用美术材料，参考艺术范例，画艺术作品草图，制作半成品。对应学习目标是 A3、B3。

4. 民俗策划

学生分组策划立春民俗活动，设计活动方案，组织实施。学生运用策划指南，做立春民俗活动方案、活动执行记录。教师评价方案的创新性和活动的执行效果。对应学习目标是 A4、B4。

（三）展示阶段（成果交流、评价反思）

1. 成果展示

举办"立春文化节"，展示研究报告、艺术作品，开展民俗活动。从知识掌握、技能展示和文化传承等方面综合评价，评选优秀成果和个人。对应学习目标是 A1—A7、B1—B7。

2. 评价反思

组织学生进行自我评价和相互评价，总结经验教训，撰写反思报告。学生运用反思模板写反思报告。教师评估反思深度和改进措施的可行性。

（四）知识拓展与文化传承

教师介绍不同地区的立春民俗活动，推荐相关图书和影视作品，鼓励学生参与社区文化建设，制作宣传海报，举办小型讲座，传播立春文化，增强社会责任感。

 附 录

最终作品评价表

评价维度	评价指标	自评	互评	总评
春芽生长研究报告	数据准确，分析深入，结论科学	☆☆☆☆☆	☆☆☆☆☆	☆☆☆☆☆
创意春芽主题艺术作品集	艺术形式多样，创意新颖，文化内涵丰富	☆☆☆☆☆	☆☆☆☆☆	☆☆☆☆☆
立春民俗活动策划与实施记录	策划合理，执行高效，效果显著，评估客观	☆☆☆☆☆	☆☆☆☆☆	☆☆☆☆☆

春夜喜雨

唐 杜甫

好雨知时节，当春乃发生。

随风潜入夜，润物细无声。

野径云俱黑，江船火独明。

晓看红湿处，花重锦官城。

水滴旅行：水循环实验与诗歌创作

一 项目基本信息

项目名称是"雨水 水滴旅行：水循环实验与诗歌创作"。主学科是科学、语文。关联学科是美术、音乐。授课年级是小学低年级（一至三年级）。教学单元或知识点：科学中水循环原理与过程，语文中与雨水相关的诗词赏析、诗歌创作，美术中以水滴旅行为主题的绘画创作，音乐中用旋律表现雨水滴落的灵动。课时安排：课内4课时＋课外2课时。项目概要：在雨水纷纷的时节，师生一起做有趣的水循环实验，揭开小水滴的旅行秘密。还要用诗词、画笔和音符，把对雨水的奇妙感知都展现出来。在此过程中，学生能学到很多知识，培养科学探索精神，提升艺术表现力。

二 项目内容分析

（一）课标分析

内容要求：科学领域，学生要搞清楚水循环的基本流程，包括蒸发、凝结、降水等环节，还要亲手做实验模拟。语文层面，学生大声诵读有关雨水的经典诗词，感受其中的美妙意境，学会诗歌创作的小妙招，写下自己对雨水的独特感受。美术范畴，学会用色彩和线条，把水滴在不同场景里的样子画得活灵活现。音乐方面，捕捉雨水的声音特色，编出能表现雨水氛围的动听乐章。

教学建议：教师准备实验器材，让学生见证水循环的神奇变化；带学生去户外观察雨水，感受真实的雨景。举办诗词朗诵会、绘画展览和小型音乐会，激发学生的创作热情。小组合作也很重要，学生一起完善作品，共同进步。

学业质量标准：学生要能既清楚又准确地说出水循环的过程，创作出充满想象力的雨水主题诗歌。画的水滴主题画要特别生动，演奏或演唱的雨水主题音乐片段，一听就让人感觉仿佛置身雨中。

（二）教材分析

纵向回顾,以前学的知识就像搭积木,一块一块地慢慢积累。现在这个项目就是把关于雨水的知识和艺术表达的"积木"组合成一个更复杂的大作品,是一次跨学科的整合和大提升。横向来看,科学是理解雨水形成原因的钥匙,语文给学生的感受加上了诗意的翅膀,美术和音乐是学生把对雨水的想象展现出来的魔法工具,各个学科一起合作,把雨水的魅力完完全全地展现出来。

（三）学情分析

学生对雨水肯定都不陌生,平时也见过不少。但是,雨水是怎么在大自然中循环的,很多学生可能还不太清楚。学生已经有了一些语文读写、美术绘画和音乐哼唱的基础,不过要把这些知识融合在一起进行创作,还需要多锻炼。学生都对有趣的实验和创意活动感兴趣,但是有时候耐心还不够。

（四）核心知识设计

科学:牢牢掌握水循环每个阶段的原理,熟悉实验操作的每个小细节,成功模拟水循环。

语文:学会抓住诗词里的韵律和意象。用学到的技巧,创作出雨水主题诗歌。

美术:巧妙地运用色彩和构图,把水滴的形态、雨水的场景画得好像能从画里跳出来一样。

音乐:仔细分辨雨水声音的节奏,选择合适的乐器,用音符编排出优美的雨水主题旋律。

 三 驱动性问题/任务设计

（一）应用情境分析

应用情境是校园气象观测站和充满艺术氛围的教室创作角。这是一个把科学探索和艺术创作完美融合的奇妙场景,室内、室外相结合,就像一个充满魔法的知识乐园,等着学生去探索。

（二）驱动性问题/任务设计

驱动性问题:在雨水滴嗒滴嗒落下的时候,怎么跟着小水滴的脚步,用科学实验解开它旅行的秘密,再用诗意的文字、漂亮的画和美妙的音符,为雨水奏响一曲赞歌呢?

最终作品:一份详细的水循环实验报告,里面有实验步骤、看到的现象,还有对原理的详细解释,再配上自己画的示意图;一本雨水诗歌集,收集学生自己和小组创作的精美诗歌,再画上好看的插画;一场精彩的小型艺术展演,有雨水主题的绘画展览,还有音乐演奏或演唱,把雨水的各种风情都展现出来。

(三)驱动性问题/任务框架

探寻水循环的神秘宝藏:关联知识与技能为科学实验操作、对原理的理解。阶段性作品/成果为水循环实验初步设计。收集雨水里的诗意宝藏:关联知识与技能为语文诗词阅读、赏析。阶段性作品/成果为诗词摘抄本。画出水滴的奇妙画卷:关联知识与技能为美术绘画技巧。阶段性作品/成果为绘画草图。谱写雨水的梦幻乐章:关联知识与技能为音乐基础乐理、乐器运用。阶段性作品/成果为简单音符片段。

四 项目目标与评价设计

(一)项目学习目标

A1:清楚雨水形成的原理和水循环的路径。A2:熟悉经典雨水诗词和创作手法。A3:了解用色彩、线条等方式塑造水滴画面的技法。A4:掌握用基本音乐元素表现雨水音效的方法。B1:独立设计并完成水循环实验,准确记录和分析实验结果。B2:创作出至少一首优美的雨水诗歌,还能大方地参加诗歌朗诵。B3:画出一幅有创意的雨水绘画,积极参与展览布置。B4:演奏或演唱一段雨水主题音乐,和团队一起完成精彩展演。

(二)项目评价设计

对于 A1、B1 目标,评价依据是水循环实验报告、实验操作表现,评价方式是教师评价、学生自评。对于 A2、B2 目标,评价依据是雨水诗歌集、诗歌朗诵表现,评价方式是教师评价、学生互价。对于 A3、B3 目标,评价依据是雨水绘画作品、展览筹备参与度,评价方式是教师评价、小组评价。对于 A4、B4 目标,评价依据是音乐演奏(唱)记录、展演配合情况,评价方式是教师评价、小组互评。

五　项目活动设计

（一）启动阶段（问题情境、项目计划）

1.创设情境

播放雨水降落、江河奔腾、云雾缭绕的视频,展示那些表现雨水意象的诗词、书法作品,再讲讲"雨神"的民间传说,可以瞬间激起学生的好奇心。教师观察学生的专注度和兴趣表现。对应学习目标是 A1、A2。

2.制订计划

学生分组讨论项目,讨论内容包括水循环实验的流程、诗歌创作的方向、艺术作品的形式,还要明确每个人的分工和时间规划。学生参考项目模板撰写项目计划书。教师评价计划是否合理、完整。

（二）探究阶段（活动探究、作品制作）

1.科学实验

教师带着学生一起组装实验装置,然后观察水加热蒸发、遇冷液化以及模拟降水的过程。学生要认真记录数据和现象。教师来评价实验做得是否规范以及实验记录的质量。对应学习目标是 A1、B1。

2.文化积累

教师带着学生大声诵读经典诗词,一起赏析里面的意象,再组织学生去户外观察雨,把看到的、想到的都记下来,寻找写诗的灵感,然后一起交流分享。学生摘抄诗词,创作初稿。同学之间互评,互相看看摘抄的感悟是否深刻,初稿有没有创意。对应学习目标是 A2、B2。

3.美术创作

教师给学生讲解如何用色彩和光影表现雨滴,示范构图的技巧。学生根据这些知识,先画草图,再上色、细化,创作出作品。教师和学生从创意和技巧运用方面评价作品。对应学习目标是 A3、B3。

4.音乐创编

学生一起倾听雨声,分析它的节奏。教师再给学生介绍各种乐器的音色,然后分组尝试用不同的音符组合,哼唱属于自己的旋律。教师评价节奏把握得准不准,音色搭配得好不好。对应学习目标是 A4、B4。

（三）展示阶段（成果交流、评价反思）

1. 成果展示

举办一场热闹的"雨水的奇幻之旅"展,把实验报告、诗歌集都陈列出来,还有绘画和音乐的展演。学生可以在这个过程中分享自己的心得。教师从展示内容、表现力等方面综合评估。对应评价目标是 A1—A4、B1—B4。

2. 评价反思

组织学生进行自我评价和互评,一起反思在知识学习、团队协作方面的情况,找找作品还有哪些不足,最后写一份反思报告。教师评价反思是否深刻,态度是否诚恳。

（四）知识拓展与文化传承

教师给学生讲述古人祈雨的仪式,还有不同地方与雨水有关的特别习俗。推荐学生阅读《雨的四季》这样的散文,鼓励学生课后观察雨的时候写随笔,把学到的雨水知识讲给邻居小伙伴听,让探索的热情一直保持下去。

 附 录

最终作品评价表

评价维度	评价指标	自评	互评	总评
水循环实验报告	步骤严谨得像精密的机器,现象记录准确无误,原理剖析得透彻,示意图清楚得一看就懂	☆☆☆☆☆	☆☆☆☆☆	☆☆☆☆☆
雨水诗歌集	充满诗意,意象新颖独特,韵律和谐动听,插画和诗歌完美搭配	☆☆☆☆☆	☆☆☆☆☆	☆☆☆☆☆
艺术展演	绘画的色彩搭配协调,构思精巧;音乐旋律优美,一下子就能把人带到雨水的奇妙氛围里	☆☆☆☆☆	☆☆☆☆☆	☆☆☆☆☆

雨水
（高年级）

水滴旅行：水循环实验与诗歌创作

一 项目基本信息

项目名称是"雨水 水滴旅行：水循环实验与诗歌创作"。主学科是科学、语文、综合实践。关联学科是美术、音乐。授课年级是小学高年级（四至六年级）。教学单元或知识点：科学方面，深入探究水循环的原理、影响因素及地理意义；语文方面，深度赏析雨水诗词，进行创意诗歌与散文创作；综合实践方面，开展与雨水相关的调查研究和环保行动；美术方面，运用多种艺术形式创作展现水循环与雨水文化的作品；音乐方面，通过旋律、和声等音乐元素创作并演绎雨水主题音乐。课时安排：课内6课时＋课外5课时。项目概要：雨水时节，水滴开启了它们独特的旅行。本项目中，学生将深入探索水循环的奥秘，用文学、艺术的方式展现对雨水的理解，通过实践活动增强环保意识，提升综合素养，感受大自然的神奇与美好。

二 项目内容分析

（一）课标分析

内容要求：科学方面，理解水循环各环节的相互关系及对生态的影响，设计并实施复杂水循环实验；语文方面，能赏析雨水诗词的文学价值，创作富有感染力的诗歌和散文；综合实践方面，开展调研、宣传环保等活动；美术方面，运用多元艺术手法创作体现水循环的作品；音乐方面，运用专业知识创作并表演雨水主题音乐。

教学建议：组织学生开展实验探究、实地考察、资料研究等活动，运用多媒体资源辅助教学，鼓励学生参与小组合作、交流展示。

学业质量标准：能系统阐述水循环知识，撰写高质量的文学作品，创作出优秀的艺术作品，完成有价值的调研报告，组织环保活动，理解地理知识。

（二）教材分析

纵向来看，前期教材已为学生积累了部分相关知识，本项目将在此基础上进行深度拓展与综合运用。横向分析，科学、语文等多学科相互关联，从不同角度共同诠释雨水与水循环的知识，促进学生全面发展。

（三）学情分析

先验知识：学生已有一定的学科基础知识，但知识体系不够完善，缺乏对知识的深度理解和综合运用能力。技能方面：学生具备一定的观察、分析和表达能力，但在科学研究方法、艺术创作技巧和团队协作能力上有待提高。思维特点：学生开始具备抽象逻辑思维，对探究活动有较高的热情，但自主探究和创新能力还需进一步培养。

（四）核心知识设计

科学：掌握水循环的科学原理，设计实验探究影响因素。

语文：深度赏析雨水诗词，进行创意文学创作。

综合实践：开展与雨水相关的调研和环保实践活动。

美术与音乐：运用专业知识创作并展示雨水主题艺术作品。

三 驱动性问题/任务设计

（一）应用情境分析

应用情境为校园实验室、图书馆、自然水域以及社区文化场所。学生在校园进行实验和创作，在图书馆查阅资料，在自然水域考察，在社区开展活动，形成多场景融合的学习环境。

（二）驱动性问题/任务设计

驱动性问题：在雨水时节，如何运用多学科知识深入探究水循环的奥秘，通过文学艺术创作展现雨水之美，推动雨水资源的保护与利用？

最终作品：一份专业的水循环研究报告，涵盖实验数据、地理分析、环保建议；一本雨水文学作品集，包含诗歌、散文等多种文学体裁；一组雨水主题艺术作品，包括绘画、音乐作品及表演视频；一场"守护雨水资源"社区宣传活动记录，包含活动策划、执行过程和效果评估。

（三）驱动性问题/任务框架

探索水循环的科学奥秘：关联知识与技能为科学实验、数据分析。阶段性作品/成果为水循环实验报告。挖掘雨水文学宝藏：关联知识与技能为语文阅读、写作技巧。阶段性作品/成果为文学作品初稿。创作雨水艺术盛宴：关联知识与技能为美术创作、音乐创作。阶段性作品/成果为艺术作品草图、音乐小样。开展雨水环保行动：关联知识与技能为综合实践策划、组织协调。阶段性作品/成果为社区宣传活动方案。

四 项目目标与评价设计

（一）项目学习目标

A1：精通水循环的科学知识和地理意义。A2：深入理解雨水诗词的文学价值和创作技巧。A3：掌握多种雨水主题艺术创作技巧。A4：学会策划和组织环保活动的方法。A5：了解不同地区水循环的地理差异。A6：培养环保意识和社会责任感。B1：独立完成高质量的水循环研究报告。B2：创作优秀的雨水主题文学作品。B3：创作出具有艺术感染力的雨水主题艺术作品。B4：成功策划并执行社区雨水环保宣传活动。B5：分析地理差异对水循环的影响。B6：积极参与环保行动，传播环保理念。

（二）项目评价设计

对于 A1、B1 目标，评价依据是水循环研究报告、实验操作表现，评价方式是教师评价、学生自评。对于 A2、B2 目标，评价依据是雨水文学作品集、阅读心得，评价方式是教师评价、学生互评。对于 A3、B3 目标，评价依据是雨水主题艺术作品、创作过程记录，评价方式是教师评价、小组互评。对于 A4、B4 目标，评价依据是社区宣传活动策划与实施记录、活动效果，评价方式是教师评价、师生互评。对于 A5、B5 目标，评价依据是地理分析报告、课堂表现，评价方式是教师评价、学生自评。对于 A6、B6 目标，评价依据是环保行动记录、宣传成果，评价方式是教师观察、学生互评。

五 项目活动设计

（一）启动阶段（问题情境、项目计划）

1.创设情境

播放雨水与水循环的纪录片，展示雨水主题文学艺术作品，讲述与雨水相关的文化故事,激发学生的兴趣。教师观察学生的参与度和兴趣表现。对应学习目标是A1、A2。

2. 制订计划

学生分组讨论,制订项目计划,明确分工和时间安排。学生根据项目模板撰写项目计划书。教师评估计划的合理性和可行性。

（二）探究阶段（活动探究、作品制作）

1. 科学实验

教师带领学生在实验室进行水循环实验,探究影响因素,记录数据。学生撰写水循环实验报告。教师评价实验操作的规范性和数据的准确性。对应学习目标是A1、B1。

2. 文学创作

学生阅读雨水诗词,进行赏析,参考文学图书、写作指导资料进行创意写作,完成雨水文学作品初稿。教师评估作品的质量和赏析的深度。对应学习目标是 A2、B2。

3. 艺术创作

教师指导学生运用多种艺术形式创作雨水主题作品,完成艺术作品草图、音乐小样。从创意、技巧和主题表现方面,完成教师评价和学生互评。对应学习目标是A3、B3。

4. 环保实践

学生分组策划并开展社区雨水环保宣传活动,设计活动方案,组织实施。教师评价方案的创新性和活动的执行效果。对应学习目标是 A4、B4。

（三）展示阶段（成果交流、评价反思）

1. 成果展示

举办“雨水文化节”,展示研究报告、文学作品、艺术作品,开展环保活动成果汇报。从知识掌握、技能展示和环保行动等方面综合评价,评选优秀成果和个人。对应学习目标是 A1—A6、B1—B6。

2. 评价反思

组织学生进行自我评价和相互评价,总结经验教训,撰写反思报告。教师评估反思深度和改进措施的可行性。

（四）拓展延伸（知识拓展、文化传承）

教师介绍世界各地与雨水相关的独特文化和传统习俗,推荐相关图书和影视作品。教师鼓励学生参与更广泛的环保项目,制作科普视频,撰写宣传文章,传播水循环知识和环保理念,增强社会责任感。

附 录

最终作品评价表

评价维度	评价指标	自评	互评	总评
水循环研究报告	数据准确,分析深入,建议可行	☆☆☆☆☆	☆☆☆☆☆	☆☆☆☆☆
雨水文学作品集	文学性强,情感真挚,富有创意	☆☆☆☆☆	☆☆☆☆☆	☆☆☆☆☆
雨水主题艺术作品	艺术形式多样,表现力强,主题突出	☆☆☆☆☆	☆☆☆☆☆	☆☆☆☆☆
"守护雨水资源"社区宣传活动记录	策划合理,执行高效,效果显著	☆☆☆☆☆	☆☆☆☆☆	☆☆☆☆☆

观田家

唐 韦应物

微雨众卉新，一雷惊蛰始。

田家几日闲，耕种从此起。

丁壮俱在野，场圃亦就理。

归来景常晏，饮犊西涧水。

饥劬不自苦，膏泽且为喜。

仓廪无宿储，徭役犹未已。

方惭不耕者，禄食出闾里。

惊蛰
（低年级）

昆虫乐园：探秘昆虫世界与自然剧场

一　项目基本信息

项目名称是"惊蛰 昆虫乐园：探秘昆虫世界与自然剧场"。主学科是科学、艺术（包含戏剧、美术）。关联学科是语文、数学。授课年级为小学低年级（一至三年级）。教学单元或知识点：科学方面涉及昆虫的种类、特征、生活习性及惊蛰时节昆虫的变化；语文方面涉及有关昆虫的科普文、诗词，用于知识拓展与文案创作；数学方面涉及昆虫的数量统计、生命周期数据的计算；艺术领域，通过戏剧表演展现昆虫的生活，用美术创作描绘昆虫的形象。课时安排：课内 5 课时＋课外 3 课时。项目概要：这次项目就像是一场昆虫世界的奇妙冒险，融合了许多学科知识。学生要像勇敢的探险家一样，去实地观察、研究昆虫，然后用戏剧把昆虫的有趣生活演出来，用美术把昆虫的可爱模样画下来。在这个过程中，学生的科学素养、艺术表现力还有团队协作能力都会大大提升。

二　项目内容分析

（一）课标分析

内容要求：科学方面，学生要认识常见的昆虫，了解它们的身体构造，怎么繁殖，喜欢吃什么，还要在惊蛰时观察并记录昆虫苏醒、活动的有趣迹象。语文范畴，要认真阅读好的昆虫科普文章，赏析诗词里昆虫的意象，然后写观察日记、小剧本台词。数学层面，学会统计昆虫有多少只，根据它们的生长周期数据画图、表，计算发育时间。艺术领域，掌握戏剧表演的基本要点，把自己变成可爱的昆虫角色，还要用美术技巧画出逼真或者有创意的昆虫画。

教学建议：教师在校园里开辟一个有趣的"昆虫角"，放上饲养昆虫的小装置，组织学生去郊外考察,寻找素材。教师播放科普纪录片、昆虫微距影像,帮学生更好地了解昆虫。学生一起开展剧本创作讨论、美术作品互评,把作品打磨得更完美。

学业质量标准:学生要准确地认出多种昆虫,详细说出它们的习性,交出一份详细的惊蛰昆虫观察报告,创作出情节有趣、角色鲜活的昆虫主题戏剧,画出技巧高、风格多样的昆虫主题美术作品,能熟练运用数学方法处理与昆虫相关的数据。

(二)教材分析

纵向梳理,以前教材中对昆虫的认识就像爬楼梯,从低年级简单的外观认知,慢慢过渡到高年级深入的生态研究、文化关联。这次项目就是在之前学习的基础上,来一次全面大升级。横向剖析,科学是探索昆虫世界的主力,语文给昆虫的知识加上了文化的翅膀,数学让学生对昆虫的了解更精准,艺术则把昆虫变得活灵活现,各个学科一起合作,为学生打开探索昆虫世界的窗户。

(三)学情分析

学生对昆虫充满好奇,平时也知道一些关于昆虫的小知识,不过都是零零散散的,还没有系统地探究过。学生已经有了一定的阅读、运算、绘画、表演基础,但是要把这些知识融合在一起用,可能还不太熟练。学生都喜欢去户外探索、玩角色扮演游戏,但是长期观察的耐心不够,打磨作品的时候不够精细,团队分工协作也还需要磨合。

(四)核心知识设计

科学:了解惊蛰前后昆虫的身体变化,掌握分类识别的小技巧。

语文:掌握昆虫主题科普文的阅读方法,感受诗词中的意境,学会文案创作。

数学:学会统计昆虫数量的方法,根据生长周期建立数学模型。

艺术:掌握戏剧表演的基本功,知道昆虫造型创作的要点。

三 驱动性问题/任务设计

(一)应用情境分析

应用情境原型是充满神秘的校园绿地、郊外自然保护区、有氛围的校园礼堂舞台。这是一个把自然探索和校园艺术展演完美结合的多元场景,就像一个充满魔法的昆虫乐园,等着学生去发现。

（二）驱动性问题/任务设计

驱动性问题：惊蛰把大地唤醒了，昆虫们都出来活动了，你们怎么变成厉害的小小昆虫学家和艺术家，去探索它们的世界，再把它们的故事搬上舞台、画进画里，展现惊蛰的满满生机呢？

最终作品：一本惊蛰昆虫观察手册，里面有昆虫的种类图鉴、生活习性记录，还有学生观察时发生的有趣故事；一场"昆虫狂欢"校园戏剧，从写剧本、演角色到舞台表演，都由学生自己完成；有创意的昆虫美术作品集：里面有素描、水彩画，还有创意手工等。

（三）驱动性问题/任务框架

开启昆虫神秘初探索：关联知识与技能为科学观察、识别方法。阶段性作品/成果为初步昆虫名录。深挖昆虫知识大宝库：关联知识与技能为语文资料的搜集、整理。阶段性作品/成果为昆虫初步名录。筹备昆虫戏剧大秀场：关联知识与技能为戏剧创作、表演排练。阶段性作品/成果为剧本大纲。勾勒昆虫梦幻美画卷：关联知识与技能为美术构思、草图绘制。阶段性作品/成果为绘画草图。

四　项目目标与评价设计

（一）项目学习目标

A1：了解惊蛰和昆虫苏醒的关系，知道常见昆虫的特征。A2：掌握昆虫主题文本的阅读和创作技巧。A3：掌握昆虫数量统计、周期计算的数学方法。A4：领悟用戏剧、美术等方式表现昆虫的精髓。B1：独立完成系统的昆虫观察，写出专业的报告。B2：创作出精彩的昆虫戏剧剧本，还能在舞台上自信地表演。B3：用数学工具准确分析昆虫数据，画出专业的图表。B4：画出精美的昆虫画，参与作品集的筹备。

（二）项目评价设计

对于 A1、B1 目标，评价依据是惊蛰昆虫观察手册、观察记录，评价方式是教师评价、学生自评。对于 A2、B2 目标，评价依据是昆虫戏剧剧本、表演视频，评价方式是教师评价、学生互评。对于 A3、B3 目标，评价依据是昆虫数据统计图表，评价方式是教师评价、小组评价。对于 A4、B4 目标，评价依据是昆虫美术作品集、创作过程记录，评价方式是教师评价、小组互评。

五 项目活动设计

（一）启动阶段（问题情境、项目计划）

1. 创设情境

教师播放惊蛰时节昆虫破茧、觅食的纪录片，展示昆虫微距摄影作品、有趣的科普绘本，再讲讲古人惊蛰"驱虫"的习俗，一下子就把学生的热情点燃了。教师观察学生的学习兴趣并记录下来。对应学习目标是 A1、A2。

2. 制订计划

学生分组围坐在一起讨论，规划观察昆虫的路线、戏剧的主题、美术创作的方向，还要确定人员分工和时间节点，写出项目计划书，就像给这次冒险制订详细计划。教师评价计划是否可行、细致。

（二）探究阶段（活动探究、作品制作）

1. 野外寻虫

教师带着学生去郊外，就像一场大冒险。教师教学生用工具捕捉、观察、标记昆虫，回到学校后认真记录自己的发现。教师评价学生观察得是否细致，昆虫观察日志记录得是否完整。对应学习目标是 A1、B1。

2. 知识内化

教师组织学生阅读昆虫方面的科普文，一起赏析诗词，再举办一场有趣的知识竞赛。学生根据这些知识，写观察日记，创作戏剧片段。学生上交知识竞赛答卷、日记初稿。小组之间互评，互相查看竞赛成绩、日记质量。对应学习目标是 A2、B2。

3. 戏剧排演

教师给学生讲解戏剧的要素。学生分组创编剧本，然后认真排练表演，还可以自己动手制作道具和服装。教师评价剧本有无创意，学生表演得是否认真。对应学习目标是 A2、B2。

4. 美术创作

教师带着学生先赏析昆虫画作，再示范绘画技巧。学生先画草图，选好材料，然后创作出优秀的成品。教师和学生一起从草图的构思、技巧的运用等方面进行评价。对应学习目标是 A4、B4。

(三)展示阶段(成果交流、评价反思)

1. 成果展示

在校园礼堂举办热闹的"惊蛰昆虫乐园"主题日活动,展览观察手册、美术作品,还要公演戏剧,学生分享自己的感悟。从内容质量、展示效果等方面综合评定,看看谁是最厉害的"昆虫小专家"。对应学习目标是 A1—A4、B1—B4。

2. 评价反思

教师组织学生回顾整个项目过程,自己评价自己的优点和不足。小组之间互相评价协作表现,最后写一份反思报告。教师评价反思得够不够深刻、措施改进得好不好。

(四)知识拓展与文化传承

教师给学生讲讲世界上那些奇特昆虫的有趣故事,例如,亚马逊巨人食鸟蛛怎么捕猎,兰花螳螂怎么巧妙伪装,再引入法布尔《昆虫记》里的精彩篇章,与学生一起感受文学和科学融合的魅力。教师鼓励学生在假期制作昆虫标本、拍摄昆虫生态短片,把昆虫的知识讲给亲友听,让探索的热情一直延续下去,保护学生对大自然的好奇心。

附 录

最终作品评价表

评价维度	评价指标	自评	互评	总评
惊蛰昆虫观察手册	信息既准确又详细,图文搭配好看,故事有趣得让人忍不住一直看	☆☆☆☆☆	☆☆☆☆☆	☆☆☆☆☆
"昆虫狂欢"校园戏剧	剧情连贯得像精彩的动画片,表演生动得就像真的昆虫在生活,道具精致得让人眼前一亮,还能学到许多知识	☆☆☆☆☆	☆☆☆☆☆	☆☆☆☆☆
昆虫美术作品集	绘画技巧高,风格多种多样,创意新颖独特,和昆虫主题相贴合	☆☆☆☆☆	☆☆☆☆☆	☆☆☆☆☆

惊蛰
（高年级）

昆虫乐园：探秘昆虫世界与自然剧场

一 项目基本信息

项目名称为"惊蛰 昆虫乐园：探秘昆虫世界与自然剧场"。主学科是科学、艺术（戏剧、美术）。关联学科是语文、数学、地理、生物。授课年级为小学高年级（四至六年级）。教学单元或知识点：科学方面，了解昆虫的生态系统、行为学及与环境的关系；语文方面，深度赏析与昆虫相关的文学作品；数学方面，运用统计学和建模分析昆虫种群动态；美术方面，通过多种艺术形式展现昆虫的微观世界与生态之美，戏剧方面，创作并表演反映昆虫生存故事的剧目；地理方面，探究不同地域昆虫分布与环境差异的联系；生物方面，研究昆虫的生理结构与进化历程。课时安排：课内 6 课时 + 课外 5 课时。项目概要：本次项目将带领学生深入探索昆虫世界，融合多学科知识，全方位了解昆虫。在这个过程中，学生将提升综合素养，培养对自然的热爱与敬畏之心。

二 项目内容分析

（一）课标分析

内容要求：科学领域，理解昆虫在生态系统中的角色、行为模式及与环境的相互作用；语文方面，能深度赏析关于昆虫的文学作品，进行创意写作；数学方面，掌握用统计学和建模方法分析昆虫数据；美术方面，运用多种技法创作体现昆虫生态的艺术作品；戏剧方面，创作并表演具有思想深度的昆虫主题剧目；地理方面，分析不同地区昆虫分布的地理因素；生物方面，研究昆虫的生理结构与进化意义。

教学建议：组织野外考察、实验探究、文献研究等活动，运用多媒体资源辅助教学，鼓励学生参与小组合作、交流展示。

学业质量标准:能系统阐述昆虫的生态知识,撰写高质量研究报告和文学作品,准确分析昆虫的数据,创作出优秀的美术作品和戏剧作品,清晰地讲解地理与昆虫分布关系及昆虫进化知识。

(二)教材分析

纵向来看,前期教材已为学生积累了部分与昆虫相关的知识,本项目将在此基础上进行深度拓展与综合运用。横向分析,科学、语文等多学科相互关联,从不同维度共同构建对昆虫世界的认知体系,促进学生全面发展。

(三)学情分析

学生已有一定的昆虫知识基础,但缺乏对知识的深度理解和综合运用能力。学生具备一定的观察、分析和表达能力,但在科学研究方法、艺术创作技巧和团队协作能力上有待提高。学生具备抽象逻辑思维,对探究活动有较高的热情,但自主探究和创新能力还需进一步培养。

(四)核心知识设计

科学:深入研究昆虫的生态、行为和环境适应性。

语文:深度赏析关于昆虫的文学作品,进行创意写作。

数学:运用统计学和建模分析昆虫的种群动态。

美术:创作体现昆虫生态之美的艺术作品。

戏剧:创作并表演具有深度的昆虫主题戏剧。

地理与生物:探究昆虫分布与环境、进化的关系。

三 驱动性问题/任务设计

(一)应用情境分析

应用情境为校园生态园、野外自然保护区、图书馆和校园剧场。学生在校园和野外进行观察研究,在图书馆查阅资料,在校园剧场展示成果,形成理论与实践相结合的学习环境。

(二)驱动性问题/任务设计

驱动性问题:在惊蛰这个特殊时节,如何运用多学科知识全面探究昆虫世界,通过艺术创作展现昆虫的魅力,唤起人们对生态环境的关注?

最终作品：一份专业的惊蛰昆虫生态研究报告，涵盖昆虫生态、行为、地理分布等研究内容；一部原创昆虫主题戏剧作品，包括完整的剧本、精彩的表演视频；一组高质量昆虫主题艺术作品集，融合多种艺术形式，展现昆虫的微观世界。

（三）驱动性问题/任务框架

探索昆虫生态奥秘：关联知识与技能为科学观察、实验分析。阶段性作品/成果为昆虫生态观察记录。挖掘昆虫文学宝藏：关联知识与技能为语文阅读、写作技巧。阶段性作品/成果为昆虫文学赏析文章。分析昆虫数据密码：关联知识与技能为数学统计、建模方法。阶段性作品/成果为昆虫数据统计图表。创作昆虫艺术盛宴：关联知识与技能为美术创作、创意表达。阶段性作品/成果为艺术作品草图。编排昆虫戏剧传奇：关联知识与技能为戏剧创作、表演排练。阶段性作品/成果为剧本初稿。

四 项目目标与评价设计

（一）项目学习目标

A1：精通昆虫的生态、行为和进化知识。A2：深入理解关于昆虫的文学作品的内涵。A3：掌握昆虫数据的数学分析方法。A4：掌握多种昆虫主题艺术创作技巧。A5：学会戏剧创作和表演的基本方法。A6：理解地理环境对昆虫分布的影响。A7：培养对自然的热爱和生态保护意识。B1：独立完成高质量昆虫生态研究报告。B2：创作优秀的昆虫主题文学作品。B3：准确运用数学方法分析昆虫数据。B4：创作出具有艺术感染力的昆虫主题作品。B5：创作并表演精彩的昆虫主题戏剧。B6：分析不同地区昆虫分布的差异及原因。B7：积极参与生态保护活动，传播生态知识。

（二）项目评价设计

对于A1、B1目标，评价依据是昆虫生态研究报告、实验操作表现，评价方式是教师评价、学生自评。对于A2、B2目标，评价依据是昆虫文学作品、阅读心得，评价方式是教师评价、学生互评。对于A3、B3目标，评价依据是昆虫数据统计图表、分析报告，评价方式是教师评价、小组评价。对于A4、B4目标，评价依据是昆虫主题艺术作品、创作过程记录，评价方式是教师评价、小组互评。对于A5、B5目标，评价依据是昆虫主题戏剧剧本、表演视频，评价方式是教师评价、师生互评。对于A6、B6目标，评价依据是地理分析报告、课堂表现，评价方式是教师评价、学生自评。对于A7、B7目标，评价依据是生态保护行动记录、宣传活动表现，评价方式是教师观察、学生互评。

五 项目活动设计

(一)启动阶段(问题情境、项目计划)

1.创设情境

教师播放惊蛰昆虫纪录片,展示与昆虫有关的艺术作品和文学作品片段,讲述惊蛰与昆虫的文化故事,激发学生的兴趣。教师观察并记录学生的参与度和兴趣表现。对应学习目标是 A1、B1。

2.制订计划

学生分组讨论,制订项目计划,明确分工和时间安排,写出项目计划书。教师评价计划的合理性和可行性。

(二)探究阶段(活动探究、作品制作)

1.科学考察

教师带领学生到野外和校园生态园观察昆虫,开展实验探究,记录数据。教师评价学生观察的科学性和数据的准确性。对应学习目标是 A1、B1。

2.文学创作

学生阅读与昆虫有关的文学作品,进行赏析和创意写作。教师评价作品质量和赏析深度。对应学习目标是 A2、B2。

3.数学分析

教师指导学生收集和整理昆虫数据,运用数学方法进行分析。教师根据分析报告分析的准确性和昆虫数据统计图表的规范性进行评价。对应学习目标是 A3、B3。

4.艺术创作

教师指导学生运用多种艺术形式创作昆虫主题作品。从创意、技巧和主题表现方面,进行教师评价和学生互评。对应学习目标是 A4、B4。

5.戏剧创作

学生分组创作昆虫主题戏剧剧本,进行排练。教师评价剧本质量和表演效果。对应学习目标是 A5、B5。

（三）展示阶段（成果交流、评价反思）

1. 成果展示

教师举办"惊蛰昆虫文化节"，让学生展示研究报告、艺术作品，表演戏剧。从知识掌握、技能展示和文化传播等方面综合评价，评选优秀成果和个人。对应学习目标为 A1—A7、B1—B7。

2. 评价反思

教师组织学生进行自我评价和相互评价，总结经验教训，撰写反思报告。教师评价反思深度和改进措施的可行性。

（四）知识拓展与文化传承

教师介绍世界著名昆虫学家的研究成果和故事，推荐相关图书和影视作品。教师鼓励学生参与社区科普活动，制作昆虫科普海报，举办讲座，传播昆虫知识和生态保护理念，增强社会责任感。

 附 录

最终作品评价表

评价维度	评价指标	自评	互评	总评
惊蛰昆虫生态研究报告	研究深入，数据翔实，分析科学	☆☆☆☆☆	☆☆☆☆☆	☆☆☆☆☆
原创昆虫主题戏剧作品	剧本有深度，表演生动，具有感染力	☆☆☆☆☆	☆☆☆☆☆	☆☆☆☆☆
昆虫主题艺术作品集	艺术形式多样，创意新颖，体现生态内涵	☆☆☆☆☆	☆☆☆☆☆	☆☆☆☆☆

春分日

唐　徐铉

仲春初四日，春色正中分。

绿野徘徊月，晴天断续云。

燕飞犹个个，花落已纷纷。

思妇高楼晚，歌声不可闻。

春分
（低年级）

平衡魔法：立蛋挑战与风筝设计

一 项目基本信息

项目名称为"春分 平衡魔法：立蛋挑战与风筝设计"。主学科是科学、综合实践。关联学科是数学、美术、体育。授课年级为小学低年级（一至三年级）。教学单元或知识点：科学方面，掌握春分时节昼夜平分、物候变化背后的地球运动原理；体育方面，注重身体平衡控制训练、传统春分民俗竞技技巧；数学方面，掌握对昼夜时长数据的统计、立蛋角度测量；美术方面，侧重于以平衡为主题的创意绘画、春分特色风筝设计；综合实践聚焦组织春分活动、探索传统习俗在当代的传承。课时安排：课内 4 课时 + 课外 3 课时。项目概要：春分就像大自然施展的一场平衡魔法。在这个特别的时节，师生一起用多学科知识去揭开这场魔法的秘密。从科学角度了解昼夜平衡的奥秘，在体育课上锻炼身体平衡能力，借助数学量化平衡之美，用美术展现平衡的奇妙意境，还要在综合实践中传承春分民俗。这个过程中，学生不仅能全方位感受春分的魅力，还会大大提升综合素养，对自然规律的敬畏之心也会更强烈。

二 项目内容分析

（一）课标分析

内容要求：科学领域，学生要像小科学家一样，理解地球公转、自转是怎么在春分出现昼夜平分的，还要探究物候变化的原因。体育层面，掌握立蛋、放风筝这些民俗体育的基本技能，让自己身体的协调性和平衡感越来越好。数学范畴，学会收集、处理与春分相关的天文、民俗数据，还要会画图表分析。美术方面，要求运用对称、均衡的构图方法，创作出以平衡为主题的作品，设计出漂亮的特色风筝。综合实践中，组织有趣的校园春分活动，调查传统习俗的演变，创新传承方式。

教学建议:教师用地球仪、三球仪模拟演示春分的天文原理,让学生看得明明白白,带学生去户外操场,一起玩立蛋、放风筝,在实践中学习。学生可以上网搜集数据、实地调研民俗。举办风筝设计大赛、春分知识展览等活动,让学生的参与热情高涨。整个项目过程中,小组合作非常重要。

学业质量标准:学生要清楚地解释春分的科学原理,轻松完成立蛋挑战,还能放飞自己做的风筝;精确地处理春分数据,画出专业的图表;创作出寓意深刻、设计精美的春分主题美术作品;成功策划并举办校园春分活动,把民俗文化传承下去。

(二)教材分析

纵向梳理,以前教材对昼夜的认知、地球运动和民俗的探究,就像搭积木,搭得越来越高、越来越复杂。这次项目就是把这些知识整合起来,再升级。横向剖析,科学揭示了春分的本质,体育给民俗带来活力,数学把自然规律变得更清晰,美术让平衡看得见,让民俗更有艺术感,综合实践把知识应用和习俗传承串起来,让学生一起进步。

(三)学情分析

学生对春分知识有一定了解,知道昼夜平分,平时也喜欢户外活动。但对于春分背后的科学原理,学生还不太清楚。学生有一定的数学运算、美术绘画、体育活动基础,不过还需提高用跨学科知识解决实际问题的能力。学生喜欢新奇的挑战、有趣的竞赛,但是钻研的耐心和筹备活动的耐力还不够,团队协同组织的经验少。

(四)核心知识设计

科学:掌握春分昼夜平分、物候变化的科学原理。

体育:掌握立蛋、放风筝这些民俗体育的动作规范和提升技巧。

数学:学会收集、统计分析春分数据,解析立蛋的角度。

美术:掌握平衡主题绘画的构图方法,设计并制作出有创意的风筝。

综合实践:调研传统春分习俗,策划并执行校园春分活动。

三 驱动性问题/任务设计

(一)应用情境分析

应用情境原型是充满活力的校园操场、充满知识的教室、充满文化氛围的校园文化长廊。这是一个把户外实践、室内探究和校园文化营造结合起来的多元情境,就像一个充满魔法的知识乐园。

（二）驱动性问题/任务设计

驱动性问题：春分来了，昼夜均、寒暑平，怎么巧用多学科知识，找到自然平衡的奥秘，玩转民俗竞技，再用创意把校园春分变得有趣，把古老的智慧传承下去呢？

最终作品：一份春分探秘报告，里面有科学原理的解释、数据图表，还有民俗调研的成果；一场精彩的"春分平衡挑战赛"活动记录，有立蛋成功率、学生的感悟，还有精彩瞬间的照片；一组有创意的春分主题美术作品，有平衡主题的绘画，还有特色风筝实物；一份校园春分活动策划案与执行总结，有活动流程、宣传海报，还有效果评估。

（三）驱动性问题/任务框架

解开春分科学密码：关联知识与技能为科学实验观察、原理推导。阶段性作品/成果为地球运动简易模型。备战春分民俗竞技：关联知识与技能为体育技能训练、技巧打磨。阶段性作品/成果为立蛋练习日志。量化春分平衡之美：关联知识与技能为数学数据收集、计算分析。阶段性作品/成果为春分数据统计图表。绘就春分创意画卷：关联知识与技能为美术构思设计、创作实践。阶段性作品/成果为风筝设计草图。筹备春分校园庆典：关联知识与技能为综合实践策划、组织协调。阶段性作品/成果为初步活动方案。

四 项目目标与评价设计

（一）项目学习目标

A1：精通春分的天文地理成因和物候特点。A2：熟练掌握春分民俗体育技能。A3：深谙与春分相关的数学分析方法。A4：领会平衡主题美术创作的精髓。A5：明晰传统春分习俗的传承路径。B1：自己制作科学模型解释春分，写出探秘报告。B2：成功挑战立蛋，放飞风筝，记录自己的成长。B3：准确统计并处理春分数据，画出专业图表。B4：创作出吸引人的美术作品，在校园展示。B5：策划并执行校园活动，传承民俗文化。

（二）项目评价设计

对于 A1、B1 目标，评价依据是春分探秘报告、地球模型，评价方式是教师评价、学生自评。对于 A2、B2 目标，评价依据是立蛋挑战成绩、放风筝视频，评价方式是教师评价、学生互评。对于 A3、B3 目标,评价依据是春分数据图表、计算过程记录,评价方式是教师评价、小组评价。对于 A4、B4 目标,评价依据是春分主题美术作品、创作阐述,评价方式是教师评价、小组互评。对于 A5、B5 目标,评价依据是校园春分活动策划案、执行总结、现场效果,评价方式是教师评价、师生互评。

五 项目活动设计

(一)启动阶段(问题情境、项目计划)

1. 创设情境

教师播放春分天文奇观、全球各地民俗庆典的视频,展示精美的春分主题画作、古老的天文仪器,再讲讲春分"立蛋"的起源传说,能够激发学生的探索欲。教师观察学生的专注度和兴趣反应并记录。对应学习目标是 A1、A2、A4。

2. 制订计划

学生分组开展头脑风暴,规划探秘路线、技能训练、美术创作方向、活动策划框架,明确分工和时间轴。教师评价计划是否合理、完整。

(二)探究阶段(活动探究、作品制作)

1. 科学探究

教师引导学生用地球仪演示,学生认真观察记录,再查阅资料深入了解原理,最后制作模型。教师评价模型是否科学,笔记是否深刻。对应学习目标是 A1、B1。

2. 体育特训

在操场上,教师讲解立蛋的窍门、放飞风筝的技巧,学生分组练习,定期来场竞赛。教师根据竞赛成绩和技能提升幅度来评价。对应学习目标是 A2、B2。

3. 数学剖析

教师指导学生收集昼夜时长、气温等数据,小组一起计算分析,绘制图表。教师评价数据是否准确,图表是否规范。对应学习目标是 A3、B3。

4. 美术创作

教师带着学生先赏析佳作,再示范风筝制作技巧。学生先画草图,再裁剪、组装、装饰。从草图创意、制作工艺方面,完成教师评价和学生互评。对应学习目标是 A4、B4。

5. 活动筹备

学生实地调研传统习俗,分组策划校园活动,设计海报,安排流程。教师评价策划有没有创新、是否可行。对应学习目标是 A5、B5。

（三）展示阶段（成果交流、评价反思）

1. 成果博览

在校园文化长廊举办热闹的"春分平衡魔法秀"，陈列报告、作品，举办挑战赛、风筝放飞活动，还有精彩展演。从知识呈现、技能展示、活动效果等方面综合评定，看看谁是最厉害的"春分小魔法师"。对应学习目标是 A1—A5、B1—B5。

2. 评价反思

教师引导学生自评得失、互评协作，总结经验，写一份反思报告。教师评价反思够不够深刻，改进策略好不好。

（四）知识拓展与文化传承

教师给学生讲解不同民族春分时节的独特活动。教师推荐学生读《时间之书》里对春分的解读，感受文化哲思，鼓励学生在假期绘制春分自然笔记，参加社区民俗传承小队，让春分的智慧融入生活，守护我们的文化根脉。

 附 录

最终作品评价表

评价维度	评价指标	自评	互评	总评
春分探秘报告	原理准确无误，数据详细丰富，调研深入透彻，图文搭配好看	☆☆☆☆☆	☆☆☆☆☆	☆☆☆☆☆
"春分平衡挑战赛"活动记录	数据真实可靠，感悟真挚感人，记录全面细致	☆☆☆☆☆	☆☆☆☆☆	☆☆☆☆☆
春分主题美术作品	绘画构图精巧，风筝造型独特，色彩搭配协调	☆☆☆☆☆	☆☆☆☆☆	☆☆☆☆☆
校园春分活动策划案与执行总结	策划合理可行，执行到位，效果好，总结深刻	☆☆☆☆☆	☆☆☆☆☆	☆☆☆☆☆

春分
（高年级）

平衡魔法：立蛋挑战与风筝设计

 一 项目基本信息

项目名称为"春分 平衡魔法：立蛋挑战与风筝设计"。主学科是科学。关联学科是数学、物理、美术、历史。授课年级为小学高年级（四至六年级）。教学单元或知识点：科学方面，深入探究春分昼夜平分与地球公转、自转的关系，以及物候变化背后的生态原理；物理方面，分析立蛋和风筝飞行中的力学原理；数学方面，运用三角函数计算立蛋角度，统计分析昼夜时长变化规律；美术方面，结合传统文化元素，设计具有艺术美感和文化内涵的风筝；历史方面，研究春分习俗在不同历史时期的演变与传承。课时安排：课内 5 课时 + 课外 4 课时。项目概要：春分是大自然的神奇时刻，蕴含着平衡的奥秘。本次项目，学生将跨学科探索春分的秘密。从科学与物理角度揭秘自然规律，用数学量化分析，借美术展现创意，通过历史追溯传承，全面感受春分魅力，提升综合素养，传承传统文化。

二 项目内容分析

（一）课标分析

内容要求：科学方面，理解地球运动对昼夜长短、季节变化的影响，探究物候变化与生态系统的关系；物理方面，掌握物体平衡和空气动力学原理在立蛋、放风筝中的应用；数学方面，学会运用三角函数和统计方法处理相关数据；美术方面，运用传统与现代元素设计风筝，展现文化底蕴；历史方面，梳理春分习俗的发展脉络，思考文化传承的意义。

教学建议：利用模拟实验、实地观测、数据分析等方式教学，组织小组合作探究，开展实地考察、查阅资料等活动，举办成果展示活动，激发学生的兴趣。

学业质量标准：能系统阐述春分的科学原理，准确计算立蛋角度和昼夜变化数据，设计并制作富有创意和文化内涵的风筝，撰写详细的春分习俗演变报告。

（二）教材分析

纵向来看，之前各学科知识逐步积累，本项目将这些知识融合深化。横向分析，科学揭示本质，物理解释现象，数学提供量化支持，美术增添艺术色彩，历史赋予文化底蕴，各学科协同促进学生发展。

（三）学情分析

学生对春分有一定了解，具备部分科学、数学、美术和历史基础知识，但知识体系不够系统，跨学科应用能力不足。学生有一定的实验操作、绘画设计、数据分析能力，但解决复杂问题和整合知识的能力有待提高。学生具备一定逻辑思维和创新能力，对探索活动兴趣浓厚，但需进一步培养自主学习和深度探究能力。

（四）核心知识设计

科学：掌握春分的天文和生态原理，理解地球运动与物候变化的联系。
物理：明白立蛋和风筝飞行中的力学原理。
数学：运用三角函数和统计知识分析与春分相关的数据。
美术：融合传统文化与现代设计理念，创作独特的风筝。
历史：梳理春分习俗的历史演变，挖掘文化价值。

三 驱动性问题/任务设计

（一）应用情境分析

应用情境为校园实验室、操场以及图书馆。在实验室进行科学和物理实验，在操场上开展实践活动，在图书馆查阅资料，形成理论与实践相结合的学习环境。

（二）驱动性问题/任务设计

驱动性问题：春分到来，如何运用多学科知识深入探究昼夜平衡、物候变化，借助力学原理提升民俗竞技水平，融合历史文化设计特色风筝，传承春分文化？

最终作品：一份春分研究报告，涵盖科学原理、力学分析、数据图表和历史研究；一组创意风筝作品，兼具美观与文化内涵，能成功放飞；一场"春分文化节"活动记录，包含活动策划、实施过程和效果评估。

（三）驱动性问题/任务框架

解析春分科学奥秘:关联知识与技能为科学实验、数据分析。阶段性作品/成果为春分现象观测报告。探索物理力学应用:关联知识与技能为物理实验、力学计算。阶段性作品/成果为立蛋与风筝力学分析报告。量化春分数据规律:关联知识与技能为数学计算、统计分析。阶段性作品/成果为春分数据统计图表集。打造春分艺术风筝:关联知识与技能为美术设计、制作工艺。阶段性作品/成果为风筝设计图与成品。传承春分历史文化:关联知识与技能为历史研究、活动策划。阶段性作品/成果为春分习俗演变报告与活动方案。

四 项目目标与评价设计

（一）项目学习目标

A1:深入理解春分的科学原理和历史文化内涵。A2:熟练掌握立蛋和放风筝的技巧及力学原理。A3:精通春分数据的数学分析方法。A4:掌握融合文化元素的美术设计技巧。A5:明晰春分习俗的历史演变和传承意义。B1:撰写高质量研究报告,清晰地阐述原理和文化价值。B2:成功挑战高难度立蛋,放飞自制风筝并讲解原理。B3:准确运用数学知识处理数据,绘制专业图表。B4:设计制作独具特色的风筝,展现文化魅力。B5:策划并组织春分文化节活动,传承春分文化。

（二）项目评价设计

对于 A1、B1 目标,评价依据是春分研究报告、课堂表现,评价方式是教师评价、学生自评。对于 A2、B2 目标,评价依据是立蛋和放风筝表现、力学分析报告,评价方式是教师评价、学生互评。对于 A3、B3 目标,评价依据是数据图表、计算过程记录,评价方式是教师评价、小组评价。对于 A4、B5 目标,评价依据是风筝设计与制作成果、设计阐述,评价方式是教师评价、小组互评。对于 A5、B5 目标,评价依据是春分文化节活动策划与实施情况,评价方式是教师评价、师生互评。

五 项目活动设计

（一）启动阶段（问题情境、项目计划）

1.创设情境

教师播放与春分相关的纪录片,展示精美风筝和古代春分习俗图片,讲述春分的历史故事,引起学生的兴趣。教师观察学生的参与度和兴趣表现并记录。对应学习目标为 A1、A4、A5。

2.制订计划

学生分组讨论,制订项目计划,明确分工和时间安排。教师评价计划的合理性和完整性。

(二)探究阶段(活动探究、作品制作)

1.科学探究

教师指导学生进行地球运动模拟实验,观测并记录昼夜变化,查阅资料,撰写报告。教师评价报告内容的科学性和完整性。对应学习目标为 A1、B1。

2.物理探究

在实验室和操场,教师讲解力学原理,学生进行立蛋和风筝实验,分析数据。教师根据实验报告质量和实验操作能力进行评价。对应学习目标为 A2、B2。

3.数学分析

教师引导学生收集数据,运用数学知识进行分析,绘制图表。教师根据图表质量进行评价。对应学习目标为 A3、B3。

4.美术创作

教师指导学生赏析经典风筝设计,融合文化元素设计和制作风筝。从设计创意、制作工艺和文化内涵方面,完成教师评价和学生互评。对应学习目标为 A4、B4。

5.历史研究

学生查阅历史资料,实地考察民俗,撰写春分习俗演变报告,策划文化节活动。教师评价报告的深度和活动方案的可行性。对应学习目标为 A5、B5。

(三)展示阶段(成果交流、评价反思)

1.成果展示

举办"春分文化节",展示研究报告、风筝作品,开展立蛋和放风筝比赛。从知识掌握、技能展示和活动组织等方面综合评价,评选优秀作品和团队。对应学习目标为 A1—A5、B1—B5。

2.评价反思

教师组织学生进行自我评价和相互评价,总结经验教训,撰写反思报告。教师评价反思深度和改进措施的可行性。

（四）知识拓展与文化传承

教师介绍不同地区和国家与春分类似的节气文化,推荐阅读相关图书,鼓励学生将春分文化传播给家人、朋友,参与社区文化活动,传承传统文化。

附 录

最终作品评价表

评价维度	评价指标	自评	互评	总评
春分研究报告	原理准确,分析深入,数据翔实,图表规范	☆☆☆☆☆	☆☆☆☆☆	☆☆☆☆☆
创意风筝作品	设计新颖,文化元素突出,飞行性能良好	☆☆☆☆☆	☆☆☆☆☆	☆☆☆☆☆
"春分文化节"活动记录	策划周全,执行高效,评估客观	☆☆☆☆☆	☆☆☆☆☆	☆☆☆☆☆

清明

唐 杜牧

清明时节雨纷纷，路上行人欲断魂。

借问酒家何处有?牧童遥指杏花村。

清明

（低年级）

生命对话：踏青绘画与感恩手账

一 项目基本信息

项目名称为"清明 生命对话：踏青绘画与感恩手账"。主学科是语文、美术。关联学科是综合实践、道德与法治。授课年级为小学低年级（一至三年级）。教学单元或知识点：语文中清明节诗词、文章的学习与理解，美术中绘画技巧、色彩的运用，综合实践中的清明习俗体验；道德与法治中的生命教育、传统文化传承。课时安排：课内 3 课时 + 课外 2 课时。项目概要：清明这个特殊的节日就像一座神秘的桥梁，连接着过去和现在，让我们能与逝去的先辈"对话"。在这个项目里，学生要去踏青，把看到的美景画下来，还要制作感恩手账，记录生活中的美好。通过这些活动，学生能深入了解清明节的文化内涵，感受生命的意义，锻炼观察力、想象力和表达能力，变得更有感恩之心，也更有传承传统文化的责任感。

二 项目内容分析

（一）课标分析

内容要求：语文方面，学生要像小文学家一样，理解并背诵与清明节相关的诗词、文章，积累优美的词汇和语句，然后用自己的话描述对清明节的感受。美术方面，掌握绘画技巧，用色彩表达出清明时节的景色和情感，还要学会制作手账的基本方法。综合实践方面，参加清明踏青、祭扫等活动，了解传统习俗。道德与法治方面，明白生命很宝贵，要懂得感恩和珍惜。

教学建议：教师带学生去踏青，在这个过程中，学生要仔细观察清明时节的自然景色和人们的活动。语文课上，通过朗读、赏析，师生一起体会诗词、文章里的情感。美术课上，教师准备多种绘画材料和手账模板，学生可以尽情发挥创意。综合实践活动让学生亲身体验清明习俗。道德与法治课堂上，组织讨论和分享，引导学生思考生命的意义。

学业质量标准：学生要能熟练背诵与清明节相关的诗词，用优美的语言描述对清明节的感受；创作出有感染力的清明主题绘画作品，制作出内容丰富的感恩手账；积极参与清明实践活动，理解并传承传统文化，树立正确的生命观和价值观。

（二）教材分析

纵向来看，以前不同年级教材中有对清明节的介绍和相关知识，而且随年级的升高，难度更大。这次项目就是在之前学习的基础上，再来一次大提升。横向分析，语文、美术、综合实践、道德与法治这些学科，在清明节这个主题上紧紧相连。语文提供文化底蕴，美术负责艺术表达，综合实践让学生去体验，道德与法治深化思想认识。

（三）学情分析

学生对清明节都有一定的了解，但是对它的文化内涵和生命意义，还没有深入挖掘。学生有一定的绘画基础和文字表达能力，不过把情感融入作品、深刻理解生命意义，对学生来说还有点难。学生喜欢户外活动和手工制作，但是对于活动中的观察和思考能力，可以再提高。

（四）核心知识设计

语文：学习清明节的诗词、文章，理解它们的内涵，积累丰富的语言素材。
美术：掌握清明主题绘画技巧，学会制作感恩手账。
综合实践：参加清明踏青、祭扫活动，了解传统习俗。
道德与法治：认识生命的价值，培养感恩意识。

三 驱动性问题/任务设计

（一）应用情境分析

应用情境原型是清明时节美丽的自然环境，还有祭扫、踏青这些充满人文气息的活动场景。这是一个把生活实际和文化传承完美结合的情境，就像走进了一个充满故事的时光隧道。

（二）驱动性问题/任务设计

驱动性问题：在清明节这个特别的节日里，咱们怎么通过踏青绘画和制作感恩手账,和逝去的先辈"聊天",感受生命的传承和意义,同时把清明节的传统文化传承下去呢?

最终作品:一幅美丽的清明主题绘画作品,画出清明时节的景色、活动,或者自己的感受;一本感恩手账,记录对亲人、朋友、社会的感恩之情以及对生命的思考。

(三)驱动性问题/任务框架

了解清明节的文化宝藏:关联知识与技能为语文阅读、资料收集。阶段性作品/成果为文化资料卡片。踏青观察清明之美:关联知识与技能为观察能力、语文表达。阶段性作品/成果为踏青观察记录。构思清明绘画大作:关联知识与技能为美术创意、绘画技巧。阶段性作品/成果为绘画草图。制作感恩手账初稿:关联知识与技能为文字书写、美术设计。阶段性作品/成果为感恩手账初稿。

四 项目目标与评价设计

(一)项目学习目标

A1:了解清明节的时间、习俗和文化内涵。A2:理解生命的意义和价值,懂得感恩。A3:背诵与清明节相关的诗词、文章。B1:创作出一幅主题鲜明、具有感染力的清明主题绘画作品。B2:制作出一本内容丰富、排版精美的感恩手账。B3:能够流畅地背诵,还能在合适的场景运用这些诗词、文章。

(二)项目评价设计

对于 A1、B1 目标,评价依据是清明主题绘画作品、文化资料卡片,评价方式是教师评价、学生互评。对于 A2、B2 目标,评价依据是感恩手账、课堂讨论表现,评价方式是教师评价、小组评价。对于 A3、B3 目标,评价依据是诗词背诵、阅读理解能力,评价方式是教师评价、同学评价。

五 项目活动设计

(一)启动阶段(问题情境、项目计划)

1.创设情境

教师播放与清明节相关的视频,展示清明时节的美景图片,祭扫、踏青的场景,再讲讲清明节的由来和介子推的故事,能够激发学生的兴趣。教师观察学生课堂上的反应和参与度并悄悄记录下来。对应学习目标为 A1。

2. 制订计划

教师组织学生分组讨论项目任务,确定踏青的地点、时间和观察内容,以及绘画和手账的主题,分工。

(二)探究阶段(活动探究、作品制作)

1. 踏青观察

教师带着学生去踏青,就像一场有趣的冒险。学生要仔细观察清明时节的自然景色、人们的活动,把看到的、听到的和感受到的都记录下来。教师依据观察记录的详细程度、观察角度的独特性来评价,看看谁是最细心的小观察家。对应学习目标为 A1、B1。

2. 收集资料与学习诗词

学生一起查阅图书,上网搜索清明节的诗词、文章和文献资料,认真学习并背诵相关诗词。从资料卡片内容的丰富性、诗词背诵的熟练程度,小组之间互相评价,看看谁收集的资料最棒,诗词背得最好。对应学习目标为 A1、A3。

3. 制作作品

教师教学生美术技巧,包括清明主题绘画的构图、色彩运用,手账制作的排版、装饰等。学生根据观察记录和收集的资料,创作绘画作品、制作感恩手账。从绘画作品的艺术水平、手账的内容质量和制作工艺等方面,进行教师评价和学生互评,选出最有创意的小艺术家。对应学习目标为 A1、A2、B1、B2。

(三)展示阶段(成果交流、评价反思)

1. 成果展示

举办一场热闹的"清明印象"展示会,学生展示清明主题绘画作品,分享绘画背后的创作思路和对清明的独特感受。从绘画作品的主题呈现、艺术技巧,手账的内容深度、排版创意,学生分享时的表达能力、情感传递等方面,综合教师评价、学生互评、参观者评价,全面考量学生的成果,看看谁是最厉害的分享小明星。对应学习目标为 A1、A2、B1、B2。

2. 评价反思

组织学生开展自我评价和小组评价活动。对照项目学习目标,反思自己在清明节诗词背诵、对清明文化内涵的理解、绘画与手账创作技巧的提升、对生命意义的感悟等方面的收获和不足。小组内交流讨论团队协作情况,例如,分工是否合理,沟通是否顺畅,一起总结经验教训。教师从反思的深度、对自身问题的准确剖析、改进措施的可行性等方面,对学生的反思报告进行评价,帮助学生变得更优秀。

(四)拓展延伸(文化传承、生活践行)

教师鼓励学生课后和家人一起参加清明节传统习俗活动,例如,制作清明粿,了解传统美食背后的文化寓意,还可以参与社区组织的文明祭扫宣传活动,把文明祭扫的理念传播给更多人,用实际行动传承和弘扬清明节优秀传统文化。教师引导学生把感恩意识融入日常生活,每周记录一件感恩他人的小事,或者为他人做一件力所能及的感恩之事,把感恩之心变成长期的实际行动,真正理解生命的意义和价值。

(五)清明诗词、民俗谚语与民间故事

诗词:"清明时节雨纷纷,路上行人欲断魂。借问酒家何处有?牧童遥指杏花村。"杜牧的这首《清明》,生动地描绘了清明时节雨纷纷的景象,还有行人在这种氛围里内心的惆怅,把清明节独特的情感氛围展现得淋漓尽致。

民俗谚语:"清明前后,种瓜点豆",这句谚语体现了清明节和农业生产的紧密联系,提醒学生这个时节是播种的好时机,反映了古人根据节气总结出来的丰富农耕经验。

民间故事:相传春秋战国时期,晋公子重耳为了逃避迫害,流亡国外。有一次,重耳饿晕了过去,介子推为了救他,从自己腿上割下一块肉,煮成汤给重耳喝。逃亡19年后,重耳当了国君,也就是晋文公。晋文公重赏了当初陪他流亡的功臣。介子推不肯受赏,带着老母亲躲进了绵山。晋文公为了逼介子推出山,下令放火烧山,可介子推坚决不出山,最后抱树而死。晋文公后悔极了,为了纪念他,下令在介子推的祭日禁火寒食,这就是寒食节的由来,后来寒食节和清明节慢慢融合在一起了。

附录

最终作品评价表

评价维度	评价指标	自评	互评	总评
清明主题绘画作品	画面主题明确,色彩搭配协调,能完美体现清明时节的特点和情感,艺术表现力强	☆☆☆☆☆	☆☆☆☆☆	☆☆☆☆☆
感恩手账	内容丰富,排版美观大方,装饰与主题契合,能让人感受到对生命的深刻理解	☆☆☆☆☆	☆☆☆☆☆	☆☆☆☆☆

清明（高年级）

生命对话：踏青绘画与感恩手账

一 项目基本信息

项目名称为"清明 生命对话：踏青绘画与感恩手账"。主学科是语文、美术、综合实践。关联学科是道德与法治。授课年级为小学高年级（四至六年级）。教学单元或知识点：语文方面，深入探究与清明有关的诗词、文章的文学价值与文化内涵；美术方面，运用多种绘画风格和材料创作清明主题作品，掌握手账创意设计技巧；综合实践方面，开展清明文化调研、祭扫与踏青活动；道德与法治方面，培养对生命的敬畏之心、感恩意识与社会责任感。课时安排：课内 5 课时 ＋ 课外 4 课时。项目概要：清明是一个承载着丰富文化与深厚情感的节日。在本次项目中，学生将通过踏青、绘画、制作感恩手账等活动，深度探索清明文化，感受生命的传承与意义，提升综合素养，增强文化传承的使命感。

二 项目内容分析

（一）课标分析

内容要求：语文方面，能深刻理解并赏析与清明有关的诗词、文章，进行创意写作；美术方面，运用不同艺术手法创作体现清明特色与个人情感的作品，设计个性化手账；综合实践方面，策划并参与清明文化活动，开展调查研究；道德与法治方面，树立正确的生命观、价值观，培养感恩意识和社会责任感。

教学建议：组织实地考察、文化调研、小组合作探究等活动，利用多媒体资源辅助教学，引导学生深入思考、积极交流。

学业质量标准：能撰写高质量的清明文化赏析文章，创作出富有艺术感染力的绘画与创意手账，完成有深度的清明文化调研报告，理解地理与文化的联系。

（二）教材分析

纵向来看,前期教材为学生积累了一定的知识基础,本项目在此基础上进行深度拓展与综合运用。横向分析,语文、美术等多学科相互关联,从不同角度共同构建对清明文化的全面认知,促进学生全面发展。

（三）学情分析

学生已有一定的清明文化知识和学科基础,但对知识的深度理解和综合运用能力不足。学生具备一定的观察、表达和动手能力,但在研究性学习、艺术创作创新和团队协作方面有待提高。学生具备抽象逻辑思维,对探究活动有兴趣,但还需培养自主探究和批判性思维能力。

（四）核心知识设计

语文:深度赏析与清明有关的诗词、文章,进行创意写作。

美术:创作具有文化内涵和艺术个性的清明主题作品,设计创意手账。

综合实践:策划并实施清明文化活动,开展调研。

道德与法治:树立正确的生命观,培养感恩和责任意识。

 三 驱动性问题/任务设计

（一）应用情境分析

应用情境为校园、烈士陵园、历史文化博物馆以及自然景区。学生在校园进行学习创作,在烈士陵园祭扫,在博物馆了解历史,在自然景区踏青、观察,形成多场景融合的学习环境。

（二）驱动性问题/任务设计

驱动性问题:在清明这个特殊的节日,如何运用多学科知识深入挖掘清明文化内涵,通过艺术创作和实践活动实现与先辈的"对话",传承和创新清明文化?

最终作品:一份清明文化研究报告,涵盖诗词赏析、习俗演变、地理差异等研究内容;一组系列清明主题艺术作品,包括绘画、手账、文创产品设计等;一场特色清明文化活动策划与实施记录,包含活动方案、执行过程和效果评估。

（三）驱动性问题/任务框架

挖掘清明文化底蕴:关联知识与技能为语文阅读、历史研究。阶段性作品/成果为清明文化资料集。探寻清明地理差异:关联知识与技能为地理分析、实地考察。阶段性作品/成果为地理差异调研报告。构思清明艺术创作:关联知识与技能为美术创意、设计技巧。阶段性作品/成果为艺术创作草图。策划清明文化活动:关联知识与技能为综合实践策划、组织协调。阶段性作品/成果为清明文化活动方案。

四 项目目标与评价设计

（一）项目学习目标

A1:理解与清明有关的诗词、文章的文化内涵和文学价值。A2:掌握清明主题艺术创作技巧和手账设计方法。A3:了解清明习俗的历史演变和地理差异。A4:树立正确的生命观、价值观和文化传承意识。A5:培养感恩意识和社会责任感。B1:撰写高质量的清明文化研究文章。B2:创作出系列有影响力的清明主题艺术作品。B3:分析历史演变和地理因素对清明文化的影响。B4:策划并执行有意义的清明文化活动,传承文化。B5:积极践行感恩行为,参与社会公益活动。

（二）项目评价设计

对于 A1、B1 目标,评价依据是清明文化研究文章、阅读心得,评价方式是教师评价、学生自评。对于 A2、B2 目标,评价依据是清明主题艺术作品、手账设计,评价方式是教师评价、小组互评。对于 A3、B3 目标,评价依据是地理差异调研报告、课堂讨论,评价方式是教师评价、学生互评。对于 A4、B4 目标,评价依据是清明文化活动策划与实施记录、活动效果,评价方式是教师评价、师生互评。对于 A5、B5 目标,评价依据是感恩行为记录、公益活动参与度,评价方式是教师观察、学生互评。

五 项目活动设计

（一）启动阶段（问题情境、项目计划）

1. 创设情境

教师播放清明主题纪录片,展示与清明相关的诗词及书法作品、传统习俗图片,讲述清明的历史故事,激发学生的兴趣。教师观察学生的参与度和兴趣表现并记录。对应学习目标是 A1。

2. 制订计划

学生分组讨论,制订项目计划,明确分工和时间安排。教师评价计划的合理性和可行性。

（二）探究阶段（活动探究、作品制作）

1. 文化研究

学生查阅文献，研究与清明有关的诗词、历史习俗，撰写文化研究文章。教师评价文章的质量和研究深度。对应学习目标是 A1、B1。

2. 艺术创作

教师指导学生运用多种艺术形式创作清明主题作品，设计手账。从创意、技巧和文化内涵方面，完成教师评价和同学互评。对应学习目标是 A2、B2。

3. 地理考察

教师带领学生到不同地区踏青，观察地理环境和清明习俗差异，撰写调研报告。教师评价报告的科学性和分析能力。对应学习目标是 A3、B3。

4. 活动策划

学生分组策划清明文化活动，组织实施。教师评价方案的创新性和活动执行效果。对应学习目标是 A4、B4。

（三）展示阶段（成果交流、评价反思）

1. 成果展示

举办"清明文化节"，展示研究报告、艺术作品，开展文化活动。从知识掌握、技能展示和文化传承等方面综合评价，评选优秀成果和个人。对应学习目标是 A1—A5、B1—B5。

2. 评价反思

组织学生进行自我评价和相互评价，总结经验教训，撰写反思报告。教师评价反思深度和改进措施的可行性。

（四）拓展延伸（文化传承、生活践行）

教师介绍清明文化在当代的创新发展案例，推荐相关图书和影视作品；鼓励学生参与社区文化建设，制作宣传海报，举办讲座，传播清明文化和生命教育理念，增强社会责任感；引导学生将感恩和责任意识融入日常生活，长期参与公益活动，促进个人成长和社会发展。

附 录

作品评价表

评价维度	评价指标	自评	互评	总评
清明文化研究报告	研究深入，资料翔实，分析独到	☆☆☆☆☆	☆☆☆☆☆	☆☆☆☆☆
系列清明主题艺术作品	艺术风格多样，文化内涵丰富，创意新颖	☆☆☆☆☆	☆☆☆☆☆	☆☆☆☆☆
清明文化活动策划与实施记录	策划合理，执行高效，效果显著，评估客观	☆☆☆☆☆	☆☆☆☆☆	☆☆☆☆☆

谷雨

清 郑燮

不风不雨正晴和，翠竹亭亭好节柯。

最爱晚凉佳客至，一壶新茗泡松萝。

几枝新叶萧萧竹，数笔横皴淡淡山。

正好清明连谷雨，一杯香茗坐其间。

（低年级）

种豆得豆：农耕体验与茶艺启蒙

一 项目基本信息

项目名称为"谷雨 种豆得豆：农耕体验与茶艺启蒙"。主学科是科学、劳动。关联学科是语文、美术、茶艺。授课年级为小学低年级（一至三年级）。教学单元或知识点：科学的植物种植与生长知识、劳动的农耕实践技能、语文的与谷雨相关的诗词与文化、美术的绘画与手工创作、茶艺的泡茶礼仪与茶文化。课时安排：课内 4 课时 + 课外 3 课时。项目概要：谷雨就像大自然送来的一份神奇礼物。在这个充满希望的季节里，我们要开启一场有趣的冒险，一边参与种豆实践，了解植物生长的规律，掌握农耕技能；一边走进茶艺的奇妙世界，学习泡茶礼仪，感受茶文化的魅力。通过这些活动，学生能锻炼实践能力、观察能力、爱上传统文化，还会更加珍惜劳动成果。

二 项目内容分析

（一）课标分析

内容要求：科学方面，学生要像小植物学家一样，理解植物生长的基本条件和过程，学会简单的种植方法。劳动方面，掌握基本的农耕技能，感受劳动带来的乐趣和价值。语文方面，积累和谷雨有关的诗词和文化知识，让自己的语言表达能力更上一层楼。美术方面，运用绘画和手工技巧，创作出谷雨主题的作品。茶艺方面，了解基本的泡茶礼仪和茶文化内涵。

教学建议：开展实践活动，让学生亲身体验种豆和泡茶的全过程。利用多媒体、实地观察等方式辅助教学，让学生有更直观的感受。组织小组合作，鼓励学生交流分享种植和学习茶艺的经验。

学业质量标准：学生能准确描述豆子的生长过程，熟练掌握种豆技能。用优美的语言介绍谷雨文化和茶艺知识,创作出优秀的谷雨主题美术作品。在实际操作中,规范展示泡茶礼仪,感受茶文化的独特魅力。

(二)教材分析

纵向来看,以前各年级教材慢慢渗透植物生长、劳动技能、传统文化等知识,这个项目就是对这些知识的综合运用和深化拓展。横向分析,科学、劳动、语文、美术、茶艺等学科在谷雨主题下紧密相连。科学和劳动提供实践基础,语文丰富文化底蕴,美术用于创意表达,茶艺增添文化体验。

(三)学情分析

学生对科学和劳动实践都很感兴趣,但是系统的农耕知识和实践经验还比较少。学生对谷雨的了解还比较少,对茶艺文化也不太熟悉。学生有一定的观察和表达能力,不过在实践操作和文化内涵理解上还有进步空间。学生喜欢动手实践,但是面对长期的种植观察和复杂的茶艺礼仪学习,可能会缺少耐心。

(四)核心知识设计

科学与劳动:学习谷雨时节种豆的方法,了解植物生长周期,掌握翻土、播种、浇水等农耕技能。

语文:了解谷雨的历史渊源、文化习俗,积累相关诗词和优美语句。

美术:以谷雨农耕和茶艺为主题,进行绘画创作或手工制作,例如,绘制种豆场景,制作茶叶主题手工艺品。

茶艺:认识茶叶的不同种类,学习泡茶的基本步骤和礼仪,了解茶文化历史。

三 驱动性问题/任务设计

(一)应用情境分析

应用情境原型是充满生机的校园农耕园和古色古香的茶艺室。这是一个把校园实践和传统文化体验完美结合的情境,就像一个充满魔法的知识与文化乐园。

(二)驱动性问题/任务设计

驱动性问题:在谷雨这个充满希望的时节,咱们怎么通过种豆的农耕体验和茶艺启蒙学习,收获劳动成果,同时感受传统文化的魅力呢?

最终作品:一份详细的种豆生长记录档案,记录从播种到收获的全过程,有文字描述、照片或绘画；一组有创意的谷雨主题艺术作品，包括绘画、手工艺品等，展现农耕与茶艺场景；一场精彩的茶艺展示活动，学生熟练展示泡茶过程，讲解茶文化知识。

（三）驱动性问题/任务框架

学习谷雨种豆秘籍：关联知识与技能为科学种植知识、劳动技能。阶段性作品/成果为种豆计划方案。开启种豆农耕实践：关联知识与技能为劳动实践操作能力。阶段性作品/成果为种豆记录（初期）。收集谷雨与茶艺宝藏资料：关联知识与技能为语文阅读、资料收集。阶段性作品/成果为文化资料卡片。创作谷雨主题艺术大作：关联知识与技能为美术创作技巧。阶段性作品/成果为绘画草图、手工半成品。茶艺展示：关联知识与技能为茶艺知识与礼仪。阶段性作品/成果为茶艺练习记录。

四　项目目标与评价设计

（一）项目学习目标

A1：知晓谷雨的时间、气候特点及谷雨对农业的意义。A2：掌握种豆的方法和植物生长知识。A3：了解与谷雨有关的诗词文化和茶艺基本知识。A4：理解劳动的价值和意义。B1：独立完成种豆的全过程，详细记录生长情况。B2：创作至少一件高质量的谷雨主题艺术作品。B3：在茶艺展示中规范操作，准确地讲解茶文化。B4：树立珍惜劳动成果的意识，积极参与劳动。

（二）项目评价设计

对于 A1、B1 目标，评价依据是种豆生长记录档案、种植实践表现，评价方式是教师评价、学生自评。对于 A2、B2 目标，评价依据是谷雨主题艺术作品，评价方式是教师评价、学生互评。对于 A3、B3 目标，评价依据是茶艺展示表现、文化资料卡片，评价方式是教师评价、小组评价。对于 A4、B4 目标，评价依据是劳动态度、日常行为表现，评价方式是教师观察、学生互评。

五　项目活动设计

（一）启动阶段（问题情境、项目计划）

1.创设情境

播放谷雨时节农耕和茶园的视频，展示与谷雨相关的诗词、书画作品，再讲讲谷雨"种瓜点豆"的传统习俗故事,激发学生的兴趣。教师观察学生在课堂上的参与度和兴趣表现并记录。对应学习目标是 A1、A3。

2. 制订计划

组织学生分组讨论项目任务,制订种豆计划,包括种植区域划分、人员分工、观察时间安排等,还要确定茶艺学习和艺术作品创作方案。教师从计划书的完整性、可行性方面评价并打分。

(二)探究阶段(活动探究、作品制作)

1. 农耕实践

教师带着学生到校园农耕园,指导学生翻土、播种、浇水,定期观察豆子的生长情况并记录下来。教师依据种植操作的规范性、记录的准确性来评价,看看谁是最棒的小农夫。对应学习目标是 A1、A2、B1。

2. 文化学习

教师引导学生查阅图书、在网络上搜索,收集与谷雨有关的诗词、农耕文化和茶艺知识,制作资料卡片,再开展诗词朗诵活动。从资料卡片质量、诗词朗诵表现方面,小组之间互相评价,看看谁收集的资料最丰富,朗诵得最有感情。对应学习目标是 A3。

3. 作品创作

教师进行美术创作指导,传授构图、色彩搭配等技巧。学生围绕谷雨主题,进行绘画、手工创作。从作品创意、技巧运用方面,完成教师评价和学生互评,选出最有创意的小艺术家。对应学习目标是 A2、B2。

4. 茶艺启蒙

教师在茶艺室讲解茶叶的种类、泡茶步骤和礼仪,学生进行实际操作练习。教师根据操作规范程度、礼仪掌握情况来评价,看看谁是最优雅的小茶艺师。对应学习目标是 A3、B3。

(三)展示阶段(成果交流、评价反思)

1. 成果展示

举办一场热闹的"谷雨成果展",学生展示种豆生长记录档案、谷雨主题艺术作品,进行茶艺表演,分享项目学习中的收获。从展示内容的完整性、表现能力等方面综合评价,看看谁是最厉害的"谷雨小能手"。对应学习目标是 A1—A4、B1—B4。

2.评价反思

引导学生从知识掌握、实践能力、团队协作等方面进行自我评价和小组评价,总结经验教训。教师从反思深度、自我认知的准确性方面来评价,帮助学生进步。

（四）知识拓展与文化传承

教师介绍与谷雨相关的诗词,如"谷雨如丝复似尘,煮瓶浮蜡正尝新",还有谚语"谷雨前后一场雨,胜似秀才中了举",让学生感受古人对谷雨时节的赞美和对农业生产的期盼;讲讲谷雨的民间故事,传说仓颉造字后,上天为了奖励他,为正遭灾荒的人间降下谷子雨,从此就有了谷雨这个节气;鼓励学生课后向家人宣传谷雨文化和茶艺知识,传承传统文化。

 附 录

最终作品评价表

评价维度	评价指标	自评	互评	总评
种豆生长记录档案	记录既完整又准确,能清楚地呈现豆子的生长变化,文字描述生动有趣,配图丰富	☆☆☆☆☆	☆☆☆☆☆	☆☆☆☆☆
谷雨主题艺术作品	主题突出,艺术表现手法多样,充满创意和美感	☆☆☆☆☆	☆☆☆☆☆	☆☆☆☆☆
茶艺展示活动	泡茶动作规范、流畅,礼仪到位,对茶文化知识讲解准确、清晰	☆☆☆☆☆	☆☆☆☆☆	☆☆☆☆☆

谷雨

（高年级）

种豆得豆:农耕体验与茶艺启蒙

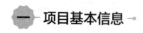 **项目基本信息**

项目名称为"谷雨 种豆得豆:农耕体验与茶艺启蒙"。主学科是科学、劳动。

关联学科是语文、美术、历史、地理、茶艺。授课年级为小学高年级(四至六年级)。教学单元或知识点:科学方面,了解植物生长的生理机制、生态环境对植物生长的影响;劳动方面,了解现代化农耕技术与工具的运用;语文方面,深入赏析与谷雨相关诗词的文学价值与文化内涵;美术方面,融合多种艺术形式创作大型谷雨主题作品;历史方面,研究谷雨节气的起源与发展;地理方面,分析不同地区谷雨时节的气候差异对农耕的影响;茶艺方面,学习各类茶的品鉴技巧,传承茶文化。课时安排:课内 6 课时 + 课外 5 课时。项目概要:谷雨是蕴含丰富文化与科学奥秘的节气。本次项目中,学生将深度探索谷雨时节种豆的农耕知识与茶艺文化。通过实践操作、研究分析,学生能掌握科学种植方法,提升劳动技能,领略传统文化的魅力,增强综合素养与文化传承意识。

二 项目内容分析

(一)课标分析

内容要求:科学方面,理解植物生长的生理过程,探究环境因素对植物生长的影响;劳动方面,学会使用现代农耕工具,掌握高效种植技术;语文方面,能深入解读与谷雨相关的诗词,体会其中的文化情感;美术方面,运用多种材料和技法创作体现谷雨特色的艺术作品;历史方面,梳理谷雨节气的历史演变;地理方面,分析不同地区谷雨气候与农耕的关系;茶艺方面,学会品鉴各类茶,传承茶文化。

教学建议:组织学生开展种植实验、实地考察、文献研究等活动,运用多媒体资源辅助教学,鼓励学生小组合作、交流分享。

学业质量标准:能准确阐述植物的生长原理和环境对其生长的影响,熟练使用农耕工具完成种植任务,深度赏析与谷雨相关的诗词,创作出高质量的艺术作品,清晰地讲述谷雨历史,分析地理与农耕的关系,品鉴各类茶。

(二)教材分析

纵向来看,各学科教材前期已积累了部分相关知识,本项目将对这些知识进行系统整合与拓展。横向分析,科学、劳动、语文等多学科相互关联,从不同角度共同诠释谷雨文化与农耕、茶艺知识,促进学生全面发展。

(三)学情分析

学生已有一定的学科基础知识,但对知识的综合运用和深度理解不足,缺乏系统的实践经验。学生具备一定的观察、分析和表达能力，但在实验操作、研究性学习和复杂劳动技能上有待提高。学生开始具备抽象逻辑思维，对探究活动有较高的热情，但还需进一步培养自主探究和深度思考能力。

（四）核心知识设计

科学与劳动：掌握种豆的科学方法，研究植物生长与环境的关系，学会使用现代农耕工具。

语文：深度解读与谷雨相关的诗词，挖掘文化内涵，进行创意写作。

美术：融合多种艺术形式，创作大型谷雨主题艺术作品。

历史与地理：探究谷雨节气的历史渊源和不同地区的农耕差异。

茶艺：精通各类茶的品鉴技巧，传承茶文化。

三　驱动性问题/任务设计

（一）应用情境分析

应用情境为校园农耕园、图书馆、茶艺室以及周边农田。学生在校园进行种植实践和艺术创作，在图书馆查阅资料，在茶艺室学习茶艺，到周边农田实地考察，形成多场景融合的学习环境。

（二）驱动性问题/任务设计

驱动性问题：在谷雨时节，如何综合运用多学科知识，深入探究种豆的科学奥秘与农耕文化，全面领略茶艺的魅力并传承茶文化？

最终作品：一份专业的谷雨种豆研究报告，涵盖种植实验数据、环境分析、农耕文化研究；一组大型谷雨主题艺术作品，包括绘画、手工、装置艺术等；一场高水准的茶艺文化展示活动，包含茶艺表演、茶品鉴和文化讲解。

（三）驱动性问题/任务框架

探索种豆科学奥秘：关联知识与技能为科学实验、数据分析。阶段性作品/成果为种豆实验记录。体验现代农耕实践：关联知识与技能为劳动技能、工具使用。阶段性作品/成果为农耕实践报告。挖掘谷雨文化内涵：关联知识与技能为语文阅读、历史研究。阶段性作品/成果为谷雨文化研究报告初稿。创作谷雨艺术盛宴：关联知识与技能为美术创作、材料运用。阶段性作品/成果为艺术作品初稿。品味茶艺文化精髓：关联知识与技能为茶艺学习、品鉴技巧。阶段性作品/成果为茶艺学习心得。

四 项目目标与评价设计

（一）项目学习目标

A1：精通种豆的科学知识和谷雨节气的综合知识。A2：掌握现代农耕技能和工具使用方法。A3：深入理解与谷雨相关的诗词和茶文化的内涵。A4：掌握多种美术创作技巧和艺术表现形式。A5：了解谷雨节气的历史演变和地理差异。A6：树立正确的劳动观念和文化传承意识。B1：独立完成种豆实验，撰写高质量研究报告。B2：熟练运用农耕工具，高效完成种植任务。B3：深度赏析诗词，专业地讲解茶文化。B4：创作出具有较高艺术水准的谷雨主题作品。B5：清晰地阐述谷雨的历史和地理与农耕的关系。B6：积极参与劳动，主动传承谷雨文化和茶艺文化。

（二）项目评价设计

对于 A1、B1 目标，评价依据是种豆研究报告、实验操作表现，评价方式是教师评价、学生自评。对于 A2、B2 目标，评价依据是农耕实践报告、工具使用熟练程度，评价方式是教师评价、学生互评。对于 A3、B3 目标，评价依据是诗词赏析文章、茶艺展示表现，评价方式是教师评价、小组评价。对于 A4、B4 目标，评价依据是谷雨主题艺术作品、创作过程记录，评价方式是教师评价、小组互评。对于 A5、B5 目标，评价依据是谷雨文化研究报告、课堂表现，评价方式是教师评价、学生自评。对于 A6、B6 目标，评价依据是劳动态度、文化传播行为，评价方式是教师评价、学生互评。

五 项目活动设计

（一）启动阶段（问题情境、项目计划）

1. 创设情境

教师播放谷雨时节的纪录片，展示与谷雨相关的诗词、书法、绘画作品，讲述谷雨的传说，激发学生的兴趣。教师观察学生的参与度和兴趣表现并记录。对应学习目标是 A1、A3、A5。

2. 制订计划

学生分组讨论，制订项目计划，明确分工和时间安排。教师评价计划的合理性和可行性。

（二）探究阶段（活动探究、作品制作）

1.科学种植实验

教师指导学生在校园农耕园进行种豆实验，控制不同环境变量，记录生长数据。教师评价实验操作的规范性和数据的准确性。对应学习目标是 A1、B1。

2.农耕实践体验

教师组织学生到周边农田，学习使用现代农耕工具，参与农耕劳动。教师根据实践表现和报告质量进行评价。对应学习目标是 A2、B2。

3.文化研究探索

学生查阅文献，研究与谷雨相关的诗词、历史和地理知识，撰写研究报告。教师评价报告的深度和研究方法的科学性。对应学习目标是 A3、A5、B5。

4.艺术创作实践

教师指导学生运用多种材料和技法，创作谷雨主题艺术作品。从创意、技巧和主题表现方面，完成教师评价和学生互评。对应学习目标是 A4、B4。

5.茶艺学习品鉴

在茶艺室，教师讲解各类茶的品鉴方法，学生进行实践。教师根据学生的品鉴能力和心得来评价。对应学习目标是 A3、B3。

（三）展示阶段（成果交流、评价反思）

1.成果展示

举办"谷雨文化节"，展示研究报告、艺术作品，进行茶艺表演和农耕成果展示。从知识掌握、技能展示和文化传承等方面综合评价，评选优秀成果和个人。对应学习目标是 A1—A6、B1—B6。

2.评价反思

组织学生进行自我评价和相互评价，总结经验教训，撰写反思报告。教师评价反思深度和改进措施的可行性。

（四）知识拓展与文化传承

教师介绍与谷雨相关的非物质文化遗产，例如，介绍谷雨祭祀仓颉的仪式。鼓励学生参与社区文化活动，传播谷雨文化和茶艺知识，制作宣传海报，举办小型讲座等，增强文化传承意识。

附 录

最终作品评价表

评价维度	评价指标	自评	互评	总评
谷雨种豆研究报告	数据准确,分析深入,文化研究有深度	☆☆☆☆☆	☆☆☆☆☆	☆☆☆☆☆
大型谷雨主题艺术作品	艺术形式多样,主题突出,富有创意	☆☆☆☆☆	☆☆☆☆☆	☆☆☆☆☆
茶艺文化展示活动	茶艺表演专业,品鉴准确,文化讲解生动	☆☆☆☆☆	☆☆☆☆☆	☆☆☆☆☆

夏之篇

立夏

宋 陆游

赤帜插城扉,东君整驾归。

泥新巢燕闹,花尽蜜蜂稀。

槐柳阴初密,帘栊暑尚微。

日斜汤沐罢,熟练试单衣。

立夏

（低年级）

清凉发明：降温工具制作与树叶标本

一　项目基本信息

项目名称为"立夏 清凉发明：降温工具制作与树叶标本"。主学科是综合实践、科学。关联学科是美术、语文、数学。授课年级为小学低年级（一至三年级）。教学单元或知识点：综合实践的工具制作流程与操作，科学中热传递原理、常见降温材料的特性，美术的树叶标本装饰设计，语文的与立夏相关的诗词、儿歌积累与表达，数学的材料用量的简单计算、尺寸测量。课时安排：课内 5 课时 + 课外 2 课时。项目概要：立夏作为夏季首个节气，标志着气温逐渐升高。本项目结合"立夏"与"降温"，让学生制作降温工具与树叶标本。课程融合多学科知识，旨在激发学生的探索欲，提升观察、动手、表达能力，培养他们对自然和科学的热爱。

二　项目内容分析

（一）课标分析

内容要求：综合实践方面，学会使用简单的工具和材料制作降温工具；能够参与制作树叶标本，掌握基本的制作步骤。科学方面，学生要知道立夏后天气变热的现象，了解一些常见的降温方法和原理；认识常见的降温材料，包括纸、布、水等，知道它们在降温过程中的作用。美术方面，运用色彩和图案对树叶标本进行装饰，培养审美能力和创造力；学习简单的手工制作技巧，包括剪纸、粘贴等，用于装饰降温工具和树叶标本。语文方面，学习与立夏、夏天、降温相关的诗词、儿歌，感受传统文化；能用简单的语言描述制作过程和自己的感受，提升表达能力。数学方面，认识简单的测量工具，能测量制作材料的尺寸；进行简单的材料用量计算。

教学建议：通过实验和观察，让学生直观感受热传递现象，例如，用手触摸不同温度的物体。利用图片、视频等资源,介绍降温材料和工具的原理。组织小组活动,让学生合作完成制作任务。教师现场指导,确保学生安全使用工具。展示优秀的美术作品,启发学生的创作灵感。鼓励学生发挥想象力,大胆尝试不同的装饰方法。采用朗诵、表演等形式,让学生学习诗词、儿歌。创设情境,让学生在制作和分享过程中运用语文知识。结合实际制作任务,引导学生学习测量和计算。让学生在实践中感受数学的实用性。

学业质量标准:学生能说出至少两种立夏后的降温方法,解释其原理。认识常见的降温材料,并能举例说明它们的用途。成功制作出一件降温工具,制作过程安全、规范。制作出至少一个美观的树叶标本,掌握基本制作技巧。能用彩笔或其他材料对树叶标本进行装饰,色彩搭配协调,有一定创意。对降温工具进行简单装饰,使其更具个性。熟练背诵至少一首与立夏或降温相关的诗词、儿歌。在制作和分享活动中,能用简单、通顺的语言表达自己的想法和感受。正确使用尺子测量材料的尺寸,进行简单的材料用量计算。在小组活动中,能听从安排,与同伴合作完成任务。

(二)教材分析

纵向分析:小学低年级科学教材开始引入自然现象和简单的科学知识,本项目中热传递和降温知识的学习是对科学知识的初步探索,为后续学习更深入的科学概念奠定基础。综合实践课程注重培养学生的动手能力和生活技能,从简单的手工制作逐步过渡到更复杂的项目实践,符合学生的能力发展规律。美术教材引导学生认识色彩、形状,培养创造力,树叶标本装饰和降温工具美化能锻炼学生的艺术表现力。语文教材通过诗词、儿歌培养学生的语言感知和表达能力,在项目中运用语文知识能提升学生的语言运用能力。数学教材从基础的数量和图形认识到简单的测量和计算,在制作过程中应用数学知识能加深学生对数学概念的理解。

横向分析:科学知识为降温工具制作提供理论依据,让学生明白降温的原理。综合实践活动整合各学科知识,保障制作活动的顺利进行。美术创作使降温工具和树叶标本更具观赏性,增添乐趣。语文知识丰富学生对立夏的文化认知,提升表达能力。数学知识确保材料使用的合理性和工具制作的规范性。各学科相互关联,共同服务于项目目标。

(三)学情分析

先验知识:低年级学生对夏天的炎热有切身体会,知道一些简单的降温方式,例如,吹风扇、吃冷饮;在语文学习中,积累了一些简单的诗词、儿歌;对美术和数学也有初步接触,能进行简单的绘画和数数。但他们对于科学原理、复杂的制作工艺和多学科融合的学习,还处于启蒙阶段。

技能水平:学生具备一定的观察力,能观察到立夏后周围环境的变化。学生能进行简单的手工操作,但在使用工具和精细制作方面需要指导。学生语言表达能力有限,在描述事物和表达想法时可能不够清晰准确。团队合作意识刚刚萌芽,在小组活动中需要教师引导如何分工协作。

思维特点:学生以形象思维为主,对直观、生动、有趣的事物感兴趣,在学习过程中,需要借助具体的实物、图片、动画等帮助理解抽象概念。学生思考问题较为简单直接,难以进行复杂的逻辑推理。

兴趣与价值观:学生对新奇的实验和手工制作充满热情,喜欢探索新鲜事物。学生具有一定的分享意识,但在活动中可能更关注自己的体验。教师应充分利用学生的兴趣,引导他们积极参与项目活动,培养团队合作精神,激发学生对知识的探索欲望。

(四)核心知识设计

综合实践:掌握制作简单降温工具的方法,学会使用剪刀、胶水等工具。学会制作树叶标本的步骤,包括采集树叶、整理树叶、压制标本、装饰标本等。在制作过程中,提高动手实践能力。

科学:探究热传递的简单原理,了解热量从高温物体向低温物体传递的现象。认识常见的降温材料,例如,水蒸发能吸收热量。观察立夏后天气、动物和植物的变化,了解气温升高对生活的影响。

美术:学习色彩搭配知识,例如,选择清凉的颜色(蓝色、绿色)装饰降温工具和树叶标本。掌握简单的图案设计技巧,例如,绘制雨滴、雪花图案表示降温。运用剪纸、粘贴等手工技巧,制作立体装饰元素,提升作品的美观度。

语文:收集并学习与立夏、降温相关的诗词、儿歌,感受其中的意境和情感。在制作和分享过程中,用简单的语言描述制作过程、自己的感受和对立夏的认识,锻炼语言表达能力。

数学:学会使用尺子测量纸张、树枝等材料的长度、宽度。根据制作需求,进行简单的材料用量计算。通过数数,统计收集的树叶数量,培养数学应用能力。

三 驱动性问题/任务设计

（一）应用情境分析

应用情境原型：立夏过后，校园里变得越来越热，学生在课间活动时容易感到燥热。校园内树木繁茂，有各种各样的树叶。情境类型为校园生活情境。

（二）驱动性问题/任务设计

驱动性问题/任务：立夏到了，天气越来越热。我们怎么利用身边的材料，制作出能让自己凉快的工具，再把校园里漂亮的树叶做成有趣的标本，记录下立夏的美好呢？

最终作品：一个创意降温工具，制作出一把既美观又实用的纸扇或一个简易小风扇，能够在立夏时节给自己带来清凉；精美树叶标本，制作至少一个装饰精美的树叶标本，展现立夏时节树叶的特点；立夏"凉"方分享，在班级里分享自己制作降温工具和树叶标本的过程、感受，介绍立夏的小知识。

（三）驱动性问题/任务框架

了解立夏和降温知识：关联知识与技能为科学观察、语文阅读与积累。阶段性作品/成果为知识小卡片。学习降温工具制作方法：关联知识与技能为科学原理、综合实践操作。阶段性作品/成果为制作步骤记录单。收集树叶：关联知识与技能为观察能力、户外活动技能。阶段性作品/成果为收集的树叶。制作降温工具：关联知识与技能为综合实践操作、美术装饰。阶段性作品/成果为降温工具半成品、成品。制作树叶标本：关联知识与技能为综合实践操作、美术装饰。阶段性作品/成果为树叶标本半成品、成品。立夏"凉"方分享：关联知识与技能为语言表达、知识整理。阶段性作品/成果为分享稿、排练记录。

四 项目目标与评价设计

（一）项目学习目标

A1：了解立夏的时间和气候特点。A2：了解常见降温材料的特性和降温原理。A3：了解与立夏、降温相关的诗词、儿歌。A4：掌握简单的测量和计算方法（用于制作）。A5：掌握美术装饰的基本方法和技巧。B1：准确描述制作降温工具和树叶标本的过程，安全、规范地制作出创意降温工具。B3：制作出精美的树叶标本并进行装饰。B4:在分享活动中清晰地表达自己的想法。B5:在小组合作中积极参与,与同伴友好协作。

(二)项目评价设计

对于 A1、A3 目标,评价依据是知识小卡片、诗词和儿歌背诵情况,评价方式是教师评价、学生互评。对于 A2、B2 目标,评价依据是制作步骤记录单、降温工具成品,评价方式是教师评价、小组互评。对于 B1 目标,评价依据是树叶标本成品、降温工具制作过程记录,评价方式是教师评价、学生互评。对于 A4、B4 目标,评价依据是测量记录、计算过程、分享稿内容,评价方式是教师评价、小组评价。对于 A5、B3目标,评价依据是树叶标本和降温工具的装饰效果,评价方式是教师评价、学生互评。对于 B5 目标,评价依据是小组活动记录、小组互评表,评价方式是教师评价、学生互评。

五 项目活动设计

(一)启动阶段(问题情境、项目计划)

1. 创设情境

教师播放一段有趣的动画视频,视频里的小动物们在立夏这天热得直冒汗,四处寻找能让自己凉快的办法,接着展示一系列立夏时节阳光强烈、人们使用各种降温工具的图片。然后,教师绘声绘色地讲一个关于立夏的小故事:在很久很久以前,立夏这天太阳特别大,孩子们热得受不了。有个聪明的孩子看到树上的叶子,灵机一动,用树叶做了一个能扇风的工具,大家用了之后都觉得凉快多了。通过视频、图片和故事,激发学生对制作降温工具和树叶标本的兴趣。观察学生在课堂上的表现并记录下来。对应学习目标是 A1、A3。

2. 制订计划

教师把学生分成小组,每个小组 4～5 人,引导小组讨论项目任务,帮助学生合理分工。教师查看每个小组的计划书,从计划书里任务是否明确、分工是否合理等方面进行评价,给每个小组提出建议。

(二)探究阶段(活动探究、作品制作)

1. 了解降温知识

教师拿出一些常见的降温工具,让学生观察并感受它们是怎么降温的。接着,教师通过简单的实验(用湿毛巾擦手)，让学生感受水蒸发带走热量的现象，讲解一些基本的降温原理。教师检查学生记录在知识小卡片上的降温知识，从内容的准确性、完整性等方面进行评价，鼓励学生分享自己学到的知识。对应学习目标是 A2。

2. 收集树叶

教师带领学生到校园里，教他们挑选完整、形状好看的树叶，提醒学生要爱护树木，不能随意折断树枝。学生在校园里寻找自己喜欢的树叶，把它们收集起来，放进小袋子里。教师观察学生收集树叶的过程，看他们是否能挑选出合适的树叶，有没有遵守爱护树木的要求。学生回家后和家长一起再收集一些不同的树叶。

3. 制作降温工具

教师教学生制作简单的降温工具。教师示范制作步骤：把彩色纸对折，然后用剪刀剪出喜欢的形状，再用胶水粘贴固定。学生按照教师的示范，动手制作纸扇，还可以用彩笔在纸扇上画画装饰。从纸扇的制作质量、装饰效果等方面进行教师评价和小组互评，给表现好的学生奖励小贴纸。对应学习目标是 A2、A5、B2。

4. 制作树叶标本

教师教学生制作树叶标本的步骤，先把收集到的树叶整理平整，放在两张纸巾中间，再用厚重的书本夹住，压一段时间。树叶变干后，就可以用彩笔在旁边画画，或者贴上一些小装饰。学生动手制作树叶标本。从树叶标本的完整性、装饰的美观度等方面进行教师评价和学生互评，展示优秀的树叶标本。对应学习目标是 A5、B3。

（三）展示阶段（成果交流、评价反思）

1. 成果分享会

教师组织一场成果分享会，每个小组的学生轮流上台，展示自己制作的降温工具和树叶标本，分享制作过程中的有趣故事，介绍自己在制作过程中学到的立夏知识。其他小组的学生认真听，可以提问和发表自己的看法。从学生的分享表现、作品介绍的完整性以及与其他学生的互动情况等方面，进行教师评价和学生互评。对应学习目标是 A1、A3、B4、B5。

2. 评价反思

分享会结束后，教师引导学生说一说在这个项目中学到了什么，制作降温工具和树叶标本的时候遇到了哪些困难，是怎么解决的。每个小组讨论在小组合作中大家表现得怎么样。最后让学生把这些想法画在一张纸上。教师查看学生的反思画，从画中是否能看出认真思考，对自己的问题有没有认识清楚等方面进行评价。

附 录

最终作品评价表

评价维度	评价指标	自评	互评	总评
创意降温工具	纸扇或简易小风扇应制作牢固，使用过程安全、无隐患；外观设计新颖、有创意，装饰美观；能有效产生风，起到一定的降温作用	☆☆☆☆☆	☆☆☆☆☆	☆☆☆☆☆
精美树叶标本	树叶标本完整，形状保持良好，无破损或残缺；装饰色彩鲜艳且搭配协调，有独特的设计，例如，用彩笔画出与夏天相关的元素	☆☆☆☆☆	☆☆☆☆☆	☆☆☆☆☆
立夏"凉"方分享	分享过程流畅自然，能清晰、准确地说出制作步骤和自己的感受；介绍的立夏小知识准确无误且有趣味性，能积极与同学互动交流	☆☆☆☆☆	☆☆☆☆☆	☆☆☆☆☆

立夏

（高年级）

清凉发明：降温工具制作与树叶标本

 一 项目基本信息

项目名称为"立夏 清凉发明：降温工具制作与树叶标本"。主学科是综合实践、科学。关联学科是美术、语文、数学。授课年级为小学高年级（四至六年级）。教学单元或知识点：综合实践方面，学会设计并制作至少一种简易降温工具，包括手工风扇、冰袋等；掌握树叶标本的制作方法，提升动手实践和创新能力。科学方面，了解立夏节气的特点及气温变化规律；探究常见降温材料的原理，包括蒸发吸热、热传导等；认识不同树叶的形态特征和分类知识。美术方面，运用创意设计对降温工具和树叶标本进行美化装饰,培养审美能力和艺术素养。语文方面,学习与立夏、清凉相关的诗词、文章,积累文学素材,提升语言表达和写作能力;撰写制作过程记录和活动感受。数学方面,在制作降温工具过程中,运用数学知识进行材料尺寸测量、比例计算;统计不同降温工具的降温效果数据并进行分析。课时安排:课内 6 课时 + 课外 3 课时。项目概要:本项目结合"立夏"与"清凉",在夏季第一个节气开展实践活动。项目涉及多个学科。学生将通过制作降温工具和树叶标本,探索立夏时节的科学知识和文化内涵,提升综合实践能力,培养对自然科学和传统文化的兴趣。

二 项目内容分析

(一)课标分析

内容要求:综合实践方面,能根据给定主题设计并制作简单的物品,在制作过程中学会选择合适的工具和材料;能对自己和他人的作品进行评价和改进。科学方面,理解气温变化与季节的关系,知道常见的降温方法及其科学原理;能识别常见树叶,了解其分类依据和特点。美术方面,运用不同的艺术形式和手法,对制作的物品进行装饰和美化,体现创意和个性;能欣赏和评价艺术作品。语文方面,阅读并理解与立夏、清凉相关的文学作品,体会其中的情感和意境;能清晰、有条理地描述制作过程和活动体验。数学方面,运用测量、计算等数学方法解决实际问题,能对收集的数据进行整理、分析和解释。

教学建议:组织多样化的实践活动,包括小组竞赛、创意展示等,激发学生的参与热情和创新思维。引导学生在实践中发现问题、解决问题,例如,在制作降温工具时遇到降温效果不佳的情况,思考如何改进。运用多媒体资源,播放立夏习俗、科学原理、树叶知识等视频,增强学生的直观感受;邀请专家或有经验的人士作讲座或指导,拓宽学生的知识面。鼓励学生将所学知识运用到实际生活中。

学业质量标准:学生能制作出具有一定降温效果的工具,且设计新颖、制作精良;能制作出完整、美观的树叶标本,并准确标注相关信息;能用科学知识解释降温工具的工作原理和树叶标本的制作过程;能运用语言生动地描述活动过程和感受。在小组合作中,能够发挥自己的优势,积极与他人沟通协作,共同完成任务。

(二)教材分析

纵向分析:小学阶段学生从低年级开始逐渐接触简单的手工制作和自然知识学习。本项目是对之前所学知识和技能的综合运用和拓展。通过制作降温工具和树叶标本,学生将进一步提升实践能力和科学素养,为初中阶段的学习打下基础。

横向分析:在本项目中各学科相互渗透。科学知识为降温工具制作和树叶标本制作提供理论依据;美术为作品增添创意和美感;语文丰富学生的表达和文化底蕴;数学帮助学生进行精确的材料处理和数据处理;综合实践则整合各学科知识,培养学生的综合运用能力。

(三)学情分析

先验知识:学生对夏天的炎热和一些常见的降温方式有一定了解,在之前的学习中也接触过简单的手工制作和自然知识。但对于降温工具的科学原理和树叶标本的专业制作方法,他们的认识还比较肤浅。

技能方面:小学高年级学生具备一定的动手能力、观察能力和逻辑思维能力。他们能够进行简单的实验操作和资料收集,但创新设计和对复杂问题的解决能力还有待提高。

思维特点:这一阶段的学生正从具体形象思维向抽象逻辑思维过渡,对直观、有趣的实践活动感兴趣。他们能够理解一些抽象概念,但需要通过具体的实例和操作来加深理解。

兴趣爱好:学生对夏天的户外活动和创意手工制作比较感兴趣。本项目的内容能够激发他们的好奇心和探索欲望,但在面对较为枯燥的理论知识时,可能会出现注意力不集中的情况。

价值观方面:学生具有一定的环保意识和创新意识,但在将知识应用于实际生活和团队合作方面,还需要进一步引导和培养。

(四)核心知识设计

综合实践:掌握手工风扇、冰袋等降温工具的制作步骤,学会使用剪刀、胶水、针线等工具;熟练掌握树叶标本的制作流程。

科学:理解立夏时节气温升高的原因,掌握蒸发、热传导等降温原理;了解不同树叶的形态结构和分类特征。

美术:学会运用色彩搭配、图案设计等技巧对降温工具和树叶标本进行装饰,掌握简单的艺术表现手法。

语文:背诵与立夏、清凉相关的诗词,包括《立夏》《夏日南亭怀辛大》等;学会运用优美的语言描述制作过程和活动感受,提升写作能力。

数学：学会测量材料的长度、面积等，能根据设计要求进行比例计算；运用统计知识对降温工具的降温效果数据进行整理和分析。

三 驱动性问题/任务设计

（一）应用情境分析

应用情境原型：立夏过后，天气逐渐炎热，学生在户外活动时容易感到燥热；校园里的树叶种类丰富，为制作树叶标本提供了丰富的素材。情境类型：校园生活情境与自然情境相结合

（二）驱动性问题/任务设计

驱动性问题/任务：立夏到了，天气越来越热，校园里的树叶也变得更加茂盛。怎么利用身边的材料制作出既实用又有创意的降温工具，同时把美丽的树叶变成独特的标本，留住这份清凉和美好呢？

最终作品：一件创意降温工具，要求降温效果明显，外观精美；一套树叶标本集，收集多种树叶，制作成一套精美的树叶标本集，标本完整、美观，标注清晰；一篇活动报告，记录制作过程、遇到的问题及解决方法、活动收获和感受等。

（三）驱动性问题/任务框架

了解立夏节气特点和降温原理：关联知识与技能为科学知识学习。阶段性作品/成果为知识笔记。设计降温工具和树叶标本制作方案：关联知识与技能为创新思维、设计能力。阶段性作品/成果为设计草图。收集材料和采集树叶：关联知识与技能为观察能力、资源整合能力。阶段性作品/成果为材料清单、树叶采集记录卡。制作降温工具和树叶标本：关联知识与技能为综合实践操作技能。阶段性作品/成果为半成品、成品。测试降温工具效果和整理树叶标本：关联知识与技能为科学实验、整理归纳能力。阶段性作品/成果为测试数据记录、标本集初稿。撰写活动报告和展示成果：关联知识与技能为语文写作、表达能力。阶段性作品/成果为活动报告初稿、展示 PPT。

四 项目目标与评价设计

（一）项目学习目标

A1：了解立夏节气的时间、特点和相关习俗。A2：掌握常见降温材料的降温原

理和使用方法。A3：了解不同树叶的形态特征和分类知识。A4：掌握与立夏、清凉相关的诗词和文学知识。B1：设计并制作出至少一种创意降温工具。B2：制作出一套精美的树叶标本集。B3：撰写一篇高质量的活动报告。B4：在小组合作中有效沟通，共同完成任务。

（二）项目评价设计

对于 A1、A4 目标，评价依据是知识笔记、活动报告中的相关内容，评价方式是教师评价、小组评价。对于 A2、B1 目标，评价依据是创意降温工具、测试数据记录，评价方式是教师评价、学生互评、实际测试评价。对于 A3、B2 目标，评价依据是树叶标本集、采集记录，评价方式是教师评价、家长评价、展览评价。对于 B3 目标，评价依据是活动报告，评价方式是教师评价、同学评价。对于 B4 目标，评价依据小组合作过程中的表现、小组评价表，评价方式是教师评价、小组互评。

五 项目活动设计

（一）启动阶段（问题情境、项目计划）

1. 创设情境

教师播放立夏时节烈日炎炎，人们使用各种降温工具，以及户外树木枝繁叶茂、树叶随风摇曳的视频，同时展示充满夏日氛围的图片。接着，教师绘声绘色地讲述立夏"称人""斗蛋"的有趣传统习俗，引发学生对立夏节气和本次活动的兴趣。教师观察学生课堂上的专注程度、主动参与讨论的积极性并记录。对应学习目标是A1、A2。

2. 制订计划

教师组织学生分组讨论本次项目任务，例如，确定制作降温工具的种类、树叶标本采集的地点和标本展示形式，引导学生根据各自的特长合理分工，并填写项目任务分工表。教师从计划书内容的完整性、任务分配的合理性等方面评价计划书质量。

（二）探究阶段（活动探究、作品制作）

1. 学习降温原理

教师通过简单实验，讲解热传递原理以及生活中常见的降温方法，组织学生分组讨论，分析这些方法背后的科学依据，并让学生记录在实验记录单上。教师依据记录单上原理阐述的准确性、实验分析的合理性进行评价。对应学习目标是 A2。

2. 设计降温工具

教师介绍常见降温工具的设计思路和创意来源，展示一些创意降温工具的图片或视频。学生分组进行头脑风暴，设计自己的降温工具，绘制设计草图，标注材料和制作步骤。从草图的创新性、可行性、美观性进行小组互评。对应学习目标是 A2。

3. 制作工具

学生根据设计草图，选择合适的材料制作降温工具。教师提供技术支持，例如，指导使用电工工具制作小风扇、制作冰袋的注意事项。在制作过程中，学生记录遇到的问题及解决方法。从降温工具的实用性、稳定性、创意性进行教师评价、学生互评。对应学习目标是 B1。

4. 采集树叶

教师带领学生前往校园或公园，指导学生识别不同种类的树叶，讲解采集要点（选择完整、无病虫害的树叶，注意保护植物）。学生分组采集树叶，并记录树叶的采集地点、采集时间、植物名称等信息。教师根据采集树叶的种类丰富程度、完整性以及采集记录的详细程度进行评价。对应学习目标是 A3。

5. 制作树叶标本

教师详细讲解树叶标本制作步骤，包括清洗、压制、干燥、装裱等过程。学生动手制作树叶标本，教师巡回指导，提醒学生注意安全使用工具。教师从标本制作的规范性、标本质量进行评价。对应学习目标是 A3、B2。

6. 撰写活动报告

学生撰写活动报告，内容涵盖制作过程的各个环节，包括创意构思、材料准备、制作步骤、测试过程等，对制作过程中出现的问题进行思考，提出有效的解决措施并分析原因。对应学习目标是 B3。

（三）展示阶段（成果交流、评价反思）

1. 成果展示

举办"立夏创意秀"活动，学生展示自己制作的降温工具和树叶标本。学生向其他同学介绍作品的设计灵感、制作过程、蕴含的科学知识以及与立夏相关的文化知识。设置观众投票环节，评选出"最佳创意降温工具奖""最美树叶标本奖"等。根据作品展示效果、讲解的流畅度和准确性、观众投票结果进行教师评价、学生互评、观众评价。对应学习目标是 A2、A3、B1、B2。

2. 评价反思

教师引导学生从知识掌握、团队协作、能力提升等方面进行自我评价和小组评价。教师发放反思报告模板，让学生填写项目过程中的收获、不足以及改进措施。教师从反思报告的深度、自我剖析的准确性进行评价。

 附 录

最终作品评价表

评价维度	评价指标	自评	互评	总评
创意降温工具	设计新颖独特，展现出创新性，在功能、结构或外观等方面有独特的想法和设计	☆☆☆☆☆	☆☆☆☆☆	☆☆☆☆☆
	制作工艺精细，材料使用合理，工具运用熟练，部件连接牢固，材料选择符合设计需求和安全性要求	☆☆☆☆☆	☆☆☆☆☆	☆☆☆☆☆
	能有效降低局部温度，经过测试，在一定时间内可使周围温度明显下降	☆☆☆☆☆	☆☆☆☆☆	☆☆☆☆☆
	外观设计美观，色彩搭配协调，造型美观大方，装饰与整体设计风格统一	☆☆☆☆☆	☆☆☆☆☆	☆☆☆☆☆
树叶标本集	标本完整，叶片无破损、无卷曲，保持自然形态	☆☆☆☆☆	☆☆☆☆☆	☆☆☆☆☆
	压制平整，颜色保持较好，叶片平整、无褶皱	☆☆☆☆☆	☆☆☆☆☆	☆☆☆☆☆
	标注信息准确、详细，包含树叶名称、采集地点、采集时间等关键信息，标注清晰、规范	☆☆☆☆☆	☆☆☆☆☆	☆☆☆☆☆
	整体排版美观，具有一定的艺术性，布局合理，标本排列有序，装饰元素与标本相得益彰	☆☆☆☆☆	☆☆☆☆☆	☆☆☆☆☆
活动报告	内容完整，涵盖制作过程的各个环节，包括创意构思、材料准备、制作步骤、测试过程等	☆☆☆☆☆	☆☆☆☆☆	☆☆☆☆☆
	语言表达清晰、流畅，逻辑严谨，语句通顺、表意明确，段落结构清晰，论证合理	☆☆☆☆☆	☆☆☆☆☆	☆☆☆☆☆
	能够深入分析遇到的问题及解决方法，对制作过程中出现的问题进行深入思考，提出有效的解决措施并分析原因	☆☆☆☆☆	☆☆☆☆☆	☆☆☆☆☆
	对活动收获和感受的描述真实、深刻，分享自己在活动中的成长、体会，对知识、技能和情感方面的收获进行深入反思	☆☆☆☆☆	☆☆☆☆☆	☆☆☆☆☆

小满

宋 欧阳修

夜莺啼绿柳，皓月醒长空。

最爱垄头麦，迎风笑落红。

注：这位小画家化身小仓颉创造了一个字，但是我们应该使用规范汉字"满"。

小满

（低年级）

麦香故事：麦穗手工＋粮食保卫战

一 项目基本信息

项目名称为"小满 麦香故事：麦穗手工＋粮食保卫战"。主学科是综合实践、美术。关联学科是语文、科学、体育。授课年级为小学低年级（一至三年级）。教学单元或知识点：综合实践中团队协作、解决问题的能力培养，美术中手工制作技巧，语文中与小满节气相关的诗词、儿歌和文化故事，科学中植物生长周期、粮食储存知识，体育中简单运动技能。课时安排：课内5课时＋课外2课时。项目概要：小满为夏季第二个节气，此时小麦逐渐成熟，空气中弥漫着麦香。本项目围绕小满节气，以麦穗手工制作和粮食保卫战游戏为主要活动，融合多学科知识，让学生在欢乐中了解小满节气的特点，感受粮食的珍贵，提升动手能力、团队协作能力和对传统文化的认知水平，培养珍惜粮食的良好品德。

二 项目内容分析

（一）课标分析

内容要求：综合实践方面，通过参与粮食保卫战游戏，培养团队协作意识和解决问题的能力。在活动过程中，学会观察、记录和总结，提高实践操作和自主探究能力。美术方面，学生能够运用简单的手工材料制作与麦穗相关的手工作品，掌握基本的折纸、剪纸、粘贴技巧，发挥想象力，进行创意装饰，培养动手操作和艺术审美能力。语文方面，诵读与小满相关的诗词、儿歌，了解小满节气的文化内涵，能用简单的语言描述小满时节的景象和感受，提升语言表达能力，激发对传统文化的热爱。科学方面，认识小麦这种农作物，了解其生长周期，知道小满时节小麦的生长特点。学习粮食储存的基本知识，明白粮食在日常生活中的重要性。体育方面，在粮食保卫战游戏中,锻炼奔跑、跳跃、躲闪等基本运动技能,增强身体素质,培养勇敢、自信的品质。

教学建议:播放小满时节小麦生长的视频,展示实物麦穗,让学生直观感受小满的特点。组织学生进行实地观察,了解农作物的生长环境。运用游戏教学法,将知识融入麦穗手工制作和粮食保卫战游戏中,让学生在玩中学。鼓励学生小组合作,共同完成手工制作和游戏任务,培养团队合作精神。利用多媒体资源辅助教学,增加学习的趣味性。引导学生进行讨论和分享,交流自己在活动中的收获和体会。

学业质量标准:学生能制作出较为完整、美观的麦穗手工作品,作品具有一定创意。能熟练背诵至少一首与小满相关的诗词或儿歌,并能简单讲述小满的文化故事。能用简单的语言描述小麦的生长过程,知道小满时节小麦的变化,了解一些基本的粮食储存方法。在团队活动中,积极参与,与小组成员友好合作,共同完成任务。在粮食保卫战游戏中,能灵活运用奔跑、跳跃等运动技能,遵守游戏规则,表现出勇敢、自信的态度。通过活动,增强珍惜粮食的意识,养成不浪费粮食的好习惯。

（二）教材分析

纵向分析:小学低年级课程注重基础知识和基本技能的培养,以直观形象的内容为主。本项目中的小满节气知识、手工制作技巧、粮食方面的知识等,为学生今后学习更复杂的自然科学知识、艺术创作技巧和社会实践活动奠定基础,帮助学生逐步构建起完整的知识体系。

横向分析:美术、语文、科学、综合实践和体育在本项目中相互融合。美术为麦穗手工制作提供创作手段,让学生用艺术形式展现小满;语文通过诗词、儿歌和故事丰富小满的文化内涵,提升学生的语言表达能力;科学讲解小麦生长和粮食储存知识,使学生了解小满与农业生产的关系;综合实践培养学生的实践能力和团队协作精神;体育在粮食保卫战游戏中锻炼学生身体素质。多学科协同,帮助学生全面了解小满节气,提升综合素养。

（三）学情分析

先验知识:低年级学生对季节变化有一定感知,知道一些常见农作物,但对小满节气的具体含义和小麦的生长过程了解较少。在手工制作方面,学生有一定的动手能力,但技巧还不够。学生能够简单描述事物,但表达不够准确和完整。

技能方面:学生具备初步的观察能力和简单的动手操作能力,但精细手工制作和团队协作能力较弱。在解决问题时,学生往往依赖教师或家长的帮助,自主解决问题的能力有待提高。

思维特点:低年级学生以形象思维为主,容易理解和接受直观、生动、有趣的事物。他们喜欢动手操作、游戏活动,但对于一些概念性知识理解起来有困难。

兴趣与价值观:学生对新鲜事物非常好奇,对手工制作和游戏活动有浓厚的兴趣。但他们对粮食的珍贵性认识不足,在日常生活中可能存在浪费粮食的现象。在本项目中,学生参与活动的基础是他们的好奇心和对游戏的喜爱,困难在于对知识的理解和团队协作,关键在于教师采用生动有趣的教学方式引导学生学习和实践。

(四)核心知识设计

综合实践:在麦穗手工制作过程中,培养耐心和细心,提高动手实践能力。在粮食保卫战游戏中,学会团队协作,明确自己的任务,共同完成保卫粮食的目标。

美术:学习用彩纸制作麦穗的基本方法,例如,用绿色彩纸折麦叶、黄色彩纸剪麦粒,再组合粘贴成麦穗。掌握简单的装饰技巧。

语文:诵读与小满相关诗词、儿歌,理解其中的含义,感受小满的氛围。了解小满的文化故事,加深对节气文化的认知。

科学:认识小麦的形态特征,包括根、茎、叶、麦穗等部分。了解小麦从播种到成熟的生长周期,重点掌握小满时节小麦灌浆饱满的生长特点。学习粮食储存的基本方法,包括干燥、通风、防虫等,明白保护粮食的重要性。

体育:在粮食保卫战游戏中,练习奔跑、跳跃、躲闪等动作,提高身体的协调性和灵活性,增强身体素质。

 三 驱动性问题/任务设计

(一)应用情境分析

应用情境原型:在一个美丽的村庄,小满时节到了,农民伯伯的麦田里麦子渐渐成熟,散发出阵阵麦香。可是,有一些"小怪兽"想要破坏这些即将丰收的麦子,我们要帮助农民伯伯保护麦子。情境类型:虚拟故事情境与校园实践相结合。

(二)驱动性问题/任务设计

驱动性问题/任务:小满到了,麦田里的麦子香香的,但是有"小怪兽"要来捣乱,我们怎么用自己的智慧和双手制作出漂亮的麦穗,还要一起合作把"小怪兽"赶走,保卫我们的粮食呢?

最终作品：创意麦穗手工作品，每个学生制作一个或多个独特的麦穗手工，可采用不同材料和制作方法；完成"粮食保卫战"游戏，学生分组完成游戏任务，成功"保卫粮食"，记录游戏过程中的精彩瞬间和团队合作成果。

（三）驱动性问题/任务框架

了解小满节气和小麦知识：关联知识与技能为节气文化、小麦生长知识。阶段性作品/成果为知识小卡片。制作麦穗手工作品：关联知识与技能为手工技巧。阶段性作品/成果为麦穗手工半成品、成品。制定"粮食保卫战"策略：关联知识与技能为团队协作、运动技能。阶段性作品/成果为游戏策略方案。进行"粮食保卫战"游戏：关联知识与技能为运动技能、团队协作。阶段性作品/成果为游戏过程照片、视频，团队游戏总结。

四 项目目标与评价设计

（一）项目学习目标

A1：了解小满节气的时间、特点和相关文化。A2：了解小麦的生长过程和小满时节的生长状态。A3：了解一些简单的粮食储存方法。B1：制作出有创意、美观的麦穗手工作品。B2：在"粮食保卫战"游戏中与团队成员密切合作，完成保卫任务。B3：用简单的语言讲述小满节气和粮食的重要性。

（二）项目评价设计

对于A1、B3目标，评价依据是知识小卡片、课堂发言、故事讲述，评价方式是教师评价、小组互评。对于A2、B2目标，评价依据是游戏策略方案、游戏表现、团队总结，评价方式是教师评价、小组互评。对于A3目标，评价依据是知识问答、实际操作演示（模拟粮食储存），评价方式是教师评价。对于B1目标，评价依据是麦穗手工作品成品、制作过程记录（照片或视频），评价方式是教师评价、学生自评。

五 项目活动设计

（一）启动阶段（问题情境、项目计划）

1.创设情境

教师戴着草帽，拿着一小捆麦穗走进教室，播放小满时节风吹麦浪、农民伯伯在田间劳作的视频，同时用生动的语言讲述："同学们，夏天到了，小满这个节气也来了。田野里的麦子都变得胖乎乎的,还飘出阵阵麦香呢。可是,有一群小怪兽盯上了这些麦子,想要把它们偷走,我们得想办法保护这些麦子,大家愿不愿意帮忙呀?"教师观察学生的反应以及参与互动的积极性并记录。对应学习目标是 A1。

2. 制订计划

学生分成小组,讨论如何完成麦穗手工制作和"粮食保卫战"任务。学生思考手工制作的分工,讨论"粮食保卫战"中各自的角色。教师提供项目计划模板,让学生填写小组分工和活动步骤。教师从计划书是否明确分工、活动步骤是否合理来评价。

(二)探究阶段(活动探究、作品制作)

1. 学习知识

教师通过播放动画,展示小麦从播种到小满时节逐渐灌浆饱满的生长过程,讲解小满"麦粒渐满"的含义。教师教学生唱与小满相关的儿歌,例如,"小满到,麦儿笑,颗粒饱满麦香飘",让学生感受小满的氛围。学生制作知识卡片,记录小麦的生长特点和小满的习俗。从知识卡片内容的准确性、书写工整度进行教师评价、小组互评。对应学习目标是 A1、A2。

2. 制作麦穗

教师示范用彩纸制作麦穗,把绿色彩纸剪成条当作麦叶,用黄色彩纸剪出麦粒形状,再粘贴组合。学生动手制作,教师巡回指导,鼓励学生发挥创意。从麦穗造型是否逼真、色彩搭配是否协调、创意是否独特进行教师评价、学生自评。对应学习目标是 A2、B1。

3. 游戏准备

教师讲解"粮食保卫战"游戏规则:在操场划定"麦田"区域,放置一些用道具制作的"麦子",用呼啦圈当"粮仓"。一部分学生扮演"偷粮"的"小怪兽",要在规定时间内从"麦田"抢"麦子"并放到"粮仓"外;其他学生扮演"护粮小卫士",要通过奔跑、跳跃等动作阻止"小怪兽"。各小组讨论制定游戏策略,画简单的作战图。从游戏策略是否合理、作战图是否清晰易懂进行教师评价、小组互评。对应学习目标是 A2、B2。

(三)展示阶段(成果交流、评价反思)

1. 成果展示

教师组织学生进行"粮食保卫战"游戏。教师在旁边观察并拍摄学生的精彩瞬间。游戏结束后,评选"最佳护粮团队""最狡猾小怪兽"等。根据团队协作的默契程度、个人在游戏中的表现进行教师评价、小组互评。对应学习目标是 A2、B2。

2.评价反思

教师展示学生制作的麦穗手工作品,让大家互相欣赏、评价,组织学生围坐在一起,分享在项目中的收获。教师发放评价表,引导学生进行自我评价和小组评价,填写反思报告。教师从反思报告内容是否有深度、评价是否客观公正来评价。对应学习目标是 A1—A3、B1—B3。

附录

最终作品评价表

评价维度	评价指标	自评	互评	总评
创意麦穗手工作品	麦穗造型逼真,能清晰地看出是麦穗;色彩搭配协调;制作精细,粘贴牢固,剪裁整齐	☆☆☆☆☆	☆☆☆☆☆	☆☆☆☆☆
	具有一定创意,添加了独特装饰元素,例如,用亮片代表露珠,用彩绳模拟麦芒	☆☆☆☆☆	☆☆☆☆☆	☆☆☆☆☆
完成"粮食保卫战"游戏	成功完成游戏任务,"保卫"住粮食;在游戏过程中团队合作良好,成员之间相互配合、相互帮助	☆☆☆☆☆	☆☆☆☆☆	☆☆☆☆☆
	能清晰地记录游戏过程中的精彩瞬间,对团队合作成果有明确的描述和总结	☆☆☆☆☆	☆☆☆☆☆	☆☆☆☆☆

（高年级）

麦香故事:麦穗手工＋粮食保卫战

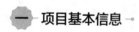 **项目基本信息**

项目名称为"小满 麦香故事:麦穗手工＋粮食保卫战"。主学科是综合实践、科学。关联学科是美术、语文、数学。授课年级为小学高年级(四至六年级)。教学

单元或知识点:综合实践方面,学会运用多种材料制作逼真且富有创意的麦穗手工;组织并参与"粮食保卫战"游戏活动,掌握活动策划与组织的基本方法。科学方面,了解小满节气的特点,探究小满与粮食作物生长的关系;认识常见粮食作物的生长周期、在小满时节的生长状态。美术方面,运用色彩搭配、造型设计等美术技巧,提升麦穗手工的艺术美感;为"粮食保卫战"设计宣传海报与活动道具,培养审美与创新能力。语文方面,学习与小满、粮食相关的诗词、农谚,积累文学素材;撰写活动过程记录、心得体会,锻炼语言表达与写作能力。数学方面,统计"粮食保卫战"游戏数据,分析游戏结果;在制作麦穗手工时,运用数学知识进行材料的测量与计算。课时安排:课内 6 课时 + 课外 3 课时。项目概要:本项目结合"小满"与"粮食"开展活动,涉及多个学科。学生将通过制作麦穗手工和参与"粮食保卫战"游戏,探索小满节气与粮食的奥秘,增强动手能力、团队协作能力和珍惜粮食的意识,培养对传统文化的热爱。

 二 项目内容分析

(一)课标分析

内容要求:综合实践方面,能根据主题设计并制作复杂手工艺品,在实践中学会选择合适的工具与材料;能组织和参与团队活动,提升实践与协作能力。科学方面,理解小满节气对粮食作物生长的影响,掌握常见粮食作物的生长知识;探究影响粮食产量与质量的因素。美术方面,运用美术知识对作品进行创意设计,运用多种材料和手法进行艺术表现。语文方面,阅读并理解与小满、粮食相关的文学作品,体会文化内涵;用清晰、生动的语言描述活动过程和感受。数学方面,运用统计与分析方法处理活动数据,用数学思维解决实际问题;在手工制作中进行精确测量与计算。

教学建议:开展多样化实践活动,激发学生的兴趣。引导学生在活动中发现问题、解决问题,培养学生的探究精神。播放小满时节的农业生产视频、科普纪录片等,增强学生的直观感受。邀请农业专家或农民伯伯分享经验,拓宽学生的知识面。鼓励学生将所学知识运用到生活中,关注粮食问题,养成珍惜粮食的好习惯。

学业质量标准:学生能制作出工艺精湛、创意十足的麦穗手工;在"粮食保卫战"游戏中发挥积极的作用,团队协作良好;能用科学知识解释小满与粮食生长的关系;能用优美的文字记录活动经历和收获。在小组合作中,积极沟通交流,共同完成任务,提升综合素养。

（二）教材分析

纵向分析:低年级学生对自然现象和手工制作有初步接触。学生从三年级开始学习节气知识和简单的科学原理。本项目在已有基础上,进一步深化学生对小满节气和粮食知识的理解,提升实践与综合运用能力,为初中学习做铺垫。

横向分析:各学科在本项目中紧密关联。科学知识为理解小满与粮食生长提供依据;美术为麦穗手工和活动设计增添创意;语文丰富学生的文化底蕴和表达能力;数学帮助学生处理活动中的数据和进行手工制作的精确计算;综合实践整合各学科知识,培养学生的综合实践能力。

（三）学情分析

先验知识:学生已了解部分节气知识和常见粮食作物,但对小满节气的独特意义和粮食作物在小满时节的具体生长变化了解较少。学生在手工制作和团队活动方面有一定经验,但创新能力和复杂问题解决能力有待提高。

技能方面:小学高年级学生具备一定的观察、动手和资料收集能力,能进行简单的手工制作和数据统计,但在制作精细手工艺品和深入分析数据方面还需努力。在团队协作中,学生有一定沟通和协作能力,但分工合作的合理性和高效性还不够。

思维特点:学生的思维正从形象思维向抽象思维过渡,他们对直观的实践活动感兴趣,能够理解一些抽象概念,但需要具体实例辅助。在学习中他们开始尝试独立思考和创新,但还需培养思维的严谨性和逻辑性。

兴趣爱好:学生对新鲜事物充满好奇,喜欢动手实践和团队活动。与小满相关的自然现象和"粮食保卫战"游戏能激发他们的兴趣,但面对复杂的理论知识可能会出现畏难情绪。

价值观方面:学生有一定的环保和节约意识,但对粮食的重要性认识不够深刻。可通过本项目,引导学生树立珍惜粮食、尊重劳动的价值观。

（四）核心知识设计

综合实践:掌握麦穗手工的制作技巧,包括折纸、黏土塑形、编织等;学会组织和参与"粮食保卫战"游戏,包括制定规则、布置场地、组织比赛等。

科学:了解小满节气的气候特点,例如,气温升高,降雨增多;掌握小麦等常见粮食作物在小满时节的生长特点。

美术:学会运用色彩表现麦穗的形态和质感,掌握不同材料的美术处理方法;设计富有吸引力的"粮食保卫战"宣传海报和活动道具。

语文:背诵与小满、粮食相关的诗词、农谚,包括"小满不满,麦有一险"等;能用生动的语言描述活动过程和感受,撰写心得体会。

数学:学会统计"粮食保卫战"游戏中的数据,包括得分、参与人数等;在制作麦穗手工时,准确测量材料的尺寸,合理计算材料的用量。

三 驱动性问题/任务设计

(一)应用情境分析

应用情境原型:小满时节,农田里的麦穗逐渐饱满,粮食的生长变化明显。学校可以组织趣味活动,让学生体验粮食保卫的重要性。情境类型:校园与自然相结合的情境。

(二)驱动性问题/任务设计

驱动性问题/任务:小满到了,田野里的麦穗都在悄悄长大。怎样做出逼真的麦穗手工,还能通过好玩的"粮食保卫战"游戏,让大家都知道粮食有多重要呢?

最终作品:一组创意麦穗手工艺术品,用多个造型独特、工艺精细的麦穗手工组成一组具有艺术观赏性的作品;一场精彩的"粮食保卫战"活动,成功组织并参与"粮食保卫战"游戏活动,活动组织有序,参与度高,达到宣传粮食重要性的目的;一份活动成果报告,详细记录活动过程、收获与体会,提出关于粮食保护的建议。

(三)驱动性问题/任务框架

了解小满节气与粮食知识:关联知识与技能为科学知识学习、语文阅读积累。阶段性作品/成果为知识笔记、资料卡片。设计麦穗手工方案:关联知识与技能为美术创意设计、规划能力。阶段性作品/成果为麦穗手工设计草图。制作麦穗手工:关联知识与技能为动手能力、美术技巧运用。阶段性作品/成果为麦穗手工半成品、成品。策划"粮食保卫战"活动:关联知识与技能为组织能力、数学统计知识。阶段性作品/成果为活动策划书、游戏道具。开展"粮食保卫战"活动:关联知识与技能为团队协作能力、沟通能力。阶段性作品/成果为活动照片、视频记录。撰写活动成果报告:关联知识与技能为写作能力、数据分析能力。阶段性作品/成果为活动成果报告初稿、终稿。

四 项目目标与评价设计

（一）项目学习目标

A1：了解小满节气的时间、特点以及与粮食生长的关系。A2：了解常见粮食作物的生长特点和在小满时节的生长状态。A3：学习与小满、粮食相关的诗词、农谚和文化知识。A4：学习"粮食保卫战"游戏的组织方法，进行数据统计分析。B1：制作出具有创意和艺术价值的麦穗手工。B2：成功组织并积极参与"粮食保卫战"活动。B3：撰写内容翔实、逻辑清晰的活动成果报告。B4：在活动中增强团队协作能力和粮食保护意识。

（二）项目评价设计

对于 A1、A3 目标，评价依据是知识笔记、资料卡片、活动成果报告中的相关内容，评价方式是教师评价、小组评价。对于 A2、B1 目标，评价依据是麦穗手工成品、制作过程记录，评价方式是教师评价、学生互评、作品展示评价。对于 A4、B2 目标，评价依据是活动策划书、活动照片和视频、游戏数据统计，评价方式是教师评价、活动参与度评价、小组互评。对于 B3 目标，评价依据是活动成果报告，评价方式是教师评价、同学评价。对于 B4 目标，评价依据是小组合作过程中的表现、团队成员评价表，评价方式是教师评价、小组互评。

五 项目活动设计

（一）启动阶段（问题情境、项目计划）

1. 创设情境

教师播放小满时节风吹麦浪、农民在麦田里忙碌的高清视频，再展示一系列小满主题的画作，有色彩斑斓的麦田油画、细腻的麦穗水彩画等。教师再绘声绘色地讲述小满"祭车神"的民间故事，激发学生对小满节气的兴趣。教师观察学生在课堂上的专注程度，是否积极参与互动并记录。对应学习目标是 A1、A2。

2. 制订计划

教师组织学生分组，每个小组围绕"麦穗手工制作"和"粮食保卫战"展开热烈的讨论。教师引导学生根据各自的特长合理分工。最后每个小组撰写项目计划书，明确任务、分工和时间安排。教师从计划书内容的完整性、任务分配的合理性评价计划书质量。

（二）探究阶段（活动探究、作品制作）

1. 观察记录

教师带领学生来到学校的种植园（如果有）或附近的麦田（需提前联系确保安全），指导学生运用科学的观察方法，定时定点观察麦穗的形态，用尺子测量麦穗的长度，用放大镜观察麦粒的饱满程度，记录麦穗颜色从青到黄的变化过程，以及周边环境中小动物与麦穗的互动情况等。教师依据记录单中观察内容的完整性、准确性以及记录的详细程度进行评价。对应学习目标是 A1、A2。

2. 收集资料

教师带领学生前往学校图书馆，指导学生筛选与小满节气、小麦生长、粮食保卫相关的资料。教会学生如何在网络上精准搜索信息，例如，利用关键词"小满""小麦生长周期"等来搜索。学生将收集到的资料整理成资料卡片，记录关键信息。从资料卡片内容的丰富性、准确性以及资料的相关性等方面，小组之间相互评价。对应学习目标是 A2。

3. 制作作品

教师为学生开展专门的美术设计技巧课程，详细讲解色彩搭配原理；传授构图方法，包括对称构图、运用散点构图等。教师讲解视频制作的基本流程，从拍摄角度选择，如何拍出麦穗的立体感，到剪辑要点，怎样添加合适的音乐和解说。学生根据所学，制作麦穗手工，拍摄与小满相关的视频。从手抄报内容的丰富度、排版美观度，科普视频的画面清晰度、讲解的生动性，以及麦穗手工成品的精致度、创意性等方面，进行教师评价和学生互评。对应学习目标是 B1。

4. 筹备游戏

教师组织学生分组讨论粮食保卫战的具体规则和流程，引导学生结合收集的资料和观察记录，设计与小满和粮食保护相关的游戏关卡，例如，设置"识别有害昆虫"关卡，考验学生对危害粮食的昆虫的认知。各小组制定游戏策划方案，包括游戏目标、参与人数、道具等内容。从游戏策划方案的趣味性、教育性、可行性等方面，进行教师评价和小组互评。对应学习目标是 A2、B2。

（三）展示阶段（成果交流、评价反思）

1. 成果展示

举办"小满成果展"，在学校的展示区展示学生制作的麦穗手工作品、手抄报和科普视频。教师组织学生进行校园讲解排练,给予语言表达、肢体动作等方面的专业指导,让学生以饱满的热情向其他同学介绍小满节气的特点、麦穗的生长知识以及自己在项目中的收获。开展"粮食保卫战"游戏,邀请其他班级学生参与,展示游戏成果。根据讲解的流畅性、内容的准确性、与观众的互动效果,以及游戏的趣味性、组织有序性等方面,进行教师评价、学生互评,收集其他同学的反馈意见。对应学习目标是 A1、A2、B1、B2、B3。

2. 评价反思

引导学生从知识掌握、团队协作、能力提升等方面进行自我评价和小组评价。发放反思报告模板,让学生回顾项目过程中的收获与不足,思考改进措施。教师从反思报告的深度、对自身问题剖析的准确性等方面进行评价。

附 录

最终作品评价表

评价维度	评价指标	自评	互评	总评
创意麦穗手工艺术品	麦穗造型逼真,对麦粒、麦芒等细节处理精细	☆☆☆☆☆	☆☆☆☆☆	☆☆☆☆☆
	色彩搭配自然,能体现小满时节麦穗的特点	☆☆☆☆☆	☆☆☆☆☆	☆☆☆☆☆
	运用多种材料和创意手法,展现独特的艺术风格	☆☆☆☆☆	☆☆☆☆☆	☆☆☆☆☆
"粮食保卫战"活动	活动策划合理,规则清晰易懂	☆☆☆☆☆	☆☆☆☆☆	☆☆☆☆☆
	游戏过程紧张有趣,参与度高	☆☆☆☆☆	☆☆☆☆☆	☆☆☆☆☆
	宣传效果好,能让参与者深刻地认识到粮食的重要性	☆☆☆☆☆	☆☆☆☆☆	☆☆☆☆☆
活动成果报告	内容完整,涵盖活动目的、过程、结果分析等	☆☆☆☆☆	☆☆☆☆☆	☆☆☆☆☆
	语言表达流畅,逻辑清晰	☆☆☆☆☆	☆☆☆☆☆	☆☆☆☆☆
	收获与体会真实、深刻,提出的建议具有可行性	☆☆☆☆☆	☆☆☆☆☆	☆☆☆☆☆

四时田园杂兴（其二十五）

宋 范成大

梅子金黄杏子肥，麦花雪白菜花稀。

日长篱落无人过，惟有蜻蜓蛱蝶飞。

芒种
（低年级）

小小农夫：迷你菜园与稻草人设计

一 项目基本信息

项目名称为"芒种 小小农夫：迷你菜园与稻草人设计"。主学科是综合实践、美术。关联学科是科学、语文、劳动。授课年级为小学低年级（一至三年级）。教学单元或知识点：综合实践方面，体验农事活动，学会规划与管理迷你菜园，培养实践与团队协作能力。美术方面，掌握稻草人造型设计与制作技巧，发挥创意，进行艺术表达。科学方面，了解芒种节气的气候特点对植物生长的影响，学习常见夏季蔬菜种植的知识。语文方面，积累与芒种、农耕相关的诗词和儿歌，提升语言表达能力。劳动方面，树立劳动观念，养成热爱劳动的习惯，体会劳动的价值。课时安排：课内 5 课时 + 课外 3 课时。项目概要：芒种作为夏季重要节气，是开展农耕体验与创意实践的好时机。本项目以"芒种时节的迷你菜园与稻草人守护计划"为主题，让学生参与迷你菜园种植管理，设计并制作稻草人来守护菜园。通过 5 课时课内学习和 3 课时课外实践，融合多学科知识，激发学生对自然、传统文化和劳动的热爱，培养观察、动手、创新和协作能力。

二 项目内容分析

（一）课标分析

内容要求：综合实践方面，学生要参与简单的实践活动，经历规划、实施、反思过程，了解活动的基本步骤，学会与他人合作交流。美术方面，尝试不同工具材料，进行简单的造型设计，能用自己的方式表达对事物的感受。科学方面，观察自然现象，了解常见植物的生长过程，知道气候对植物生长有影响。语文方面，诵读浅显的古诗和儿歌，积累词语，能较完整地讲述小故事，表达自己的想法。劳动方面，参与简单劳动,学习基本劳动技能,感受劳动的乐趣,珍惜劳动成果。

教学建议:组织实地观察、亲身体验活动,带学生到校园迷你菜园观察芒种时节蔬菜的生长情况,参与种植。引导学生自主思考、合作探究。运用图片、视频等多媒体资源辅助教学,播放芒种农事活动视频,展示稻草人图片。开展角色扮演、游戏、竞赛等活动,例如,让学生扮演小农夫介绍种植蔬菜的经验,举办稻草人设计比赛。

学业质量标准:学生能清楚地描述芒种时节迷你菜园蔬菜的生长变化,讲述参与种植管理的过程和感受;制作出有创意、能稳固站立的稻草人,用简单的语言介绍设计思路;背诵与芒种、农耕相关诗词、儿歌,能围绕活动主题进行简单写话或讲述;在活动中积极参与小组讨论,与同学友好合作,主动承担分配的任务。

(二)教材分析

纵向分析:小学低年级课程注重基础感知与体验,从认识身边的事物逐步深入了解自然和社会现象。本项目结合芒种节气开展活动,是对之前自然观察、手工制作等学习的延伸。学生在活动中积累农耕和艺术创作经验,为后续高年级学习复杂知识和技能奠定基础,有助于构建知识体系。

横向分析:综合实践、美术、科学、语文和劳动在本项目中相互关联。综合实践为活动提供整体框架和实践平台;美术让学生发挥创意,设计稻草人;科学解释芒种的气候与蔬菜种植的关系;语文丰富学生的文化内涵;劳动贯穿始终,培养学生的劳动素养。多学科融合,帮助学生全面认识芒种节气和农耕文化。

(三)学情分析

先验知识:低年级学生对自然现象和手工制作有一定兴趣,在之前学习中认识了一些常见植物和简单图形,积累了初步的观察和动手能力。但对芒种节气的特点、农耕知识和稻草人文化了解较少。

技能方面:学生具备简单的观察能力,能发现事物的明显特征,也能进行简单的手工操作,但种植管理、复杂手工制作和团队协作能力有待提高。

思维特点:低年级学生以形象思维为主,对直观、有趣的事物容易理解和接受,在理解芒种节气对植物生长的影响等抽象知识时存在困难,需要借助具体实物、图片和视频等方式辅助理解。

兴趣与价值观:学生对新鲜事物充满好奇,喜欢参与实践活动,对迷你菜园种植和稻草人制作兴趣浓厚。但他们在活动中可能缺乏耐心和持久性,需要教师引导培养良好的学习习惯和劳动态度。他们对传统文化有初步认知，但尚未深入理解其价值，通过本项目可增强他们的文化认同感。

（四）核心知识设计

综合实践：学习芒种节气农事活动流程，掌握迷你菜园的规划方法，包括选种、布局和日常管理。了解团队合作的重要性，学会通过分工协作来完成任务。

美术：认识稻草人的基本结构和造型元素，学习运用不同材料进行稻草人的设计制作，例如，用废旧衣物填充。培养审美能力。

科学：了解芒种节气的气候特点。掌握夏季常见蔬菜的生长特点，知道芒种适合种植的蔬菜品种，以及气候对蔬菜生长的影响。

语文：诵读、积累与芒种、农耕相关的诗词、儿歌，包括《芒种》《田家》等。理解诗词、儿歌的含义，能用其中的词语和句子描述活动场景和感受。

劳动：树立劳动最光荣的观念，掌握简单种植和手工制作技能，包括播种、浇水、捆扎稻草人等。体会劳动创造美好生活，珍惜劳动成果。

三 驱动性问题/任务设计

（一）应用情境分析

应用情境原型：在芒种时节，校园里开辟的迷你菜园中，同学们准备种植夏季蔬菜，需要设计既可爱又实用的稻草人来守护菜园。情境类型：校园实践情境。

（二）驱动性问题/任务设计

驱动性问题/任务：芒种到了，校园迷你菜园要种上夏季蔬菜。怎样设计并制作出既好看又能守护菜园的稻草人，还能把我们的迷你菜园打造得生机勃勃呢？

最终作品：迷你菜园，在校园指定区域成功种植多种夏季蔬菜，菜园布局合理，蔬菜生长良好；制作形态各异、创意十足的稻草人，稳固地放置在迷你菜园中；活动记录手册，记录活动过程，包括观察日记、绘画作品、种植心得等。

（三）驱动性问题/任务框架

了解芒种的节气特点和迷你菜园种植知识：关联知识与技能为科学知识、信息收集能力。阶段性作品/成果为知识小卡片。规划迷你菜园布局：关联知识与技能为综合实践能力、空间认知能力。阶段性作品/成果为菜园规划图。选择适合芒种种植的蔬菜种子：关联知识与技能为科学知识、判断能力。阶段性作品/成果为选种清单。设计稻草人造型:关联知识与技能为美术创意、想象力。阶段性作品/成果为稻草人设计草图。制作稻草人:关联知识与技能为手工制作技能、工具使用能力。阶段性作品/成果为稻草人半成品。种植蔬菜并管理迷你菜园:关联知识与技能为劳动技能、观察记录能力。阶段性作品/成果为蔬菜种植记录、观察日记。装饰稻草人并放置到菜园:关联知识与技能为美术装饰技能、审美能力。阶段性作品/成果为装饰完成的稻草人、菜园景观照片。整理活动记录手册:关联知识与技能为语文表达能力、资料整理能力。阶段性作品/成果为活动记录手册初稿。

四 项目目标与评价设计

(一)项目学习目标

A1:知道芒种的时间和气候特点。A2:了解常见夏季蔬菜的生长特点。A3:认识稻草人的结构和制作材料。A4:背诵与芒种、农耕相关的诗词、儿歌。B1:选择适合芒种种植的蔬菜种子并规范种植。B2:独立设计并制作出有创意的稻草人。B3:认真记录迷你菜园蔬菜的生长过程。B4:在活动中积极与同学合作交流。

(二)项目评价设计

对于 A1、A4 目标,评价依据是知识小卡片、诗词背诵展示,评价方式是教师评价、小组内背诵互评。对于 A2、B1 目标,评价依据是选种清单、蔬菜种植记录,评价方式是教师观察评价、小组互评。对于 A3、B2 目标,评价依据是稻草人设计草图、稻草人成品,评价方式是教师评价、小组互评。对于 B3 目标,评价依据是观察日记、活动记录手册,评价方式是教师评价、家长协助评价。对于 B4 目标,评价依据是小组活动表现记录、合作任务完成情况,评价方式是教师评价、小组内成员互评。

五 项目活动设计

(一)启动阶段(问题情境、项目计划)

1.创设情境

教师播放一段充满趣味的动画视频,内容是芒种时节小农夫们在菜园里种植的场景,视频中穿插着欢快的儿歌。播放结束,教师戴草帽,打扮成"农夫爷爷"的模样,给学生讲述芒种的由来,以及为什么要在芒种种蔬菜。展示一些其他学校学生打造的漂亮迷你菜园和形态各异的稻草人图片,激发学生的好奇心和参与热情。教师观察学生在观看视频和听故事时的专注度、兴奋度,看学生是否积极提问和讨论并记录。对应学习目标是 A1、A2、A3、A4。

2. 制订计划

教师引导学生分组,每个小组围坐在一起。教师给每个小组发放彩色的卡片和彩笔,让学生在卡片上写下自己想要在迷你菜园种的蔬菜,以及对稻草人的设计想法。接着,小组讨论,共同确定迷你菜园的种植方案和稻草人制作计划。教师在旁边给予适当的引导和建议,帮助学生合理分工。教师从计划书的内容丰富程度、分工合理性等方面评价计划书质量。对应学习目标是 A1、A2、A3、A4。

(二)探究阶段(活动探究、作品制作)

1. 学习知识

教师带着学生来到校园的科普角,这里有与芒种节气相关的知识展板。教师结合展板内容,用简单生动的语言给学生讲解芒种的气候特点,然后拿出一些常见蔬菜的种子,向学生介绍这些蔬菜在芒种时节的生长特点。教师观察学生在学习过程中的参与度,看知识小卡片记录的信息是否准确、完整,进行评价。对应学习目标是 A1、A2、B1。

2. 规划菜园

教师带着学生来到校园里规划好的迷你菜园,给每个小组发放卷尺和小木桩。让学生以小组为单位,测量菜园的大小,讨论如何划分不同蔬菜的种植区域。教师引导学生思考蔬菜的高矮、生长空间等因素,帮助他们合理规划菜园布局。每个小组在规划完成后,用小木桩标记出不同区域。从规划图的合理性、准确性等,小组之间相互评价。对应学习目标是 A2、B1。

3. 选择种子

教师把准备好的多种夏季蔬菜种子放在桌子上,让学生观察种子的形状、颜色。每个小组派代表抽取几种种子,然后通过查阅教师提供的简单种植手册或者请教教师,判断这些种子是否适合在芒种种植。最后,每个小组确定自己要种植的蔬菜种子,并填写选种清单。教师根据选种清单的合理性进行评价。对应学习目标是 A2、B1。

4. 设计稻草人

教师在教室里展示一些不同风格的稻草人图片,启发学生的创意,然后给学生发放彩色卡纸、彩笔、剪刀等,让学生以小组为单位,讨论并绘制稻草人设计草图。在绘制过程中,教师鼓励学生大胆想象,设计出独一无二的稻草人。从设计草图的创意性、完整性等方面,进行教师评价和小组互评。对应学习目标是 A3、B2。

5. 种植实践

教师带领学生来到迷你菜园,示范正确的播种方法。学生按照之前的规划,分组进行蔬菜种植。在种植过程中,教师提醒学生注意种子的间距和深度,每个小组安排一名"小记录员",记录种植的时间、蔬菜种类和种植过程中的趣事。教师观察学生种植操作的规范性,查看种植记录的详细程度,进行评价。对应学习目标是 A2、B1、B3。

6. 制作稻草人

每个小组领取制作稻草人的材料,包括稻草、旧衣物、绳子等。教师示范如何用稻草扎稻草人的身体,用旧衣物给稻草人穿上衣服,并用绳子固定。学生分组制作稻草人,在制作过程中,可以根据设计草图进行装饰。教师在旁边指导,帮助学生解决遇到的问题。从稻草人的结构稳固性、基本造型完成度等方面,进行教师评价和小组互评。对应学习目标是 A3、B2。

(三)展示阶段(成果交流、评价反思)

1. 成果展示

在校园里举办"芒种迷你菜园与稻草人展览",每个小组把自己种植的迷你菜园和制作的稻草人展示出来。学生分组担任"小导游",向其他班级的同学介绍自己小组的菜园里种了哪些蔬菜,是怎么种的,以及稻草人的设计创意。教师在旁边引导其他同学进行互动提问。根据"小导游"讲解的流畅性、内容的准确性,以及与其他同学的互动效果,进行教师评价,同时收集其他班级同学的反馈意见。对应学习目标是 A1—A4、B1—B4。

2. 评价反思

教师组织学生回到教室,给每个学生发放一张评价卡片和一份反思报告模板。学生先进行自我评价,在评价卡片上给自己在种植、制作、团队合作等方面的表现打分,并写下自己做得好的地方和不足之处。然后小组内成员互相评价,交流自己的感受。最后,每个小组共同完成一份反思报告,总结整个项目活动的收获和经验教训。教师从反思报告的深度、自我评价和小组评价的客观性等方面进行评价。

最终作品评价表

评价维度	评价指标	自评	互评	总评
迷你菜园	蔬菜种植符合规范,成活率较高且生长态势良好;菜园规划合理,分区明确,标识清晰;能定期进行浇水、除草等管理工作,保持菜园整洁有序	☆☆☆☆☆	☆☆☆☆☆	☆☆☆☆☆
稻草人	造型独特新颖,富有创意,充分体现学生的个性;结构稳固结实,不容易倒塌;装饰美观大方,使用的是环保材料	☆☆☆☆☆	☆☆☆☆☆	☆☆☆☆☆
活动记录手册	内容丰富多样,涵盖多次观察记录、活动照片以及个人感受等;书写工整,绘画清晰,能够真实、全面地反映活动过程	☆☆☆☆☆	☆☆☆☆☆	☆☆☆☆☆

芒种
（高年级）

小小农夫:迷你菜园与稻草人设计

一 项目基本信息

项目名称为"芒种 小小农夫:迷你菜园与稻草人设计"。主学科是综合实践、科学。关联学科是语文、美术、劳动。授课年级为小学高年级(四至六年级)。教学单元或知识点:综合实践方面,体验完整的农事活动流程,包括菜园规划、种植、管理与收获;掌握团队协作技巧,学会组织和协调项目活动。科学方面,研究芒种节气的气候特点对蔬菜生长的影响;了解植物的生长周期、病虫害防治等科学知识。语文方面,学习与芒种、农耕相关的诗词歌赋,提升文学鉴赏能力;撰写种植日记、科普文章,锻炼文字表达能力。美术方面,设计并制作富有创意的稻草人,掌握造型设计、色彩搭配等美术技能;进行菜园景观设计,提高审美水平。劳动方面,培养热爱劳动的品质,树立正确的劳动观念;掌握实用的劳动技能,体会劳动创造价值。课时安排:

课内 6 课时 + 课外 4 课时。项目概要:小学高年级学生对自然和实践活动充满好奇,具备一定知识基础和动手能力。芒种作为夏季重要节气,蕴含丰富的文化内涵和农事智慧。本项目以"芒种时节:迷你菜园的丰收奇迹与稻草人守护联盟"为主题,让学生在芒种时节打造迷你菜园,设计并制作稻草人来守护菜园。通过 6 课时课内学习和 4 课时课外实践,融合多学科知识,激发学生的探索精神,培养学生的综合能力,增强对传统文化和劳动的热爱。

二 项目内容分析

(一)课标分析

内容要求:综合实践方面,学生要参与复杂实践项目,经历规划、实施、总结全过程,学会运用多种方法解决问题,提高团队协作和自主管理能力。科学方面,深入探究气候与生物的关系,理解植物生长的科学原理;能运用科学知识解释自然现象,进行简单科学实验和预测。语文方面,欣赏文学作品,体会其中的思想感情和艺术特色;能根据不同目的进行写作,内容具体,条理清晰,表达真情实感。美术方面,运用多种材料和技法进行创意表达,设计具有一定主题和功能的作品;提升审美能力,评价艺术作品。劳动方面,参与农业生产劳动,掌握种植等技能;培养劳动习惯,理解劳动的社会价值。

教学建议:开展实地考察、实验探究活动;组织学生参与种植、养护、收获全过程,引导学生在实践中思考和解决问题。运用多媒体资源、科普图书辅助教学,播放芒种农事纪录片,展示农业科技成果;组织学生开展小组讨论、项目汇报,促进知识交流和思维碰撞。鼓励学生进行跨学科学习,将科学知识融入语文写作,用美术手法展现劳动成果,提高综合运用知识的能力。

学业质量标准:学生能系统阐述芒种节气对蔬菜种植的影响,运用科学数据和原理进行分析。制作出造型精美、功能实用的稻草人,撰写高质量的种植日记、科普文章和活动总结。在团队合作中发挥积极作用,有效沟通协调,共同完成项目任务。树立正确的劳动观念,养成良好的劳动习惯,能独立承担一定劳动任务。

(二)教材分析

纵向分析:小学高年级课程注重知识的深化和综合运用。此前学生已积累一定自然科学、文学艺术和劳动技能知识。本项目结合芒种节气开展实践活动,是对前期知识的拓展和延伸,有助于学生将零散知识系统化,提升综合素养,为初中学习奠定基础。

横向分析:综合实践、科学、语文、美术和劳动在本项目中紧密相连。综合实践提供活动框架和实践平台;科学为种植管理提供理论支持;语文丰富文化内涵,提高表达能力;美术增添创意和美感;劳动培养劳动品质和技能。多学科融合使学生全面深入地理解芒种节气和农耕文化。

(三)学情分析

先验知识:高年级学生具备一定节气知识,了解部分植物生长常识,在语文、科学学习中积累了观察、分析能力,但对芒种节气与农业生产的紧密联系,以及农耕文化的深层内涵认识不足。

技能方面:学生具有较强的观察、资料收集和整理能力,能运用信息技术获取信息。学生在写作、绘画、手工制作等方面有一定基础,但在将多学科知识灵活运用于实践,解决实际问题时,能力有待提高。

思维特点:高年级学生的抽象逻辑思维逐渐占主导地位,他们能理解较复杂概念和原理,但在面对实际农事活动中的复杂问题时,还需要进一步引导和锻炼。

兴趣与价值观:学生对实践活动兴趣浓厚,喜欢探索新奇事物,具有一定文化认同感,但对传统农耕文化的价值认识不够深刻。在项目实施过程中,学生可能因遇到困难而产生退缩情绪,需要教师及时鼓励和引导。

(四)核心知识设计

综合实践:学习芒种节气的农事活动特点和流程,掌握迷你菜园规划、种植、管理和收获技巧;学会团队分工协作,制订项目计划和预算,进行活动组织和管理。

科学:研究芒种时节气温、降水、光照等气候因素对蔬菜生长的影响,了解常见夏季蔬菜的生长周期、需肥规律、病虫害防治方法,掌握土壤改良、灌溉技术等农业科学知识。

语文:赏析与芒种、农耕相关的诗词歌赋,理解其中的文化内涵和情感表达;撰写种植日记、科普文章、活动报告,锻炼记叙文、说明文写作能力。

美术:设计富有创意的稻草人造型,运用色彩、材质进行装饰;进行迷你菜园景观设计,包括植物搭配、标识制作等,提升审美和艺术创作能力。

劳动:体验农业生产劳动的艰辛与快乐,树立劳动最光荣、劳动创造美好生活的观念;掌握种植、制作稻草人等劳动技能,培养劳动习惯和责任感。

三 驱动性问题/任务设计

(一)应用情境分析

应用情境原型:我们要把校园里的闲置空地改造成迷你菜园,在芒种时节进行蔬菜种植,需要设计稻草人来守护菜园,同时向全校师生展示种植成果和农耕文化。情境类型:校园实践与展示情境。

(二)驱动性问题/任务设计

驱动性问题/任务:芒种到了,我们如何利用校园空地打造一个生机勃勃的迷你菜园,设计出独特的稻草人守护它,并把种植过程和芒种文化分享给全校师生呢?

最终作品:丰收的迷你菜园,成功种植多种夏季蔬菜;制作多个造型新颖、寓意深刻的稻草人;种植成果展示资料,包括种植日记集、科普文章、摄影作品、短视频等;校园农耕文化展览,向全校师生介绍芒种节气、农耕知识和迷你菜园项目经验。

(三)驱动性问题/任务框架

了解芒种节气与农耕文化:关联知识与技能为语文阅读、文化研究。阶段性作品/成果为知识手册。规划迷你菜园:关联知识与技能为菜园的规划和测量。阶段性作品/成果为菜园规划图。选择蔬菜品种与种子:关联知识与技能为植物知识、市场调研。阶段性作品/成果为选种报告。准备种植材料与工具:关联知识与技能为采购、预算。阶段性作品/成果为采购清单、工具清单。设计稻草人造型:关联知识与技能为美术创意。阶段性作品/成果为稻草人设计稿。种植蔬菜与管理菜园:关联知识与技能为种植技术、劳动技能。阶段性作品/成果为种植记录。制作稻草人:关联知识与技能为美术手工、劳动技能。阶段性作品/成果为稻草人半成品。记录种植过程与成果:关联知识与技能为语文写作、摄影摄像。阶段性作品/成果为种植日记、照片、视频素材。筹备校园农耕文化展览:关联知识与技能为组织、策划、写作、讲解、展览设计。阶段性作品/成果为展览策划方案、讲解稿、展览布置效果图。

四 项目目标与评价设计

(一)项目学习目标

A1:深入了解芒种节气的气候特点、农事习俗和文化内涵。A2:掌握常见夏季蔬菜的种植技术和生长规律。A3：理解农耕文化的价值和意义。A4：学会团队协作、项目管理和资源调配。B1：独立规划并实施迷你菜园种植项目，解决遇到的问题。B2：设计并制作出至少一个富有创意的稻草人。B3：撰写高质量的种植日记和科普文章。B4：成功举办校园农耕文化展览，有效传播农耕知识。

（二）项目评价设计

对于 A1 目标，评价依据是知识手册内容的完整性、准确性，评价方式是教师评价、小组互评。对于 A2 目标，评价依据是种植记录的详细程度、蔬菜生长状况，评价方式是教师评价、学生自评。对于 A3 目标，评价依据是作文中对农耕文化的理解和表达，评价方式是教师评价、学生互评。对于 A4 目标，评价依据是项目计划执行情况、团队协作表现，评价方式是教师评价、团队成员互评。对于 B1 目标，评价依据是菜园规划图的合理性、项目实施进度和成果，评价方式是教师评价、实地考察评估。对于 B2 目标，评价依据是稻草人设计稿的创新性、稻草人成品质量，评价方式是教师评价、全校投票评选。对于 B3 目标，评价依据是种植日记和科普文章质量，评价方式是教师评价、年级优秀作品展示评选。对于 B4 目标，评价依据是展览策划方案的可行性、展览效果和观众反馈，评价方式是教师评价、全校师生评价。

五　项目活动设计

（一）启动阶段（问题情境、项目计划）

1.创设情境

教师播放一段充满趣味的动画视频，内容是芒种时节小农夫们在菜园里忙碌的场景，视频中穿插着欢快的芒种儿歌。播放结束后，教师头戴草帽，肩扛锄头道具，打扮成"农夫伯伯"的模样，给学生讲述芒种的由来、习俗，以及在芒种时节种植蔬菜的重要性，同时展示一些其他学校学生打造的创意迷你菜园和稻草人图片，激发学生的好奇心和参与热情。教师观察学生在观看视频和听故事时的专注度、兴奋度，看学生是否积极提问和讨论并记录。对应学习目标是 A1、A3。

2.制订计划

教师引导学生分组，每个小组围坐在一起。给每个小组发放彩色的卡片和彩笔，让学生在卡片上写下自己想要在迷你菜园种的蔬菜，以及对稻草人设计的初步想法。接着，小组讨论，共同确定迷你菜园的种植方案和稻草人制作计划。教师在旁边给予适当的引导和建议,帮助学生合理分工。教师从计划书的内容丰富程度、分工合理性等方面评价计划书质量。对应学习目标是 A4。

(二)探究阶段(活动探究、作品制作)

1. 学习知识

教师带领学生来到校园的科普角,这里有与芒种节气相关的知识展板。教师结合展板内容,用简单生动的语言给学生讲解芒种的气候特点,然后拿出一些常见蔬菜的种子,向学生介绍这些蔬菜在芒种时节的生长特点。教师观察学生在学习过程中的参与度,看知识小卡片记录的信息是否准确、完整,进行评价。对应学习目标是A1、A2。

2. 规划菜园

教师带领学生来到校园里规划好的迷你菜园区域,给每个小组发放卷尺和小木桩。让学生以小组为单位,测量菜园的大小,讨论如何划分不同蔬菜的种植区域。教师引导学生思考蔬菜的高矮、生长空间等因素,帮助他们合理规划菜园布局。每个小组在规划完成后,用小木桩标记出不同区域。从规划图的合理性、准确性等方面,小组之间相互评价。对应学习目标是 A2、B1。

3. 选择种子

教师把准备好的多种夏季蔬菜种子放在桌子上,让学生观察种子的形状、颜色。每个小组派代表抽取几种种子,然后通过查阅教师提供的简单种植手册或者请教教师,判断这些种子是否适合芒种种植。最后,每个小组确定自己要种植的蔬菜种子,并填写选种清单。教师根据选种清单的合理性进行评价。对应学习目标是 A2、B1。

4. 设计稻草人

教师在教室里展示一些不同风格的稻草人图片,启发学生的创意,然后给学生发放彩色卡纸、彩笔、剪刀等材料,让学生以小组为单位,讨论并绘制稻草人设计草图。在绘制过程中,教师鼓励学生大胆想象,设计出独一无二的稻草人。从设计草图的创意性、完整性等方面,进行教师评价和小组互评。对应学习目标是 A3、B2。

5. 种植实践

教师带领学生来到迷你菜园,示范正确的播种方法。学生分组进行蔬菜种植。在种植过程中,教师提醒学生注意种子的间距和深度,每个小组安排一名"小记录员"，记录种植的时间、蔬菜种类和种植过程中的趣事。教师观察学生种植操作的规范性，查看种植记录的详细程度，进行评价。对应学习目标是 A2、B1、B3。

6.制作稻草人

每个小组领取制作稻草人的材料。教师示范如何用稻草扎稻草人的身体，用旧衣物给稻草人做衣服，并用绳子固定。学生分组制作稻草人，在制作过程中，可以根据设计草图进行装饰。教师在旁边指导，帮助学生解决遇到的问题。从稻草人的结构稳固性、基本造型完成度等方面，进行教师评价和小组互评。对应学习目标是 A3、B2。

（三）展示阶段（成果交流、评价反思）

1.菜园与稻草人展示

在校园里举办"芒种迷你菜园与稻草人展览"，每个小组把自己种植的迷你菜园和制作的稻草人展示出来。学生分组担任"小导游"，向其他班级的同学介绍自己小组的菜园里种了哪些蔬菜，是怎么种的，以及稻草人的设计创意。教师在旁边引导其他同学进行互动提问。根据"小导游"讲解的流畅性、内容的准确性，以及与其他同学的互动效果，进行教师评价，同时收集其他班级同学的反馈意见。对应学习目标是 A1—A4、B1—B4。

2.评价反思

教师组织学生回到教室，给每个学生发放一张评价卡片和一份反思报告模板。学生先进行自我评价，在评价卡片上给自己在种植、制作、团队合作等方面的表现打分，并写下自己做得好的地方和不足之处。然后小组内成员互相评价，交流自己的感受。最后，每个小组完成一份反思报告，总结整个项目活动的收获和经验教训。教师从反思报告的深度、自我评价和小组评价的客观性等方面进行评价。

附录

最终作品评价表

评价维度	评价指标	自评	互评	总评
丰收的迷你菜园	蔬菜生长良好，病虫害少，产量达到预期目标	☆☆☆☆☆	☆☆☆☆☆	☆☆☆☆☆
	菜园规划科学合理，分区明确，景观设计美观	☆☆☆☆☆	☆☆☆☆☆	☆☆☆☆☆
	种植管理记录完整、准确，详细记录种植过程	☆☆☆☆☆	☆☆☆☆☆	☆☆☆☆☆

续表

评价维度	评价指标	自评	互评	总评
创意稻草人	造型独特，艺术价值高，融合文化元素	☆☆☆☆☆	☆☆☆☆☆	☆☆☆☆☆
	结构稳固，可长期放置在菜园	☆☆☆☆☆	☆☆☆☆☆	☆☆☆☆☆
	使用环保、可回收材料制作	☆☆☆☆☆	☆☆☆☆☆	☆☆☆☆☆
种植成果展示资料	种植日记内容丰富、真实，有深度思考	☆☆☆☆☆	☆☆☆☆☆	☆☆☆☆☆
	科普文章科学准确、通俗易懂	☆☆☆☆☆	☆☆☆☆☆	☆☆☆☆☆
	摄影作品和短视频画面清晰、生动，展现项目亮点	☆☆☆☆☆	☆☆☆☆☆	☆☆☆☆☆
校园农耕文化展览	展览内容丰富，形式多样，教育意义强	☆☆☆☆☆	☆☆☆☆☆	☆☆☆☆☆
	展览布置美观大方，吸引观众	☆☆☆☆☆	☆☆☆☆☆	☆☆☆☆☆
	讲解人员专业、热情，有效互动	☆☆☆☆☆	☆☆☆☆☆	☆☆☆☆☆

所见

清 袁枚

牧童骑黄牛，歌声振林樾。

意欲捕鸣蝉，忽然闭口立。

夏至

（低年级）

影子游戏：日晷制作＋光影绘画

一 项目基本信息

项目名称为"夏至 影子游戏：日晷制作＋光影绘画"。主学科是科学、美术。关联学科是数学、语文。授课年级为小学低年级（一至三年级）。教学单元或知识点：科学方面，认识夏至节气的特点，探究夏至影子的变化规律；了解日晷的构造和工作原理。美术方面，感知与运用色彩，通过绘画技巧表现光影效果。数学方面，使用尺子等工具测量影子的长度，记录不同时间影子的长度数据；初步认识时间，了解一天中不同时刻的概念，以及日晷所表示的时间与日常生活时间的对应关系。语文方面，学习与夏至、影子相关的诗词和儿歌，提升语言表达能力。课时安排：课内 5 课时＋课外 2 课时。项目概要：夏至作为夏季的重要节气，有着独特的自然现象和文化内涵。本项目结合夏至节气，围绕"影子"展开日晷制作和光影绘画活动。项目涉及多学科知识，旨在激发低年级学生对自然科学的兴趣，提升他们的观察、动手和表达能力，让学生在趣味活动中感受传统文化和科学的魅力。

二 项目内容分析

（一）课标分析

内容要求：科学方面，观察并描述夏至影子的变化，了解影子变化与时间的关系；了解日晷的构造和工作原理。美术方面，感知与运用色彩，通过绘画技巧表现光影效果；培养审美能力。数学方面，使用尺子等工具测量影子的长度，记录不同时间影子的长度数据；了解一天中不同时刻的概念，以及日晷所表示的时间与日常生活时间的对应关系。语文方面，诵读与夏至、影子相关的诗词和儿歌，积累词汇；能用简单的语言描述自己的实践过程和感受。

教学建议：开展实地观察活动，例如，在夏至当天观察影子的变化，记录不同时间影子的长度和方向。组织实验探究，让学生亲身体验影子的形成和变化，加深对科学原理的理解。播放夏至节气的动画、科普视频，展示日晷的历史和制作过程，辅助教学。引导学生进行创意活动，鼓励学生大胆想象，在光影绘画中发挥个性。组织小组讨论和交流，让学生分享自己的观察发现和创作思路，培养他们的语言表达能力。

学业质量标准：能说出夏至节气的至少两个特点和一个传统习俗，例如，"夏至白天最长""有吃面的习俗"。能正确描述影子形成的原因，观察并记录一天中影子的变化情况。小组合作制作出一个能简单显示时间的日晷模型，说出日晷的工作原理。完成一幅有创意的光影绘画作品，能用简单的语言介绍自己的作品。在小组活动中积极参与讨论和制作，与同伴友好合作，共同完成任务。

（二）教材分析

纵向分析：小学低年级是学生知识启蒙和能力培养的重要阶段。通过参与本项目，学生对夏至节气和影子的认识从简单的感知上升到初步的探究，为后续学习更复杂的自然科学知识奠定基础。日晷制作和光影绘画活动有助于锻炼学生的动手能力和创造力，这些能力将在后续学习和生活中不断发展和提升。

横向分析：科学、美术、数学、语文等学科紧密相连。科学解释影子和日晷的原理，美术为光影绘画提供创作技巧和审美指导，数学中的测量知识可用于日晷的制作和影子的记录，语文帮助学生表达观察和创作的感受。各学科相互融合，促进学生全面发展。

（三）学情分析

先验知识：低年级学生在日常生活中对影子有一定的感知，知道影子会随着自己的动作而变化。他们也对季节和一些常见的自然现象有初步认识，但对夏至节气和影子形成的科学原理知之甚少。在美术方面，他们具备简单的绘画能力，能使用一些基本的绘画工具。在语文学习中，积累了一些简单的词汇和语句，具备一定的语言表达能力。

技能水平：学生具备初步的观察能力，能够发现事物的一些明显特征。在动手能力方面，学生能使用剪刀、胶水等简单工具，但操作的熟练程度和精准度有待提高。在团队合作方面，学生开始有合作的意识，但在沟通协作、分工配合上还需要教师引导和培养。

思维特点：小学低年级学生以形象思维为主，对直观、生动、有趣的事物充满兴趣。他们更容易理解和接受具体的事物和现象，对于抽象的科学原理理解起来较为困难，需要通过具体的实验和操作来帮助理解。

兴趣与动机：学生对自然现象和手工制作活动非常好奇，夏至节气的特殊现象以及日晷制作和光影绘画活动能够很好地激发他们的兴趣。但由于低年级学生注意力容易分散，在活动过程中可能会出现缺乏耐心、难以坚持的情况，需要教师及时引导和鼓励。

（四）核心知识设计

科学：了解夏至节气的自然现象以及这些现象对气候、动物和植物的影响。了解影子的形成原理，光沿直线传播，遇到不透明物体时，在物体后面形成的黑暗区域就是影子。随着光源位置的变化，影子的长度、方向也会发生变化。一天中，早晨和傍晚影子长，中午影子短；影子的方向与光源方向相反。日晷由晷针和晷面组成，利用太阳照射晷针产生的影子在晷面上的位置来指示时间。

美术：掌握色彩的感知与运用，选择适合表现夏至和影子主题的颜色，例如，用金黄色表现阳光，用黑色表现影子。掌握光影效果的表现，通过绘画技巧，包括明暗对比、遮挡关系等，展现光影的变化和立体感。掌握创意绘画技巧，鼓励学生发挥想象力，将影子与各种物体、场景相结合，创造出独特的画面。

数学：掌握简单的测量方法，使用尺子等工具测量影子的长度，记录不同时间影子的长度数据。初步认识时间，了解一天中不同时刻的概念，以及日晷所表示的时间与日常生活时间的对应关系。

语文：学习与夏至和影子相关的诗词、儿歌，感受传统文化的魅力，丰富语言积累。用简单的语言描述影子的变化、日晷的制作过程和光影绘画的创作思路，提升语言表达能力。

三 驱动性问题/任务设计

（一）应用情境分析

应用情境原型：校园里有一块阳光充足的空地，在夏至这天，学生在空地上玩耍时发现自己的影子一会儿长一会儿短，非常好奇。学校为了满足学生的好奇心，决定开展一次关于夏至和影子的活动,让学生自己制作日晷,并用光影进行绘画创作。情境类型:真实校园情境,学生在熟悉的校园环境中发现问题,通过参与项目活动解决问题,增强学习的趣味性和实用性。

(二)驱动性问题/任务设计

驱动性问题/任务:夏至到了,校园里的影子变得好有趣,一会儿长一会儿短。我们怎么才能制作出一个能知道时间的日晷,还能用影子画出好玩的画呢?

最终作品:制作出一个结构完整、能大致显示时间的日晷,晷针能在晷面上形成清晰的影子,晷面上标注简单的时间刻度;完成一幅以夏至和影子为主题的绘画作品,可以是单幅画,也可以是一组画,画面内容丰富;活动记录手册,记录整个项目过程中的观察发现、实验结果、制作步骤和自己的感受,手册内容完整,图文并茂。

(三)驱动性问题/任务框架

探索夏至与影子的奥秘:关联知识与技能为节气知识、影子原理、文化知识。阶段性作品/成果为夏至与影子知识小卡片。设计日晷:关联知识与技能为日晷原理、测量、刻度标注。阶段性作品/成果为日晷设计草图。制作日晷:关联知识与技能为日晷原理、手工技能。阶段性作品/成果为日晷半成品、成品。观察影子的变化:关联知识与技能为科学观察方法、测量、记录。阶段性作品/成果为影子观察记录单。创作光影绘画:关联知识与技能为绘画技巧、创意想象。阶段性作品/成果为光影绘画初稿、成品。记录活动过程:关联知识与技能为写作表达。阶段性作品/成果为活动记录手册初稿、成品。

四 项目目标与评价设计

(一)项目学习目标

A1:了解夏至节气的特点、习俗和相关文化知识。A2:理解影子的形成原理和变化规律。A3:知道日晷的构造和工作原理。A4:掌握光影绘画的基本技巧。A5:提升观察、动手和语言表达能力。A6:培养团队合作精神。B1:讲述一个与夏至有关的故事或背诵一首与夏至相关的儿歌。B2:准确描述影子形成的原因,观察并记录影子的变化。B3:与小组合作制作一个简易日晷,并解释其工作原理。B4:创作一幅有创意的光影绘画作品,并介绍作品。B5:在小组活动中积极观察、动手操作,清晰地表达自己的想法。B6:在小组合作中与同伴友好相处,共同完成任务。

（二）项目评价设计

对于 A1、B1 目标，评价依据是夏至知识问答、故事讲述或儿歌背诵表现，评价方式是教师评价、学生自评。对于 A2、B2 目标，评价依据是影子观察记录单、课堂问答，评价方式是教师评价、小组评价。对于 A3、B3 目标，评价依据是日晷设计草图、日晷成品、原理阐述，评价方式是教师评价、学生互评。对于 A4、B4 目标，评价依据是光影绘画作品、作品介绍，评价方式是教师评价、学生互评、班级展览投票。对于 A5、B5 目标，评价依据是课堂观察记录、活动记录手册，评价方式是教师观察评价、小组评价。对于 A6、B6 目标，评价依据是小组合作过程记录、小组互评表，评价方式是教师观察评价、小组互评。

五 项目活动设计

（一）启动阶段（问题情境、项目计划）

1.创设情境

（1）教师播放一段关于夏至的动画短片，短片里展示了夏至时太阳高高挂在天空，学生在操场上玩耍，他们的影子随着时间变化一会儿长一会儿短，同时配上欢快的儿歌《夏天到》。

（2）教师绘声绘色地讲一个关于夏至影子的故事："同学们，在很久很久以前，有个叫明明的小孩。在夏至那天，他发现自己家院子里大树的影子在不同时间会出现在不同的地方。明明觉得很奇怪，就一直观察。后来，他发现影子的变化好像和时间有关系。你们想不想知道这是怎么回事呀？"

（3）教师展示一些精美的日晷图片和有趣的光影绘画作品，问学生："大家看，这些用影子做出来的东西多好玩呀！想不想自己也动手做一个能知道时间的日晷，再用影子画一幅有趣的画呢？"

教师观察学生观看动画、听故事时的专注程度以及回答问题的积极性并记录。对应学习目标是 A1、B1。

2.制订计划

组织学生分组，每组 4～5 人，让小组讨论要做什么样的日晷，用影子画什么主题的画。发放项目任务参考模板，模板里有分工示例和计划框架。每个小组填写项目计划书，推选代表向全班汇报，听取其他小组的建议，一起完善计划。教师从计划书的完整性、任务分配的合理性等方面评价计划书质量。对应学习目标是 A6、B6。

(二)探究阶段(活动探究、作品制作)

1. 认识影子

教师带着学生到操场上,在阳光充足的时候,让学生观察自己的影子,引导学生观察影子的形状、长度和方向。在教室里,教师拿出一个手电筒和一个小玩偶,模拟太阳和物体,展示影子的形成过程,让学生思考影子形成的原因。学生把观察到的影子特点和对影子形成的理解记录下来。教师依据观察记录单的详细程度和对影子形成原因理解的准确性进行评价。对应学习目标是 A2、B2。

2. 制作日晷

教师在课堂上展示一个简单的日晷模型,给学生讲解日晷的结构和工作原理:"这就是日晷,它有一根长长的针,叫晷针,下面这个圆圆的盘子叫晷面。太阳照在晷针上,影子就会落在晷面上,我们就能知道大概的时间了。"教师示范制作一个简易日晷,用卡纸做晷面,用吸管做晷针,在晷面上标上大概的时间刻度。讲解制作过程中使用工具的安全事项。教师给每个小组发放卡纸、吸管、剪刀、胶水、尺子等材料,让学生动手制作日晷。教师巡回指导,帮助学生解决遇到的问题。做好日晷后,小组内互相展示,说说自己制作的日晷有什么特别的地方。从日晷的结构合理性、制作精细度等方面,进行教师评价和学生互评。对应学习目标是 A3、B3。

3. 光影绘画

教师展示一些光影绘画作品,引导学生观察作品中影子和物体的关系,以及颜色的搭配,启发学生的创意。教师带着学生再次到操场,让学生发挥想象,看看操场上物体的影子像什么。教师鼓励学生用身体摆出和影子相似的造型,增加趣味性。回到教室,学生根据在操场上的观察和想象,创作光影绘画。教师提醒学生可以用不同颜色的彩笔来表现光影。学生完成绘画后,在小组内分享自己的作品,讲讲画里的故事。从绘画作品的创意性、光影表现效果等方面,进行教师评价和学生互评。对应学习目标是 A4、B4。

(三)展示阶段(成果交流、评价反思)

1. 成果展示

在教室里举办"夏至光影展",每个小组把制作的日晷和光影绘画作品整齐地摆放在展示桌上。每个小组推选一名"小解说员",向其他同学介绍小组的日晷制作过程、创意,以及光影绘画作品的含义。其他同学可以提问、评价。邀请其他班级的同学来参观,"小解说员"给他们讲解,收集参观者的意见和建议。根据"小解说员"的讲解流畅度、内容准确性,以及参观者的反馈意见,进行教师评价和他人评价。对应学习目标是 A5、B5。

2. 评价反思

教师引导学生从知识收获、动手能力、团队合作等方面进行自我评价和小组评价。发放反思报告模板,让学生写下自己在项目中的收获、遇到的困难和解决办法,以及对下次活动的期待。教师从反思报告的深度、对自身问题剖析的准确性等方面进行评价。

 附 录

最终作品评价表

评价维度	评价指标	自评	互评	总评
简易日晷	结构合理:晷针垂直于晷面,晷面平整,整体结构稳固,可正常放置	☆☆☆☆☆	☆☆☆☆☆	☆☆☆☆☆
	计时功能:阳光充足时,影子能大致指示不同时间,时间刻度标注清晰、准确	☆☆☆☆☆	☆☆☆☆☆	☆☆☆☆☆
	制作精细:制作认真,材料使用合理,晷针与晷面连接牢固	☆☆☆☆☆	☆☆☆☆☆	☆☆☆☆☆
光影绘画作品	主题明确:围绕夏至和影子展开,画面内容清晰,体现主题,例如,描绘夏至的太阳、人物在影子下的活动	☆☆☆☆☆	☆☆☆☆☆	☆☆☆☆☆
	创意独特:具有独特的想象力和创造力,画面表现形式新颖,例如,将影子想象成各种有趣的动物、植物	☆☆☆☆☆	☆☆☆☆☆	☆☆☆☆☆
	光影效果:运用色彩和绘画技巧,表现出明显的光影效果,包括影子的深浅、明暗对比等	☆☆☆☆☆	☆☆☆☆☆	☆☆☆☆☆
活动记录手册	内容丰富:记录项目过程中的关键信息,包括观察到的影子变化、日晷制作步骤、光影绘画的创意等	☆☆☆☆☆	☆☆☆☆☆	☆☆☆☆☆
	图文并茂:手册中有文字描述,也有相关的图表等,文字书写工整,图画绘制清晰	☆☆☆☆☆	☆☆☆☆☆	☆☆☆☆☆

（高年级）

影子游戏：日晷制作＋光影绘画

一 项目基本信息

项目名称为"夏至 影子游戏：日晷制作＋光影绘画"。主学科是综合实践、科学。关联学科是美术、语文、数学。授课年级为小学高年级（四至六年级）。教学单元或知识点：综合实践方面，掌握日晷的制作流程，学会使用各类工具完成日晷制作；运用不同材料和技巧进行光影绘画创作，提升动手实践和创新能力。科学方面，理解夏至的天文现象及影子变化规律，明晰日晷利用影子计时的科学原理，探究光与影的关系及影响影子变化的因素。美术方面，掌握光影绘画的色彩运用和构图技巧，通过绘画展现夏至影子的独特魅力；运用创意和艺术手法对制作的日晷进行装饰。语文方面，学习与夏至、影子相关的诗词歌赋，积累文学素材，提升文学素养；撰写制作日晷和光影绘画过程中的观察日记、心得体会，锻炼语言表达和写作能力。数学方面，运用数学知识测量影子长度、角度，计算日晷刻度；分析光影绘画中的几何形状和比例关系，培养数学思维和应用能力。课时安排：课内 6 课时＋课外 3 课时。项目概要：本项目以"夏至"和"影子"为核心，涉及多个学科。学生将通过制作日晷和进行光影绘画，探索夏至影子的奥秘，感受科学与艺术的融合，提升综合素养，培养对自然科学和传统文化的热爱。

二 项目内容分析

（一）课标分析

内容要求：综合实践方面，能够根据给定的主题设计并制作复杂的手工艺品；熟练使用各种手工工具，掌握一定的制作技巧；能对自己和他人的作品进行全面、客观的评价和改进。科学方面，理解夏至的天文特征；掌握影子变化与时间的关系，能够运用相关科学原理解释自然现象;了解日晷的历史和发展,知道其在计时方面的重要作用。美术方面,运用色彩、线条、形状等元素,创作具有一定艺术表现力的光影绘画作品;掌握光影绘画的基本技巧;能够欣赏和评价不同风格的光影绘画作品。语文方面,阅读并理解与夏至、影子相关的文学作品,体会其中蕴含的情感和文化内涵;能够用生动、准确的语言描述制作过程和活动体验,撰写观察日记、心得体会等。数学方面,运用测量、计算等数学方法,解决日晷制作和光影绘画中的实际问题;能够对收集到的数据进行整理、分析和归纳,得出合理的结论。

教学建议:组织多样化的实践活动,包括实地观察、小组合作制作、创意竞赛等,激发学生的学习兴趣和创新思维。引导学生在实践中发现问题、提出假设、进行探究,培养学生的科学探究能力。运用多媒体资源辅助教学,帮助学生更好地理解抽象的科学概念和复杂的制作过程。邀请专家或有经验的人士作讲座或指导,拓宽学生的知识面。鼓励学生将所学知识运用到实际生活中。

学业质量标准:学生能制作出结构合理、计时准确的日晷,且外观精美、富有创意;能创作出富有感染力的光影绘画作品;能用科学知识解释日晷的工作原理和影子变化的规律;能用优美的语言描述制作过程和活动感受,撰写高质量的观察日记和心得体会。在小组合作中,能够积极参与讨论,发挥自己的优势,与他人密切配合。

(二)教材分析

纵向分析:小学阶段学生在不同年级逐步接触到自然科学、艺术创作和手工制作等方面的知识。本项目是对之前所学知识的综合运用和深化拓展。通过制作日晷和光影绘画,学生将进一步提升实践操作能力、科学探究能力和艺术审美能力,为初中阶段的学习打下坚实的基础。

横向分析:各学科在本项目中相互渗透、相辅相成。科学知识为日晷制作和影子观察提供理论依据;美术为光影绘画和日晷装饰提供创作灵感和表现手法;语文丰富学生的文化底蕴和语言表达能力;数学帮助学生进行精确的测量和计算;综合实践整合各学科知识,培养学生的综合运用能力和创新精神。

(三)学情分析

先验知识:学生在之前的学习中对自然现象、手工制作和艺术创作有了一定的了解,掌握了一些基本的观察方法、手工技巧和绘画技能,但对于夏至影子变化的科学原理还需要进一步学习,需要提高日晷制作的精确程度,增强光影绘画的艺术表现力。

技能方面:小学高年级学生具备一定的动手能力、观察能力和逻辑思维能力,能够进行简单的实验操作和资料收集。但在复杂的制作过程和创新性的艺术创作中,他们的技能还不够熟练,需要教师的指导和实践锻炼。

思维特点:学生的思维正从具体形象思维向抽象逻辑思维过渡,他们对直观、有趣的实践活动充满热情。他们能够理解一些抽象概念,但需要通过具体的实例和操作来加深理解。

兴趣爱好:学生对自然科学和艺术创作有着浓厚的兴趣,尤其是与生活实际相关的主题。夏至影子的变化和日晷制作、光影绘画等活动能够激发他们的好奇心和探索欲望。但在面对较为枯燥的理论知识和复杂的制作步骤时,可能会出现注意力不集中、缺乏耐心等情况。

价值观方面:学生具有一定的创新意识和团队合作精神,但在将知识应用于实际生活和传承传统文化方面,还需要教师的引导和培养。本项目的学习,让学生感受科学与艺术的魅力,培养他们对传统文化的热爱和对科学的探索精神。

(四)核心知识设计

综合实践:掌握日晷制作的环节,包括材料选择、部件制作、组装调试等;学会运用不同的绘画材料和工具进行光影绘画创作,掌握光影绘画的基本步骤和技巧。

科学:理解夏至时太阳直射北回归线导致影子变化的原理;掌握日晷利用影子计时的科学依据;深入探究光与影的关系及影响影子变化的多种因素。

美术:学会运用色彩的冷暖对比、明暗对比来表现光影效果;掌握光影绘画的构图方法,包括对称构图等;能够运用创意和艺术手法对制作的日晷进行个性化装饰。

语文:背诵并理解与夏至、影子相关的经典诗词歌赋,体会其中的文化内涵;学会运用生动、形象的语言描述制作过程和活动体验,提高写作水平。

数学:准确测量影子的长度、角度,运用数学知识计算日晷刻度;分析光影绘画中的几何形状和比例关系,用数学思维理解艺术创作。

三 驱动性问题/任务设计

(一)应用情境分析

应用情境原型:夏至时,校园里物体的影子在一天中变化明显,学生对这些变化充满好奇;日晷是古老的计时工具,其利用影子计时的方式神秘而有趣;光影绘画能够将夏至的影子之美以艺术形式展现出来。情境类型:校园生活情境与传统文化情境相结合。

(二)驱动性问题/任务设计

驱动性问题/任务:夏至到了,影子一直在变来变去。怎么利用这些神奇的影子制作一个能准确计时的日晷,还能用画笔把夏至影子的奇妙之处画下来呢?

最终作品:制作出结构精确、计时准确的日晷,能够根据太阳照射下影子的位置准确指示时间;日晷外观设计精美,融入创意和个性化元素。创作一组以夏至影子为主题的绘画作品,画面内容丰富、生动,光影效果突出;绘画作品具有较高的艺术表现力,能够展现夏至影子的独特魅力。撰写一篇详细的项目报告,记录制作日晷和光影绘画的过程、遇到的问题及解决方法、活动收获和体会等。

(三)驱动性问题/任务框架

探究夏至影子变化规律:关联知识与技能为科学观察方法、数学测量知识。阶段性作品/成果为影子变化观察记录表。学习日晷制作原理与技巧:关联知识与技能为科学原理、综合实践技能。阶段性作品/成果为日晷设计草图。制作日晷:关联知识与技能为综合实践操作技能、数学计算能力。阶段性作品/成果为日晷半成品、成品。探索光影绘画技巧:关联知识与技能为美术知识、艺术创作能力。阶段性作品/成果为光影绘画草图。创作夏至光影绘画作品:关联知识与技能为美术创作技能。阶段性作品/成果为光影绘画作品初稿、成品。撰写项目报告:关联知识与技能为语文写作能力。阶段性作品/成果为项目报告初稿、终稿。

四 项目目标与评价设计

(一)项目学习目标

A1:了解夏至的天文现象、影子变化规律和相关文化知识。A2:了解日晷的工作原理、制作方法和历史发展。A3:了解光影绘画的技巧、色彩运用和构图方法。A4:学习与夏至、影子相关的诗词歌赋和文学作品。B1:制作出结构合理、计时准确的日晷。B2:创作出富有创意和艺术感染力的夏至光影绘画作品。B3:撰写内容翔实、逻辑清晰的项目报告。B4:在小组合作中有效沟通、协作,共同完成项目任务。

（二）项目评价设计

对于 A1、A4 目标,评价依据是影子变化观察记录表、项目报告中的相关内容,评价方式是教师评价、小组评价。对于 A2、B1 目标,评价依据是日晷设计草图、日晷成品、制作过程记录,评价方式是教师评价、学生互评、实际测试评价。对于 A3、B2 目标,评价依据是光影绘画草图、光影绘画作品、绘画过程记录,评价方式是教师评价、家长评价、展览评价。对于 B3 目标,评价依据是项目报告,评价方式是教师评价、同学评价。对于 B4 目标,评价依据是小组合作过程中的表现、小组评价表,评价方式是教师评价、小组互评。

五　项目活动设计

（一）启动阶段（问题情境、项目计划）

1.创设情境

教师给学生播放一段有趣的动画视频,视频里小动物们在夏至这一天对影子的变化感到十分好奇。播放完毕,教师拿出一些精美的夏至影子主题图片,一边展示一边给学生讲关于夏至影子的小故事。通过这些方式,充分激发学生对夏至影子的兴趣。教师观察学生在课堂上的表现并记录下来,进行评价。对应学习目标是 A1、A2。

2.制订计划

教师先把学生分成小组,每个小组人数适中,然后引导小组讨论项目任务,接着帮助学生合理分工。教师查看每个小组的计划书,从计划书中任务是否明确、分工是否合理等方面进行评价,给每个小组提出建议。

（二）探究阶段（活动探究、作品制作）

1.观察记录

教师带着学生来到校园操场,在操场上找一些有明显影子的物体,教他们观察影子,让他们用简单的图画和文字把观察到的记录下来。教师检查学生的观察记录单,进行评价,鼓励记录好的学生分享自己的观察方法。对应学习目标是 A1、B1。

2.收集资料

教师带着学生到学校图书馆,教他们查阅和夏至、影子有关的图书,在电脑上展示一些简单安全的科普网站,教他们搜索信息。学生把找到的有趣知识记录在小卡片上。小组之间互相交换资料卡片,看看谁收集的资料更有趣、更准确,大家一起讨论,选出最好的资料卡片。对应学习目标是 A2。

3. 制作作品

教师先给学生展示一些简单的日晷制作示例,然后教学生制作日晷。在光影绘画方面,教师教学生一些简单的绘画技巧。教师和学生一起评价作品,从日晷制作得是否牢固、能不能大概显示时间,光影绘画作品的颜色是否鲜艳、影子画得像不像等方面进行评价,给每个学生的作品贴上小星星奖励。对应学习目标是 A3、B2、B3。

(三)展示阶段(成果交流、评价反思)

1. 成果展示

教师组织学生在校园里进行展示活动,让每个小组的学生轮流介绍自己制作的日晷和光影绘画作品。教师提前教学生一些展示的小技巧,例如,声音要响亮,说话要有条理。教师观察学生展示时的表现并评价。其他班级的学生也可以投票,选出自己最喜欢的作品。对应学习目标是 A4、B4。

2. 评价反思

教师引导学生说一说在这个项目里学到了什么,做日晷和画画的时候遇到了哪些困难,是怎么解决的。每个小组讨论在小组合作中大家表现得怎么样。最后学生把这些想法写在一张纸上。教师查看学生的反思报告,进行评价。

 附 录

最终作品评价表

评价维度	评价指标	自评	互评	总评
精准计时日晷	日晷结构稳固,晷针垂直于晷面,刻度标注准确	☆☆☆☆☆	☆☆☆☆☆	☆☆☆☆☆
	在阳光充足情况下,计时误差较小	☆☆☆☆☆	☆☆☆☆☆	☆☆☆☆☆
	外观设计独特,装饰精美,体现个人创意和艺术风格	☆☆☆☆☆	☆☆☆☆☆	☆☆☆☆☆
夏至光影绘画作品	主题明确,围绕夏至影子展开创作	☆☆☆☆☆	☆☆☆☆☆	☆☆☆☆☆
	画面色彩搭配协调,光影效果明显,生动表现出夏至影子特点	☆☆☆☆☆	☆☆☆☆☆	☆☆☆☆☆
	绘画技巧娴熟,具有较高艺术价值	☆☆☆☆☆	☆☆☆☆☆	☆☆☆☆☆

评价维度	评价指标	自评	互评	总评
项目报告	内容完整,涵盖项目各个环节	☆☆☆☆☆	☆☆☆☆☆	☆☆☆☆☆
	语言表达清晰、流畅,逻辑严谨	☆☆☆☆☆	☆☆☆☆☆	☆☆☆☆☆
	对问题分析深入,解决方法合理有效	☆☆☆☆☆	☆☆☆☆☆	☆☆☆☆☆
	收获和体会真实、深刻,体现对知识的理解和能力的提升	☆☆☆☆☆	☆☆☆☆☆	☆☆☆☆☆

夏日对雨

唐 裴度

登楼逃盛夏,万象正埃尘。

对面雷嗔树,当街雨趁人。

檐疏蛛网重,地湿燕泥新。

吟罢清风起,荷香满四邻。

防暑行动：凉茶调配＋社区宣传

一 项目基本信息

项目名称为"小暑 防暑行动：凉茶调配＋社区宣传"。主学科是综合实践、科学。关联学科是语文、美术、数学。授课年级为小学低年级（一至三年级）。教学单元或知识点：综合实践方面，学习凉茶调配操作；科学方面，了解小暑节气的气候特点、常见防暑植物的特性；语文方面，学习与小暑、防暑相关的俗语、儿歌；美术方面，制作宣传海报；数学方面，学习简单的计量换算（调配凉茶时材料用量）。课时安排：课内5课时＋课外2课时。项目概要：小暑时节，天气炎热，正是了解防暑知识、体验凉茶调配的好时机。本项目围绕"小暑"与"防暑"展开，通过让学生调配凉茶并进行社区宣传，帮助他们学习小暑节气知识和防暑方法，提升实践操作、沟通表达和团队协作能力，增强对传统文化的认知和社会责任感。项目融合多学科知识，让学生在趣味活动中收获知识与成长。

二 项目内容分析

（一）课标分析

内容要求：综合实践方面，学会简单的凉茶调配方法，掌握调配过程中的基本操作，包括清洗、浸泡、煮制等，能够在教师的指导下，安全使用调配工具和设备。科学方面，学生要知道小暑节气的气候特征，了解常见防暑植物的外观特点、功效，明白它们在防暑降温中的作用原理。语文方面，积累与小暑、防暑、凉茶相关的俗语、儿歌，感受传统文化的魅力；能用简单的语言描述小暑的炎热感受和凉茶的味道、功效。美术方面，设计并制作与小暑防暑、凉茶宣传相关的海报，运用简单的图形、色彩表达主题，培养审美能力和创意。数学方面：认识简单的计量单位，能在调配凉茶时,根据配方进行简单的材料用量换算,培养数学应用意识。

教学建议:采用直观教学法,通过图片、视频、实物展示等方式,帮助学生了解小暑节气和防暑植物。组织学生实地观察校园或周边的防暑植物,增强感性认识。开展实践活动,让学生体验凉茶调配过程,教师进行现场指导,确保安全。鼓励学生在实践中探索不同材料的搭配效果。运用游戏、儿歌等形式,激发学生学习语文知识的兴趣。引导学生在制作海报时,大胆发挥想象,表达自己对小暑和防暑的理解。在数学教学中,结合实际调配场景,让学生理解计量单位的概念和换算方法,通过简单的计算确定材料用量。

学业质量标准:学生能准确说出小暑的气候特点和至少三种常见防暑植物的名称、功效。能够正确描述凉茶调配的基本步骤。制作出成分合理、口感适宜的凉茶。在制作海报时,能清晰地展现小暑防暑和凉茶的主题,画面色彩协调,内容有创意。熟练背诵至少两首与小暑、防暑相关的俗语、儿歌,并用通顺的话语介绍小暑防暑知识和凉茶的好处。能正确地进行简单计量换算。积极参与小组活动,学会与同伴分工合作,共同完成凉茶调配和宣传任务。能够勇敢地向社区居民宣传防暑知识和推荐自制凉茶。

(二)教材分析

纵向分析:小学低年级教材注重基础生活常识和简单自然现象的认知。在之前的学习中,学生对季节变化有了初步了解,但对于节气的深入认识和相关生活应用还需进一步学习。小暑节气及防暑知识的学习,是对季节认知的深化,为后续学习其他节气和更复杂的生活知识奠定基础。调配凉茶和制作宣传海报的实践活动有助于提升学生的动手能力和综合素养,符合低年级学生从直观体验到逐步深入学习的认知规律。

横向分析:科学知识为凉茶调配提供理论依据,让学生明白防暑植物的功效和作用原理。语文知识丰富了学生对小暑和防暑的文化认知,为宣传表达提供素材。美术技能使宣传海报更具吸引力,增强宣传效果。数学知识在调配凉茶时确保材料用量的准确性,保障凉茶的质量。各学科相互融合,共同服务于项目目标,帮助学生全面了解小暑防暑知识,提升综合能力。

(三)学情分析

先验知识:低年级学生对夏天的炎热有亲身感受,知道一些简单的防暑方法,例如,吃冰激凌、吹风扇。对常见的植物也有一定认识,但对于小暑节气的具体特点、防暑植物的功效以及凉茶的制作原理知之甚少。

技能水平:学生具备一定的观察力,能够观察到植物的外观特点和天气的变化。在动手操作方面,他们有参与简单手工活动的经验,但在使用工具进行凉茶调配等较为复杂的实践操作时,需要教师的详细指导和示范。学生能够用简单的话语表达自己的想法,但在描述事物和宣传讲解时,还不够准确和流畅。

思维特点:学生的思维以形象思维为主,他们对直观、生动、有趣的事物充满好奇。在学习过程中,需要借助具体的实物、图片、故事等方式来理解抽象的知识。在思考问题时,他们往往从自身的感受和经验出发,难以进行深入的逻辑分析。

兴趣与价值观:学生对动手实践活动充满热情,喜欢探索新鲜事物,具有爱心和社会责任感,愿意为他人提供帮助。但在面对困难和挫折时,学生容易产生退缩情绪。教师应充分利用学生的兴趣,引导他们积极参与项目活动,在实践中克服困难,培养良好的价值观和社会责任感。

(四)核心知识设计

综合实践:掌握清洗、浸泡、煮制等凉茶调配的基本操作技能,学会正确使用炉灶、水壶、滤网等工具。根据不同的配方和口味需求,合理搭配防暑植物,进行简单的凉茶调配。了解调配过程中的卫生和安全注意事项。

科学:深入探究小暑节气的气候特点,包括气温、湿度、日照时长等方面的变化。了解常见防暑植物的生长环境、形态特征和药用价值。学习凉茶的起源和发展,明白凉茶中各种成分的作用机制,以及调配过程中的科学原理。

语文:收集并学习与小暑、防暑、凉茶相关的俗语、儿歌、故事,感受传统文化的魅力。学会用生动、形象的语言描述小暑的炎热景象、凉茶的制作过程和饮用感受,提高语言表达能力。通过朗诵、讲述等方式,传播小暑防暑知识和凉茶文化。

美术:学习海报设计的基本元素。运用所学知识,设计并制作以小暑防暑和凉茶宣传为主题的海报,突出主题,吸引观众的注意力。培养创意和审美能力,让海报具有独特的艺术风格。

数学:认识克、毫升等简单的计量单位,理解它们在衡量凉茶材料用量中的作用。学会进行简单的计量换算,确保调配的准确性。通过实际操作,感受数学在生活中的应用价值。

三 驱动性问题/任务设计

（一）应用情境分析

应用情境原型：小暑时节，社区里的居民容易受到炎热天气的影响，出现中暑等。社区缺少对防暑知识和防暑饮品的宣传。情境类型：社区生活情境。

（二）驱动性问题/任务设计

驱动性问题/任务：小暑到了，天气变得好热呀！社区里的爷爷奶奶、叔叔阿姨和小朋友都可能会中暑。我们怎么调配出既好喝又能防暑的凉茶，再把小暑防暑的知识和自制的凉茶一起分享给他们，让大家都能健康度过小暑呢？

最终作品：自制防暑凉茶，调配出适合小暑时节饮用的凉茶，装在干净、密封的容器中，贴上自制的标签；小暑防暑宣传海报，色彩鲜艳，内容丰富，展示小暑防暑知识和自制凉茶的信息；社区宣传活动，向居民介绍小暑防暑知识，推荐自制的凉茶。

（三）驱动性问题/任务框架

了解小暑节气和防暑知识：关联知识与技能为科学观察、语文阅读与积累。阶段性作品/成果为小暑知识卡片。学习凉茶调配方法：关联知识与技能为科学知识、综合实践操作。阶段性作品/成果为凉茶调配笔记。制作宣传海报：关联知识与技能为美术设计、语文表达。阶段性作品/成果为海报初稿、完成稿。调配凉茶：关联知识与技能为综合实践技能、数学计量换算技能。阶段性作品/成果为自制防暑凉茶。进行社区宣传排练：关联知识与技能为语言表达、沟通技巧。阶段性作品/成果为宣传稿、排练记录。

四 项目目标与评价设计

（一）项目学习目标

A1：了解小暑节气的时间和气候特点。A2：了解常见防暑植物的名称和功效。A3：学习与小暑、防暑、凉茶相关的俗语、儿歌。A4：掌握简单的计量换算知识（用于调配凉茶）。A5：了解凉茶的起源和基本调配原理。A6：掌握海报设计的基本元素和技巧。A7：了解社区宣传的基本礼仪和沟通方法。B1：准确描述小暑的炎热景象和常见防暑方法。B2：正确调配出适合小暑饮用的凉茶。B3：制作出吸引人的小暑防暑宣传海报。B4：在社区宣传活动中自信、流畅地介绍小暑防暑知识，推荐凉茶。B5：在小组活动中积极合作，共同完成项目任务。

（二）项目评价设计

对于 A1、B1 目标，评价依据是小暑知识卡片、课堂回答问题情况，评价方式是教师评价、学生互评。对于 A2、B2 目标，评价依据是凉茶调配笔记、自制防暑凉茶成品，评价方式是教师评价、小组互评。对于 A3 目标，评价依据是俗语、儿歌背诵情况、宣传稿内容，评价方式是教师评价、小组评价。对于 A4 目标，评价依据是调配凉茶时计量换算的准确性，评价方式是教师评价。对于 A5 目标，评价依据是课堂讨论发言、知识问答表现，评价方式是教师评价、学生互评。对于 A6 目标，评价依据是海报初稿、完成稿，评价方式是教师评价、学生互评。对于 B3 目标，评价依据是海报展示效果、观众反馈，评价方式是教师评价、社区居民评价。对于 B4 目标，评价依据是社区宣传活动表现、居民反馈意见，评价方式是教师评价、社区居民评价。对于 B5 目标，评价依据是小组活动记录、小组互评表，评价方式是教师评价、小组互评。

五　项目活动设计

（一）启动阶段（问题情境、项目计划）

1. 创设情境

教师播放一段有趣的动画视频，视频里的小动物们在小暑这天热得直冒汗，四处寻找防暑的办法。接着，教师展示一些小暑时节太阳炙烤大地、人们喝凉茶解暑的图片，然后，给学生讲一个关于小暑喝凉茶的小故事：在很久很久以前，有个小村庄一到小暑就特别热，好多人都生病了。有个聪明的老爷爷用一些神奇的花草煮成了好喝的液体，大家喝了之后就不再难受了，这种液体就是最初的凉茶。通过这些方式，激发学生对小暑防暑和凉茶的兴趣。教师观察学生在课堂上的表现，记录下来，进行评价。对应学习目标为 A1、A2、A3。

2. 制订计划

教师把学生分成小组，每个小组 4～5 人，引导小组讨论项目任务，帮助学生合理分工。教师查看每个小组的计划书，从计划书中任务是否清楚、分工是否合理等方面进行评价，给每个小组提出表扬和建议。

（二）探究阶段（活动探究、作品制作）

1. 观察与认知

教师带着学生到校园里，寻找一些常见的防暑植物，教学生观察这些植物，回到教室后,让学生把观察到的画下来,再简单写一写这些植物的样子。教师检查学生的观察记录卡,进行评价,展示优秀的记录卡。对应学习目标为 A1、A2。

2. 收集资料

教师带着学生来到学校图书馆,教他们查找和小暑、防暑、凉茶有关的图书,在电脑上展示一些简单安全的科普网站,教他们搜索信息。学生把找到的有趣知识记录在小卡片上。对应学习目标为 A2、A3。

3. 学习凉茶调配

教师给学生展示一些调配好的凉茶,让他们闻闻味道,猜猜里面有什么。然后,教师详细讲解调配凉茶的步骤,现场示范调配一种简单的凉茶。教师观察学生在学习过程中的专注度。对应学习目标为 A2、A5。

4. 实际调配

学生在教师的指导下,分组动手调配凉茶。教师提醒学生注意安全。调配好后,每个小组品尝自己的凉茶。教师和学生一起评价各个小组的凉茶,给表现好的小组奖励小贴纸。对应学习目标为 A2、A4、B2。

5. 制作海报

教师教学生一些简单的海报制作知识。学生自己动手设计、制作小暑防暑和凉茶宣传海报,可以画自己调配凉茶的过程、小暑炎热的场景。教师和学生一起评价海报,把优秀的海报贴在教室展示。对应学习目标为 A3、A6、B3。

(三)展示阶段(成果交流、评价反思)

1. 社区宣传排练

教师组织学生在教室里进行社区宣传排练,指导学生说话要清楚、声音响亮,要和社区的爷爷奶奶、叔叔阿姨打招呼。每个小组练习介绍小暑防暑知识和推荐自己调配的凉茶。教师观察学生的排练表现,进行评价,提出改进建议。对应学习目标为 A7、B4。

2. 社区宣传

学生带着自己制作的海报和调配的凉茶,在教师和家长志愿者的带领下,来到社区,向社区居民介绍小暑防暑知识,邀请大家品尝自己调配的凉茶。教师观察学生在社区宣传时的表现,询问社区居民的感受,进行评价。对应学习目标为 A7、B4。

3. 评价反思

回到学校后,教师引导学生说一说在这个项目里学到了什么,调配凉茶和制作海报的时候遇到了哪些困难,是怎么解决的。每个小组讨论在小组合作中大家表现得怎么样。最后学生把这些想法写在一张纸上。教师查看学生的反思报告,鼓励学生下次做得更好。

附 录

最终作品评价表

评价维度	评价指标	自评	互评	总评
自制防暑凉茶	材料搭配合理,口感良好,具有明显的防暑功效	☆☆☆☆☆	☆☆☆☆☆	☆☆☆☆☆
	标签设计美观,包含凉茶名称、成分、制作日期等完整信息	☆☆☆☆☆	☆☆☆☆☆	☆☆☆☆☆
小暑防暑宣传海报	主题明确,画面色彩鲜艳且协调,图形与文字排版合理	☆☆☆☆☆	☆☆☆☆☆	☆☆☆☆☆
	内容涵盖小暑节气特点、防暑方法、自制凉茶的好处等,信息准确	☆☆☆☆☆	☆☆☆☆☆	☆☆☆☆☆
社区宣传活动	宣传过程流畅,语言表达清晰、生动,声音响亮	☆☆☆☆☆	☆☆☆☆☆	☆☆☆☆☆
	能与居民积极互动,解答居民的疑问,成功推荐自制凉茶,获得居民的认可和好评	☆☆☆☆☆	☆☆☆☆☆	☆☆☆☆☆

小暑
（高年级）

防暑行动:凉茶调配 + 社区宣传

一 项目基本信息

项目名称为"小暑 防暑行动:凉茶调配 + 社区宣传"。主学科是综合实践、科学。关联学科是语文、美术、数学、道德与法治。授课年级为小学高年级(四至六年级)。教学单元或知识点:综合实践的凉茶调配工艺与社区宣传组织,科学中防暑原理、凉茶成分功效,语文的宣传文案撰写、防暑知识科普,美术的宣传海报设计,数学的调配比例计算、成本核算,道德与法治中培养社会责任感、关爱他人意识。课时安排:课内 6 课时 + 课外 3 课时。项目概要:小暑时节酷热,易引发中暑等健康问题。本项目结合"小暑"与"防暑",让学生调配凉茶并开展社区宣传。通过 9 课时的学习与实践,融合多学科知识,提升学生的综合素养,增强社会责任感,使学生在实践中传承传统文化,学会关爱他人。

二 项目内容分析

(一)课标分析

内容要求:综合实践方面,熟练掌握凉茶调配的工艺流程,包括选材、清洗、浸泡、煮制、过滤等环节;学会组织和开展社区宣传活动,具备团队协作、沟通协调和解决实际问题的能力。科学方面,理解小暑节气的气候形成原因及特点,掌握常见防暑植物的药用成分和防暑原理;了解不同凉茶配方的科学依据,能够根据人体需求和气候条件选择合适的配方。语文方面,撰写富有感染力和科普性的宣传文案,准确传达小暑防暑知识和凉茶功效,能够运用多种修辞手法和表达方式,提升文案的吸引力和可读性。美术方面,设计创意新颖、视觉效果良好的宣传海报,合理运用色彩、构图和图形元素突出主题,掌握海报制作的基本技巧,提高审美和艺术表现能力。数学方面,精确计算凉茶调配过程中的材料比例、用量,进行成本核算;运用数学知识分析宣传活动的效果。道德与法治方面,增强社会责任感,树立关爱他人健康的意识,在活动中培养尊重他人、乐于奉献的品质。

教学建议:组织实验探究活动,例如,研究不同防暑植物对体温调节的影响,让学生亲身体验科学原理。开展实地考察,参观凉茶制作工坊,了解传统凉茶制作工艺。采用小组合作学习方式,共同完成凉茶调配和社区宣传任务。教师提供实践指导,引导学生解决遇到的问题。进行范文赏析和写作练习,提高学生的文案撰写能力。鼓励学生分享自己的写作思路,互相学习。展示优秀海报作品,引导学生分析其设计思路和技巧。组织学生进行海报设计比赛,激发创新思维。结合实际问题,让学生运用数学知识进行计算和分析。引导学生将数学结果与实践相结合,优化活动方案。开展主题讨论,引导学生思考社会责任感和关爱他人的意义。在活动中及时给予品德教育,强化学生的道德认知。

学业质量标准:学生能系统阐述小暑节气的科学知识和防暑原理,准确解释凉茶配方的科学性。能够根据实际情况调整凉茶配方，满足不同人群的需求。制作出口感良好、品质稳定的凉茶，调配过程规范、熟练。在社区宣传活动中表现出色，组织有序，沟通顺畅，能够有效解决突发问题。撰写的宣传文案内容丰富、逻辑清晰、语言生动，具有良好的科普效果。设计的宣传海报主题突出、创意独特、视觉效果佳，能够吸引观众的注意力。准确进行凉茶调配的数学计算，合理控制成本。通过数学分析，对宣传活动进行有效的评估和改进。在活动中积极履行社会责任，关爱社区居民，展现出良好的道德品质和社会责任感。能够对自己的道德行为进行反思和总结，不断提升自己的道德素养。

（二）教材分析

纵向分析：小学科学教材从低年级对简单自然现象的认知到高年级对自然规律和科学原理的探索，逐步深入。小暑节气和防暑知识的学习，是对气候与人体健康关系的进一步研究，为初中生物学和物理学的相关知识学习奠定基础。综合实践课程注重学生实践能力的培养，从简单的手工制作到复杂的项目实践，有助于提升学生的综合实践素养。语文教材从基础的写作训练到高年级的文学创作和应用文体写作，宣传文案的撰写是对学生语文应用能力的锻炼。美术教材不断提升学生的审美和创作能力，海报设计体现了对艺术技巧的综合运用。数学教材中的计算和统计知识在本项目中得到实际应用，强化了知识的实用性。道德与法治课程旨在培养学生的品德和社会责任感，本项目为学生提供了践行道德理念的实践机会。

横向分析：科学知识为凉茶调配提供理论基础，决定了配方的科学性。综合实践活动是将各学科知识转化为实际行动的平台，保障项目的顺利实施。语文和美术知识用于宣传文案和海报设计，增强宣传效果。数学知识确保凉茶调配的精准性和成本控制，为活动提供数据支持。道德与法治引导学生树立正确的价值观，规范学生在活动中的行为。各学科相互渗透、相互促进，共同服务于项目目标。

（三）学情分析

先验知识：高年级学生已经掌握了一定的科学、语文、数学、美术和道德与法治知识。在科学方面，了解一些基本的自然现象和植物知识；语文方面，具备一定的写作和阅读能力；数学方面，能够进行简单的计算和数据分析；美术方面，掌握了基本的绘画和设计技巧；在道德观念上，有一定的社会责任感和关爱他人意识。但他们还缺乏小暑节气的深入科学知识、凉茶调配的专业技能以及跨学科知识的综合运用能力。

技能水平:学生具备一定的自主学习和探究能力,能够通过查阅资料获取信息。学生有一定的动手能力,但在凉茶调配的精细操作和社区宣传的组织协调方面,经验不足。他们的语言表达和沟通能力有所发展,但还需要提高面对公众进行专业知识讲解的能力。

思维特点:学生正处于从形象思维向抽象思维过渡的关键阶段,能够理解一些抽象概念,但对于复杂的科学原理和社会现象,还需要借助具体实例进行理解。在解决问题时,学生尝试运用逻辑思维,但思维的严谨性和全面性有待提高。

兴趣与价值观:学生对新奇的事物和实践活动充满兴趣,愿意参与小暑凉茶调配和社区宣传活动。学生具有一定的团队合作意识,但在团队协作中可能会出现分工不合理、沟通不畅等问题。在价值观方面,学生认同关爱他人和服务社会的理念,但在实际行动中,可能缺乏主动性和持久性。教师应充分激发学生的兴趣,引导学生克服困难,提升综合素养。

(四)核心知识设计

综合实践:熟练掌握凉茶调配的全流程操作技能,例如,精准选材、规范清洗、恰当浸泡、合理煮制和精细过滤。学会设计社区宣传活动方案,包括活动流程、人员分工、宣传方式等。掌握与社区居民有效沟通的技巧,包括倾听、表达、引导互动等,提高应对突发情况的能力。

科学:深入探究小暑节气的气候特点,包括气温、湿度、日照等对人体的影响。系统学习常见防暑植物(包括金银花、菊花、甘草等)的成分、功效及作用机制。研究不同凉茶配方的配伍原则。了解凉茶的保存方法和保质期,确保饮用安全。

语文:学习撰写不同类型的宣传文案,包括海报文案、讲解稿、宣传单页文案等。掌握科普性文章的写作结构和表达方式,运用生动形象的语言阐述小暑防暑知识和凉茶功效。积累与小暑、防暑、凉茶相关的诗词、俗语、典故,丰富文案内容。

美术:深入学习海报设计的色彩搭配原则,包括冷暖色调的运用、色彩对比度的控制等。掌握构图技巧,包括对称构图、黄金分割构图等,突出海报的主题。运用图形创意,将小暑元素、防暑知识和凉茶形象巧妙地融合,提升海报的艺术感染力。

数学:学会精确计算凉茶调配中各种材料的比例和用量,根据不同配方和制作量进行换算。掌握成本核算方法,包括材料成本、制作成本、宣传成本等的核算,分析成本构成,优化成本控制。运用统计方法分析社区宣传活动的数据,包括参与人数、反馈满意度等,评估活动效果。

道德与法治:深刻理解社会责任感的内涵,明确在小暑防暑宣传活动中的责任和义务。培养关爱他人健康的意识,学会换位思考,关注社区居民的需求。在活动中践行尊重、友善、奉献等价值观,提升道德修养。

三 驱动性问题/任务设计

(一)应用情境分析

应用情境原型:小暑时节,社区居民面临高温中暑的风险,对防暑知识和防暑饮品的需求增加。社区缺乏系统的防暑宣传和有效的防暑措施。情境类型:实际社区生活情境。

(二)驱动性问题/任务设计

驱动性问题/任务:小暑酷热难耐,社区里很多人可能会中暑。我们如何调配出既美味又有效的防暑凉茶,并通过精彩的宣传活动,把小暑防暑知识和自制凉茶带给社区居民,为他们的健康保驾护航呢?

最终作品:个性化防暑凉茶,根据不同人群的需求,调配出多种口味和功效的凉茶,包装精美,贴上自制标签;系列宣传海报,主题鲜明,风格统一,张贴在社区各个角落;社区宣传活动,在社区内成功组织一场防暑知识宣传和凉茶分享活动。

(三)驱动性问题/任务框架

调研社区防暑需求:关联知识与技能为调查研究方法、沟通技巧。阶段性作品/成果为社区防暑需求调研报告。学习凉茶调配知识:关联知识与技能为科学知识、实验操作技能。阶段性作品/成果为凉茶知识笔记、实验记录。设计凉茶配方:关联知识与技能为科学原理、数学计算。阶段性作品/成果为个性化凉茶配方。制作宣传海报:关联知识与技能为美术设计、语文表达。阶段性作品/成果为海报初稿、定稿。调配凉茶:关联知识与技能为综合实践操作、数学计量。阶段性作品/成果为自制防暑凉茶成品。组织社区宣传活动:关联知识与技能为活动策划、沟通协调。阶段性作品/成果为活动策划方案、宣传资料。开展社区宣传:关联知识与技能为语言表达、团队协作。阶段性作品/成果为宣传活动照片、居民反馈记录。

四 项目目标与评价设计

（一）项目学习目标

A1：了解小暑节气的科学知识和防暑原理。A2：了解常见防暑植物的成分、功效及凉茶配方原理。A3：学习宣传文案的写作方法和技巧。A4：学习海报设计的原则和技巧。A5：学习凉茶调配的数学计算方法和成本核算知识。A6：学习社区宣传活动的组织策划方法。A7：了解社会责任感的内涵和在活动中的体现。B1：独立设计出科学合理的凉茶配方。B2：熟练调配出高质量的防暑凉茶。B3：撰写富有吸引力的宣传文案。B4：设计并制作出优秀的宣传海报。B5：准确计算成本，合理控制预算。B6：成功地在社区开展防暑宣传和凉茶分享活动。B7：在活动中积极践行关爱他人的价值观，增强社会责任感。B8：在团队合作中发挥积极作用，有效沟通协作，共同完成项目任务。

（二）项目评价设计

对于 A1、A2、B1 目标，评价依据是凉茶配方设计方案、实验记录，评价方式是教师评价、小组互评。对于 B2 目标，评价依据是自制防暑凉茶成品、调配过程记录，评价方式是教师评价、学生互评、社区居民评价。对于 A3、B3 目标，评价依据是宣传文案稿件、宣传效果反馈，评价方式是教师评价、小组评价、社区居民评价。对于 A4、B4 目标，评价依据是宣传海报作品、海报展示效果，评价方式是教师评价、学生互评、社区居民评价。对于 A5、B5 目标，评价依据是成本核算报表、预算控制情况，评价方式是教师评价、小组评价。对于 A6、B6 目标，评价依据是活动策划方案、活动执行记录、居民参与度和反馈，评价方式是教师评价、小组互评、社区居民评价。对于 A7、B7 目标，评价依据是活动中的表现记录、自我反思报告，评价方式是教师评价、学生自评。对于 B8 目标，评价依据是团队合作过程记录、小组互评表，评价方式是教师评价、小组互评。

五 项目活动设计

（一）启动阶段（问题情境、项目计划）

1. 创设情境

教师播放一段充满趣味的动画视频，内容是小动物们在小暑炎热天气下的各种避暑趣事，视频中穿插小暑节气的介绍以及人们喝凉茶防暑的场景，接着展示一系列小暑时节高温天气下人们生活的图片,图片中有街头巷尾售卖凉茶的摊位,也有人们汗流浃背的模样。随后,教师绘声绘色地讲述关于小暑和凉茶的传说:很久很久以前,有位仙人在小暑这天看到人间酷热难耐,很多人都生病了,于是用仙草和清水熬制出一种神奇的饮品,人们喝了之后不仅神清气爽,还能抵御暑气,这就是最初的凉茶。教师通过视频、图片和故事,全方位激发学生对小暑防暑和凉茶调配的兴趣,观察学生在课堂上的眼神、表情、是否积极举手提问等表现并记录。对应学习目标是 A1、A2、A7。

2. 制订计划

学生以小组为单位进行讨论,每个小组 5～6 人。教师引导学生围绕项目任务展开交流。教师为学生提供项目任务参考模板,帮助学生梳理思路。在讨论过程中,教师巡视各小组,适时给予指导和建议,引导学生合理分工,确保每个学生都明确自己在项目中的职责。教师从计划书的完整性、任务分配的合理性等方面评价计划书的质量。

(二)探究阶段(活动探究、作品制作)

1. 调研社区防暑需求

教师指导学生设计简单的调查问卷,内容包括社区居民对小暑防暑知识的了解程度、平时的防暑措施、对凉茶的接受程度和喜好口味等。学生分组前往社区,向不同年龄段的居民发放问卷并进行访谈,收集相关信息。回到学校后,各小组对调研数据进行整理和分析,撰写调研报告。从调研报告的数据准确性、分析的合理性等方面,小组之间相互评价,教师进行总结点评。对应学习目标是 A6。

2. 学习凉茶调配知识

教师带领学生前往学校图书馆,指导学生查阅与小暑防暑、凉茶制作相关的图书、资料,了解常见防暑植物的特性、功效以及不同凉茶配方的原理,利用网络搜索工具,筛选权威的科普文章和视频。在课堂上,教师组织学生分享自己收集到的资料,互相交流学习,适时补充讲解,帮助学生深入理解。从资料卡片内容的丰富性、准确性以及资料的相关性等方面,小组之间相互评价。教师检查学生笔记的完整性和对重点知识的标注情况,进行评价。对应学习目标是 A1、A2。

3. 设计凉茶配方

根据前期学习的知识,各小组讨论并设计个性化的凉茶配方。教师提供一些基础的配方示例和科学依据,引导学生考虑不同人群的需求以及小暑时节的气候特点。在设计过程中,学生运用数学知识计算各种材料的比例和用量。从配方的科学性、创新性以及可行性等方面,进行教师评价和小组互评。对应学习目标是 A1、A2、A5、B1。

4. 制作宣传海报

教师为学生开展美术设计技巧讲座,详细讲解海报设计中的色彩搭配原则,介绍构图方法,指导学生如何运用图形和文字来传达小暑防暑和凉茶的信息,让海报更具吸引力。学生根据所学知识,结合小组讨论的结果,设计并制作宣传海报初稿。从海报初稿的色彩协调性、构图合理性以及内容完整性等方面,进行教师评价和学生互评,提出修改意见。对应学习目标是 A4、B4。

5. 调配凉茶

学生按照自己设计的配方,在教师的指导下进行凉茶调配实践。教师强调调配过程中的卫生和安全注意事项。学生分工合作,完成选材、清洗、浸泡、煮制、过滤等环节。调配完成后,各小组品尝自制的凉茶并评价,根据口感和效果对配方进行调整、优化。从凉茶成品的口感、功效以及调配过程的规范性等方面,进行教师评价、学生互评和社区居民试喝评价。对应学习目标是 A2、A5、B2。

(三)展示阶段(成果交流、评价反思)

1. 社区宣传活动

教师组织学生进行社区宣传活动的排练,在语言表达方面给予指导,在肢体动作方面,教导学生如何通过适当的手势和姿态增强表现力。各小组准备好宣传资料,包括宣传海报、宣传单页、自制凉茶等。在社区宣传活动中,学生向居民介绍小暑防暑知识,推荐自制的凉茶,并邀请居民品尝。活动过程中,学生积极与居民互动,解答居民的疑问。根据宣传活动组织的有序性、讲解的流畅性和准确性、与居民的互动效果等方面,进行教师评价、小组互评,同时收集社区居民的反馈意见。对应学习目标是 A3、A6、B3、B6、B7、B8。

2. 评价反思

教师引导学生从知识掌握、团队协作、能力提升等方面进行自我评价和小组评价。教师提供反思报告模板,帮助学生梳理思路。学生撰写反思报告,回顾项目过程中的收获与不足,思考改进方法。教师从反思报告的深度、对自身问题剖析的准确性等方面进行评价。

附录

最终作品评价表

评价维度	评价指标	自评	互评	总评
个性化防暑凉茶	配方科学合理,依据小暑时节人体的需求和成分的特点搭配,经实践验证能有效防暑降温	☆☆☆☆☆	☆☆☆☆☆	☆☆☆☆☆
	口感良好,清甜或清爽宜人,符合大众的口味	☆☆☆☆☆	☆☆☆☆☆	☆☆☆☆☆
	包装设计美观大方,色彩、图案搭配协调,展现小暑特色与凉茶文化;标签信息完整、准确,标注配方、功效、保质期等	☆☆☆☆☆	☆☆☆☆☆	☆☆☆☆☆
系列宣传海报	主题突出,围绕小暑防暑和凉茶的主题,一眼可辨	☆☆☆☆☆	☆☆☆☆☆	☆☆☆☆☆
	色彩搭配协调,选择符合小暑氛围和视觉心理学的色彩,视觉感受舒适、和谐	☆☆☆☆☆	☆☆☆☆☆	☆☆☆☆☆
	构图新颖独特,打破常规,采用创新手法吸引注意力,且元素布局合理	☆☆☆☆☆	☆☆☆☆☆	☆☆☆☆☆
	内容准确、丰富,涵盖小暑的气候特点、防暑注意事项、凉茶功效原理及活动时间、地点等信息,知识正确无误	☆☆☆☆☆	☆☆☆☆☆	☆☆☆☆☆
	具有很强的吸引力和宣传效果,能激发观众的兴趣,使看到海报者产生了解和参与的欲望	☆☆☆☆☆	☆☆☆☆☆	☆☆☆☆☆
社区宣传活动	活动组织有序,活动前策划周全,流程安排紧凑、合理,各环节衔接顺畅	☆☆☆☆☆	☆☆☆☆☆	☆☆☆☆☆
	宣传讲解清晰、流畅,讲解者表达清晰,逻辑连贯,能把复杂知识简单化	☆☆☆☆☆	☆☆☆☆☆	☆☆☆☆☆
	与居民互动良好,积极倾听居民的问题,回应及时,形式多样,包括问答、游戏等	☆☆☆☆☆	☆☆☆☆☆	☆☆☆☆☆
	有效传达小暑防暑知识和凉茶信息,能记住居民反馈的关键内容,获得居民的高度认可和好评,居民满意度高	☆☆☆☆☆	☆☆☆☆☆	☆☆☆☆☆

大暑

葛钊琪

咏廿四气诗·大暑六月中

唐·元稹

大暑三秋近,林钟九夏移。

桂轮开子夜,萤火照空时。

菰果邀儒客,菰蒲长墨池。

绛纱浑卷上,经史待风吹。

大暑
（低年级）

冰雪奇缘：制冰实验与夏日冰雪派对

一 项目基本信息

项目名称为"大暑 冰雪奇缘：制冰实验与夏日冰雪派对"。主学科是综合实践、科学。关联学科是美术、语文、数学。授课年级为小学低年级（一至三年级）。教学单元或知识点：综合实践中的制冰操作与派对组织，科学中物质的三态变化（水与冰的转化），美术的冰雪主题装饰创作，语文的冰雪主题儿歌、故事学习与派对主持表达，数学的制冰材料用量计算和派对物品数量统计。课时安排：课内 5 课时 + 课外 2 课时。项目概要：大暑是夏季最热的节气，此时开展与冰雪相关的活动，能形成强烈反差，激发学生的兴趣。本项目结合"大暑"与"冰雪"，让学生通过制冰实验了解水变冰的科学知识，亲手制作冰雪主题装饰品，组织并参与夏日冰雪派对。课程为期 7 课时，融合多学科知识，旨在提升学生的观察、动手、沟通和团队协作能力，培养学生对科学的探索精神和对艺术的审美情趣。

二 项目内容分析

（一）课标分析

内容要求：综合实践方面，学会使用简单的制冰工具和材料，掌握基本的制冰方法。能够参与策划和组织夏日冰雪派对，完成分配的任务。科学方面，学生要知道水在一定条件下会变成冰，了解水和冰的不同形态特征。能观察并描述制冰过程中发生的现象，初步理解物质状态变化的概念。美术方面，运用绘画、手工等方式创作冰雪主题的装饰品；学习色彩搭配，用冷色调表现冰雪的特点，培养想象力和创造力。语文方面：学习与冰雪相关的儿歌、故事，感受其中的趣味和意境，能够在派对上用简单、流畅的语言进行表达。数学方面，认识制冰材料的计量单位，能进行简单的计算,确定制冰材料的用量,在派对准备过程中,统计物品数量,进行简单的分类和排序。

教学建议:开展实验活动,让学生亲自参与制冰过程,观察水结冰的变化,引导学生思考变化的原因。运用图片、视频等多媒体资源,帮助学生直观地理解物质状态变化的知识。组织小组活动,让学生在合作中完成制冰和派对筹备任务。教师给予现场指导,确保学生安全、正确地使用工具和材料。展示优秀的美术作品,启发学生的创作灵感。鼓励学生大胆尝试不同的材料和表现手法,发挥想象力。通过朗诵、表演等形式,让学生学习和分享冰雪主题的儿歌、故事。创设情境,让学生在实际场景中锻炼语言表达能力。结合制冰和派对筹备的实际任务,引导学生学习数学知识,进行简单的计算和统计,让学生在实践中感受数学的实用性。

学业质量标准:学生能准确说出水变成冰的条件,描述水和冰的外观区别。能够用自己的语言解释制冰过程中观察到的现象。成功制作出冰块,制作过程规范、安全。在派对筹备和参与过程中,积极完成自己的任务,与同伴合作良好。创作出至少一件冰雪主题的美术作品,作品具有一定的创意和美感,色彩搭配协调。熟练背诵至少两首冰雪主题的儿歌,能讲述一个简单的冰雪故事。在派对上能够自信、清晰地表达自己的想法。正确进行制冰材料用量的计算,准确统计派对物品的数量,能进行简单的分类和排序。在小组活动中,积极参与讨论和合作,听从小组安排。

(二)教材分析

纵向分析:小学低年级科学教材引入一些简单的自然现象和物质变化知识,本项目中制冰实验涉及的水与冰的转化,是对物质状态变化的初步探索,为后续学习更复杂的科学知识奠定基础。综合实践课程注重培养学生的生活技能和实践能力,从简单的手工活动到小型活动的组织参与,符合学生能力发展的规律。美术教材逐步引导学生认识色彩、形状,进行创意表达,冰雪主题装饰创作能锻炼学生的艺术表现力。语文教材通过儿歌、故事培养学生的语言感知和表达能力,在派对情境中运用语文知识,能提升学生的语言运用能力。数学教材从基础的数量认识到简单计算,制冰和派对中的数学应用能加深学生对数学知识的理解。

横向分析:科学知识为制冰实验提供理论依据,让学生明白制冰的原理。综合实践活动将各学科知识整合运用,保障制冰和派对活动的顺利开展。美术创作让冰雪派对更具视觉吸引力,营造欢乐的氛围。语文知识用于派对中的交流互动,增强活动的趣味性。数学知识确保制冰材料的合理使用和派对物品的有序管理,各学科相互关联,共同服务于项目目标。

(三)学情分析

先验知识:低年级学生对夏天和冰雪都有一定的生活经验,知道夏天很热,冰雪很冷,也见过冰和水。但对于水变成冰的具体条件和科学原理,他们并不清楚。在语文方面,学生已经学习了一些简单的儿歌和故事,具备一定的语言基础。数学方面,学生对数量和简单计算有初步认识。美术方面,学生能进行简单的涂鸦和手工制作。

技能水平:学生具有一定的观察力,能够观察到水和冰的外观差异,但观察得可能不够细致、全面。学生能进行一些简单的手工操作,但在使用制冰工具和进行精细美术创作时,需要教师指导。学生的语言表达能力有限,描述事物和表达想法可能不够清晰、准确。在团队合作方面,学生开始有合作意识,但还不太会分工协作。

思维特点:学生的思维以形象思维为主,他们对直观、生动、有趣的事物感兴趣。在学习过程中,学生需要借助具体的实物、图片、动画等帮助理解抽象概念。学生思考问题比较简单、直接,难以进行复杂的逻辑推理。

兴趣与价值观:学生对新奇的实验和活动充满热情,喜欢动手操作和参与游戏,具有一定的分享意识,但在活动中可能更关注自己的体验。教师应充分利用学生的兴趣,引导他们积极参与项目活动,培养团队合作精神和分享意识。

(四)核心知识设计

综合实践:掌握使用制冰模具、冰箱等工具和设备的方法。学会调配不同口味的制冰材料。参与夏日冰雪派对的策划,包括场地布置、活动流程设计、道具准备等环节。

科学:探究水变成冰的条件,例如,温度降低到0 ℃及以下。观察水和冰在形态、硬度、触感等方面的不同特征。了解制冰过程中热量的传递原理,即水在低温环境下释放热量,从而凝固成冰。

美术:学习用白色、蓝色等冷色调来表现冰雪。掌握简单的绘画技巧。运用彩纸、棉花、黏土等材料制作冰雪主题的装饰品。

语文:收集并学习与冰雪相关的儿歌、故事,感受其中的童趣和文化内涵。练习在派对场景中进行简单的语言表达。

数学：认识常见的制冰材料计量单位。学会根据制冰模具的大小和数量，计算所需材料的用量。在派对筹备过程中，统计气球、礼物等物品的数量，进行分类和排序。

三 驱动性问题/任务设计

（一）应用情境分析

应用情境原型：大暑时节，天气炎热。孩子们渴望在炎热的夏天感受冰雪带来的凉爽和乐趣。校园或社区内缺乏适合孩子们在大暑时节参与的有趣降温活动。情境类型：校园生活情境与夏日消暑情境相结合。

（二）驱动性问题/任务设计

驱动性问题/任务：大暑到了，天气热得像大火炉！怎么才能在这么热的天里做出冰冰凉凉的冰块，再举办一场有趣的夏日冰雪派对，让大家既凉快又开心呢？

最终作品：创意冰块，制作出各种形状、口味独特的冰块，装在漂亮的容器里；冰雪派对装饰品，创作一系列冰雪主题的装饰品，用于装饰派对场地；一场夏日冰雪派对，在校园或合适场地举办一场充满欢乐的夏日冰雪派对，包括游戏、表演、分享等环节。

（三）驱动性问题/任务框架

了解大暑和冰雪知识：关联知识与技能为科学观察、语文阅读与积累。阶段性作品/成果为知识小卡片。学习制冰方法：关联知识与技能为科学原理、综合实践操作。阶段性作品/成果为制冰实验记录单。制作冰雪派对装饰品：关联知识与技能为美术设计、手工制作。阶段性作品/成果为装饰品半成品、成品。筹备夏日冰雪派对：关联知识与技能为综合实践策划、数学统计与计算。阶段性作品/成果为派对策划方案、物品清单。举办夏日冰雪派对：关联知识与技能为语言表达、团队协作。阶段性作品/成果为派对活动照片、视频记录。

四 项目目标与评价设计

（一）项目学习目标

A1：了解大暑的时间和气候特点。A2：掌握水变成冰的条件和科学原理。A3：学习与冰雪相关的儿歌、故事。A4：掌握简单的制冰材料用量计算方法。A5：掌握美术色彩搭配和手工制作基础知识。A6：了解派对策划和组织的基本流程。B1：准确描述水变成冰的过程和现象。B2：安全、规范地制作出多种创意冰块。B3：创作并展示至少一件有创意的冰雪派对装饰品。B4：在派对筹备中准确统计物品数量并合理分类、排序。B5：在夏日冰雪派对中大胆表达，积极参与互动。B6：在小组合作中积极配合，共同完成项目任务。

（二）项目评价设计

对于 A1、A3、B1 目标，评价依据是知识小卡片、儿歌背诵、故事讲述，评价方式是教师评价、学生互评。对于 A2、B2 目标，评价依据是制冰实验记录单、创意冰块成品，评价方式是教师评价、小组互评。对于 B3 目标，评价依据是冰雪派对装饰品成品、创作过程记录，评价方式是教师评价、学生互评。对于 A4、B4 目标，评价依据是物品清单、统计计算过程记录，评价方式是教师评价、小组评价。对于 A5 目标，评价依据是装饰品的色彩搭配和制作工艺，评价方式是教师评价、学生互评。对于 A6、B6 目标，评价依据是派对策划方案、派对现场表现，评价方式是教师评价、小组互评。对于 B5 目标，评价依据是派对上的语言表达和互动参与情况，评价方式是教师评价、学生互评。

五　项目活动设计

（一）启动阶段（问题情境、项目计划）

1.创设情境

教师播放一段动画视频，视频里的小动物们在大暑这天热得直吐舌头，四处寻找降温的办法。突然，它们发现了一个神奇的冰雪世界，在里面开心地玩耍。播放结束后，教师展示一些美丽的冰雪图片，有晶莹剔透的冰块、造型各异的冰雕，还有小朋友们在冰雪派对上欢笑的场景。接着，教师给学生讲一个有趣的故事：在很久很久以前，有一个神秘的魔法师，在大暑这天施展魔法，让一个炎热的小镇下起了冰雪，大家都变得特别凉快，还一起举办了好玩的冰雪派对。通过这些方式，激发学生对在大暑制作冰块和举办冰雪派对的兴趣。教师观察学生的表现，记录下来进行评价。对应学习目标是 A1、A3。

2.制订计划

教师把学生分组，每个小组 4～5 人，引导小组讨论项目任务，合理分工。

（二）探究阶段（活动探究、作品制作）

1. 制冰实验

教师给每个小组发放制冰模具、水和一些添加物,还有用于标记的小贴纸。教师示范如何制作冰块,然后放入冰箱中冷冻。学生在教师的指导下动手操作,观察水在冷冻过程中的变化,每隔一段时间去看看冰箱里的情况,并用简单的图画和文字记录下来。教师检查学生的观察记录单,进行评价,鼓励记录好的学生分享自己的观察方法。对应学习目标是 A2、B1。

2. 收集冰雪知识资料

教师带着学生到学校图书馆,教他们查找和冰雪、大暑有关的图书,在电脑上展示一些简单安全的科普网站,教他们搜索信息。学生把找到的有趣知识记录在小卡片上。小组之间互相交换资料卡片,看看谁收集的资料更有趣、更准确,大家一起讨论,选出最好的资料卡片。对应学习目标是 A1、A3。

3. 制作装饰品

教师教学生一些简单的美术技巧。学生发挥自己的想象力,制作各种冰雪派对装饰品,可以画自己心中的冰雪世界,也可以用黏土捏出冰雕造型。对应学习目标是 A5、B3。

（三）展示阶段（成果交流、评价反思）

1. 夏日冰雪派对

教师和学生一起布置派对场地,把制作好的装饰品挂起来、摆好。每个小组展示自己制作的冰块,分享制作的过程和添加的独特材料。派对上设置各种有趣的游戏,例如,"运冰块接力赛",学生用勺子运着冰块跑到终点;还有"冰雪知识问答",答对的学生可以得到小礼物。学生在派对上尽情玩耍,分享自己收集的冰雪故事。教师观察学生在派对上的表现,进行评价。学生也可以互相评价,选出最有趣的冰块、最好看的装饰品和最受欢迎的小伙伴。对应学习目标是 A5、B5、B6。

2. 评价反思

派对结束后,教师引导学生说一说在这个项目中学到了什么,制作冰块和装饰品的时候遇到了哪些困难,是怎么解决的。每个小组讨论在小组合作中大家表现得怎么样。最后学生把这些想法画在一张纸上。教师查看学生的反思画,进行评价。

附 录

最终作品评价表

评价维度	评价指标	自评	互评	总评
创意冰块	冰块形状完整,无破损;具有独特口味,口感良好;所选容器合适且外观美观	☆☆☆☆☆	☆☆☆☆☆	☆☆☆☆☆
冰雪派对装饰品	装饰品主题鲜明,能清晰地展现冰雪元素;制作精细,色彩搭配协调,富有美感	☆☆☆☆☆	☆☆☆☆☆	☆☆☆☆☆
成功举办夏日冰雪派对	派对流程安排合理,活动丰富、有趣;现场氛围好,学生积极参与,玩得开心	☆☆☆☆☆	☆☆☆☆☆	☆☆☆☆☆

大暑

（高年级）

冰雪奇缘：制冰实验与夏日冰雪派对

一 项目基本信息

项目名称为"大暑 冰雪奇缘：制冰实验与夏日冰雪派对"。主学科是综合实践、科学。关联学科是语文、美术、数学、物理。授课年级为小学高年级（四至六年级）。教学单元或知识点：综合实践中的制冰实验操作、派对策划与组织,科学中物态变化原理（水结冰的过程及热量变化）、不同制冰方法的科学依据,语文的派对主持稿撰写、活动宣传文案创作,美术的冰雪主题场地装饰设计,数学的制冰材料用量计算、派对成本预算,物理中简单的热传递知识。课时安排：课内 6 课时 + 课外 3 课时。项目概要：大暑时节酷热难耐,与冰雪的寒冷形成鲜明对比。本项目结合"大暑"与"冰雪",让学生通过制冰实验探索科学的奥秘,组织并参与夏日冰雪派对。项目涉及多学科知识,旨在提升学生的科学探究、实践操作、团队协作和创新思维能力,培养学生探索科学知识的兴趣。

二 项目内容分析

（一）课标分析

内容要求：综合实践方面，熟练掌握多种制冰方法，学会使用相关制冰工具和设备；能够独立策划和组织夏日冰雪派对，包括场地布置、活动流程安排、人员分工等。科学方面，理解水结冰的物态变化原理，掌握影响水结冰速度和冰的形态的因素；了解不同制冰方法的科学原理，能够运用所学知识解释制冰过程中的现象。语文方面：撰写富有感染力的派对主持稿和宣传文案，准确传达活动信息，吸引参与者的兴趣；能够运用多种修辞手法和表达方式，提升文案的质量。美术方面，设计并制作具有创意的冰雪主题场地装饰品，运用色彩、造型等元素营造出冰雪氛围；掌握场地装饰的布局和搭配原则，提高审美和艺术表现能力。数学方面，精确计算制冰材料的用量，根据不同制冰配方和需求进行合理调配；进行派对成本预算，包括材料成本、装饰成本、道具成本等的预算，学会控制成本。物理方面，了解热传递的基本概念，明白水结冰过程中的热量变化，即水放出热量凝固成冰；能够用简单的物理知识解释制冰过程中的热现象。

教学建议：开展实验探究活动，让学生亲身体验不同制冰方法，观察并记录实验现象，分析实验结果。运用多媒体资源帮助学生理解物态变化和热传递的原理。组织小组合作学习，共同完成制冰实验和派对策划任务。教师提供实践指导，引导学生解决遇到的问题，培养学生的团队协作能力。进行范文赏析和写作练习，提高学生的文案撰写能力。鼓励学生分享自己的写作思路，互相学习和借鉴。展示优秀的美术作品，引导学生分析其设计思路和技巧。组织学生进行装饰品制作比赛，激发创新思维。结合实际问题，让学生运用数学知识进行计算和分析。引导学生将数学结果与实践相结合，优化制冰和派对策划方案。通过实验演示和生活实例，讲解物理知识，让学生将物理原理与制冰实践相联系，加深理解。

学业质量标准：学生能系统阐述水结冰的科学原理，准确解释不同制冰方法的原理、优点和缺点。能够根据实验结果，分析影响制冰效果的因素。制作出高质量的冰块，掌握多种制冰技巧，制冰过程规范、安全。在派对策划和组织过程中，表现出良好的协调和沟通能力，活动组织有序。撰写的主持稿和宣传文案内容丰富，逻辑清晰，语言生动，具有较强的吸引力和感染力。设计制作的装饰品主题突出，创意新颖，工艺精细，能够有效装饰派对场地。准确进行制冰材料用量和派对成本的计算,合理控制成本,优化资源配置。能够运用数学知识对活动效果进行评估和改进。能用物理知识解释制冰过程中的热传递现象,理解热传递在其中的作用。能够将物理原理应用到实际生活中,解释类似的物态变化现象。在小组活动中积极参与讨论和实践,发挥自己的优势,与小组成员密切配合,共同完成项目任务。能够对项目过程进行反思和总结,提出改进意见。

（二）教材分析

纵向分析:综合实践课程注重培养学生的实践能力和创新精神,从简单的手工制作到复杂的活动策划,符合学生能力发展的规律。小学科学教材从低年级的简单自然现象观察到高年级对科学原理的探究,逐步深入。本项目中的物态变化知识是对之前自然科学知识的深化,为初中物理学习奠定基础。语文教材不断提升学生的语言表达和文学创作能力,文案撰写是对学生语文综合素养的锻炼。美术教材培养学生的审美和艺术创作能力,冰雪主题装饰设计能提升学生的创意和动手能力。数学教材中的计算和统计知识在本项目中得到实际应用,强化了知识的实用性。物理知识的引入,拓展了学生对科学原理的理解,为后续学习搭建桥梁。

横向分析:综合实践活动将各学科知识整合运用,保障项目的顺利实施。科学知识为制冰实验提供理论基础,决定了制冰方法的选择和实验的科学性。语文和美术知识用于派对的宣传和装饰,增强活动的吸引力。数学知识确保制冰材料的合理使用和派对成本的有效控制。物理知识解释制冰过程中的热现象,使学生对制冰原理有更深入的理解。各学科相互渗透、相互促进,共同服务于项目目标。

（三）学情分析

先验知识:高年级学生掌握了一定的科学、语文、数学、美术和物理知识。在科学方面,他们了解一些基本的自然现象和科学概念;语文方面,具备一定的写作和阅读能力;数学方面,能够进行较为复杂的计算和数据分析;美术方面,掌握了基本的绘画和设计技巧;物理方面,对简单的物理现象有一定的认识。但对于物态变化的深入理解、大型活动的策划组织以及多学科知识的融合运用,他们还需要进一步学习和实践。

技能水平:学生具备一定的自主学习和探究能力,能够通过查阅资料获取信息。在实践操作方面,学生有一定的动手能力,但在使用专业制冰设备和进行精细装饰品制作时,还需要指导。学生撰写专业文案和主持活动的能力还需要提高。学生团队协作能力逐渐增强,但在分工协作和解决团队矛盾方面,还需要锻炼。

思维特点:学生正处于从形象思维向抽象思维过渡的关键阶段,能够理解一些抽象概念,但对于复杂的科学原理和活动策划,还需要借助具体实例进行理解。在解决问题时,学生开始尝试运用逻辑思维,但思维的严谨性和全面性有待提高。

兴趣与价值观:学生对新奇的实验和活动充满兴趣,愿意参与制冰实验和夏日冰雪派对的策划与组织。学生具有一定的团队合作意识和创新精神,但在面对困难和挑战时,可能会出现退缩情绪。在价值观方面,学生认同团队合作和创新的重要性,但在实际行动中,可能缺乏主动性和持久性。教师应充分激发学生的兴趣,引导学生克服困难,提升综合素养。

(四)核心知识设计

综合实践:熟练掌握各种制冰工具和设备的使用方法。学会根据不同的需求和创意,设计独特的制冰方案,制作出各种形状、颜色、口味的冰块。能够独立完成夏日冰雪派对的策划,包括场地选择、活动流程设计、人员分工安排、安全保障措施等。

科学:深入探究水结冰的物态变化过程,包括水分子的运动变化、热量的传递方向和速度。研究影响水结冰速度的因素,包括温度、湿度、水中杂质等。了解不同制冰方法(包括冷冻、加盐制冰、干冰制冰等)的原理和适用场景,掌握制冰过程中的科学实验方法和数据记录分析方法。

语文:学习撰写不同类型的文案,包括派对宣传海报文案、主持稿、活动总结报告等。掌握文案撰写的结构和技巧,运用生动形象的语言、丰富的修辞手法和独特的创意,吸引读者和参与者的注意力。积累与冰雪、夏日相关的诗词、俗语、故事,丰富文案的文化内涵。

美术:深入学习色彩搭配原理,运用冷色调营造冰雪氛围,同时搭配适当的暖色调以增加视觉冲击力。掌握空间布局和造型设计技巧,根据派对场地的特点,设计出富有创意的装饰品,包括大型冰雕造型、悬挂式雪花装饰等。学习使用各种美术材料进行创作,提高手工制作能力。

数学:精确计算制冰材料的用量,根据不同的制冰配方和模具大小,运用比例、体积、质量等数学知识进行计算。掌握派对成本预算的方法,包括直接成本(材料、道具、装饰)和间接成本(场地租赁、设备使用)的计算。运用数据分析方法,对派对的参与人数、满意度、成本效益等进行评估和分析,为活动改进提供依据。

物理：理解热传递的基本原理，包括热传导、热对流和热辐射在制冰过程中的作用。掌握水结冰过程中的热量变化规律，能够用物理公式解释热量的传递和变化。了解不同物质的比热容对制冰效果的影响，以及在实际制冰过程中的应用。

三 驱动性问题/任务设计

（一）应用情境分析

应用情境原型：大暑到了，学校或社区缺乏有趣的消暑活动，学生和社区居民渴望在炎热的天气中体验冰雪带来的清凉和乐趣。学生对科学实验和团队活动充满热情，但缺乏合适的实践机会。情境类型：校园活动情境与社区生活情境相结合。

（二）驱动性问题/任务设计

驱动性问题/任务：大暑热得让人受不了了！我们怎么利用科学知识，制作出各种各样奇妙的冰块，再举办一场夏日冰雪派对，给大家带来清凉和欢乐呢？

最终作品：创意冰雕作品和特色冰块，制作出至少一件大型创意冰雕作品，以及多种形状、口味独特的特色冰块，用于派对展示和互动；冰雪派对活动策划方案，设计并成功执行一份完整的夏日冰雪派对活动策划方案，包括场地布置、活动流程、人员分工等；宣传资料和活动总结，制作精美的派对宣传海报、宣传视频等资料，吸引更多人参与，活动结束后，撰写详细的活动总结报告，总结经验教训。

（三）驱动性问题/任务框架

研究制冰方法和科学原理：关联知识与技能为科学实验、物理知识。阶段性作品/成果为制冰实验报告。设计冰雕和冰块创意：关联知识与技能为美术设计、创新思维。阶段性作品/成果为冰雕和冰块设计图纸。撰写宣传资料和主持稿：关联知识与技能为语文写作、语言表达。阶段性作品/成果为宣传海报文案、主持稿初稿。计算制冰材料用量和派对成本：关联知识与技能为数学计算、成本预算。阶段性作品/成果为材料用量清单、成本预算报表。制作冰雕和特色冰块：关联知识与技能为综合实践操作、科学实验。阶段性作品/成果为冰雕半成品、成品，特色冰块。策划和组织夏日冰雪派对：关联知识与技能为综合实践策划、团队协作。阶段性作品/成果为派对策划方案、活动执行记录。宣传推广派对活动：关联知识与技能为宣传技巧、沟通能力。阶段性作品/成果为宣传海报、宣传视频。举办夏日冰雪派对并总结：关联知识与技能为活动组织、反思总结。阶段性作品/成果为活动照片、视频，活动总结报告。

四 项目目标与评价设计

(一)项目学习目标

A1:掌握水结冰的物态变化原理和热传递知识。A2:掌握不同制冰方法的科学依据和适用场景。A3:掌握文案撰写的方法和技巧,以及与冰雪相关的文化知识。A4:掌握美术设计的基本原理和冰雪主题装饰技巧。A5:掌握制冰材料用量计算和派对成本预算方法。A6:了解大型活动策划和组织的流程与要点。B1:独立设计并完成多种制冰实验,记录和分析实验数据。B2:制作出高质量的创意冰雕作品和特色冰块。B3:撰写富有吸引力的宣传资料和主持稿。B4:设计并制作出美观且富有创意的冰雪主题装饰品。B5:准确计算材料用量和成本,合理控制预算。B6:成功策划并组织一场有序、有趣的夏日冰雪派对。B7:在团队合作中发挥积极作用,有效沟通协作,解决团队问题。B8:对项目过程进行全面反思和总结,提出有价值的改进建议。

(二)项目评价设计

对于 A1、A2、B1 目标,评价依据是制冰实验报告、实验操作表现,评价方式是教师评价、小组互评。对于 A2、B2 目标,评价依据是创意冰雕作品、特色冰块成品、制作过程记录,评价方式是教师评价、学生互评、观众投票(派对现场)。对于 A3、B3 目标,评价依据是宣传海报文案、主持稿、宣传效果反馈,评价方式是教师评价、小组评价、公众评价(线上投票、线下反馈)。对于 A4、B4 目标,评价依据是冰雪主题装饰品成品、设计图纸、制作过程记录,评价方式是教师评价、学生互评。对于 A5、B5 目标,评价依据是材料用量清单、成本预算报表、预算控制情况,评价方式是教师评价、小组评价。对于 A6、B6 目标,评价依据是派对策划方案、活动执行记录、参与者满意度调查,评价方式是教师评价、小组互评、参与者评价。对于 B7 目标,评价依据是团队合作过程记录、小组互评表、团队问题解决记录,评价方式是教师评价、小组互评。对于 B8 目标,评价依据是活动总结报告、项目反思会议记录,评价方式是教师评价、小组评价。

五 项目活动设计

（一）启动阶段（问题情境、项目计划）

1. 创设情境

教师播放一段充满奇幻色彩的动画视频，视频中，在大暑酷热的沙漠里，突然出现了一座美轮美奂的冰雪城堡。城堡里的小动物们在冰雪世界中快乐地玩耍，吃着各种造型可爱的冰块。播放结束后，教师展示一系列精美的冰雪艺术图片，有晶莹剔透的冰雕、绚丽多彩的冰灯，还有人们在冰雪派对上欢笑的场景。接着，教师绘声绘色地讲述一个传说：在很久很久以前，大暑这天，天上的神仙为了给人间降温，洒下了神奇的冰雪种子，这些种子落地就变成了冰雪，人们还用这些冰雪举办了盛大的派对。从此，每年大暑，大家都期待着冰雪带来的清凉。通过视频、图片和故事，全方位激发学生对在大暑制作冰块和举办冰雪派对的兴趣。教师观察学生在课堂上的表现并记录。对应评价目标是 A1、A3。

2. 制订计划

教师组织学生以小组为单位进行讨论，每组 6～8 人，引导学生围绕项目任务展开交流，规划夏日冰雪派对的独特主题，商讨派对的活动流程，设计有趣的互动环节。教师为学生提供项目任务参考模板，帮助学生梳理思路。在讨论过程中，教师巡视各小组，适时给予指导和建议，引导学生合理分工。教师从计划书的完整性、任务分配的合理性等方面评价计划书的质量。

（二）探究阶段（活动探究、作品制作）

1. 探索制冰方法

教师介绍常见的制冰方法，引入一些创新的制冰思路，给每个小组发放实验材料，包括水、盐、干冰（在教师的指导下安全使用）、食用色素、各种形状的制冰模具等。学生分组进行制冰实验，记录不同制冰方法所需的时间、冰块的成型效果、外观特点等数据。实验过程中，教师巡回指导，提醒学生注意安全。从实验报告数据的准确性、分析的合理性以及实验操作的规范性等方面，小组之间相互评价，教师进行总结点评。对应评价目标是 A1、A2、B1。

2. 设计派对装饰

教师开展美术设计讲座，讲解色彩搭配原理，介绍空间布局技巧，根据派对场地的形状和大小，合理安排装饰品的位置。教师展示优秀的冰雪主题装饰案例，启发学生的创意。学生以小组为单位,根据派对主题设计装饰方案,绘制设计图纸,包括大型冰雕的摆放位置、悬挂雪花的造型和分布等。从设计图纸的创意性、合理性以及色彩搭配的协调性等方面,进行教师评价和学生互评,提出修改意见。对应评价目标是 A4、B4。

3. 创作宣传资料

教师引导学生分析优秀的宣传文案和视频,讲解宣传资料的撰写要点。学生分组撰写夏日冰雪派对的宣传海报文案和宣传视频脚本,融入有趣的元素,例如,加入"在炎炎夏日,体验冰雪王国的奇妙之旅"。从文案和脚本的吸引力、信息传达的准确性以及创意性等方面,进行教师评价和小组互评,完善宣传资料。对应评价目标是 A3、B3。

4. 成本预算与材料准备

教师讲解成本预算的方法,指导学生计算购买制冰材料、派对装饰材料、道具以及租赁场地等方面的费用。学生根据项目计划,列出详细的材料清单,计算各项成本,制定预算表,按照清单准备所需材料。从成本预算表的准确性、合理性以及材料清单的完整性等方面,进行教师评价和小组互评。对应评价目标是 A5、B5。

(三)展示阶段(成果交流、评价反思)

1. 举办夏日冰雪派对

各小组按照计划布置派对场地,将制作好的冰雕、装饰品摆放到位,营造出梦幻的冰雪氛围。派对当天,主持人按照撰写的主持稿进行活动主持。活动包含冰雕展示、特色冰块品尝、冰雪知识问答、冰上趣味游戏等环节。学生积极参与活动组织和互动,引导参与者体验冰雪乐趣。根据派对组织的有序性、活动的趣味性、宣传资料的效果以及团队协作情况等方面,进行教师评价、小组互评并收集参与者的反馈意见。对应评价目标是 A3、A6、B3、B6、B7。

2. 评价反思

派对结束后,教师引导学生从知识掌握、团队协作、能力提升等方面进行自我评价和小组评价。教师提供反思报告模板,帮助学生梳理思路。学生撰写反思报告,回顾项目过程中的收获与不足,思考改进方法。教师从反思报告的深度、对自身问题剖析的准确性等方面进行评价。

附 录

最终作品评价表

评价维度	评价指标	自评	互评	总评
创意冰块	冰块形状完整,无破损;具有独特的口味,口感良好;所选容器合适且外观美观	☆☆☆☆☆	☆☆☆☆☆	☆☆☆☆☆
冰雪派对装饰品	装饰品主题鲜明,能清晰地展现冰雪元素;制作精细,色彩搭配协调,富有美感	☆☆☆☆☆	☆☆☆☆☆	☆☆☆☆☆
成功举办夏日冰雪派对	派对流程安排合理,活动丰富、有趣;现场氛围好,学生积极参与,玩得开心	☆☆☆☆☆	☆☆☆☆☆	☆☆☆☆☆

秋之篇

秋词

唐 刘禹锡

自古逢秋悲寂寥，我言秋日胜春朝。

晴空一鹤排云上，便引诗情到碧霄。

立秋
（低年级）

树叶密语：叶脉书签与自然拼贴画

一 项目基本信息

项目名称为"立秋 树叶密语：叶脉书签与自然拼贴画"。主学科是综合实践、美术。关联学科是语文、科学。授课年级为小学低年级（一至三年级）。教学单元或知识点：认识立秋节气，观察立秋时节树叶的特征，学习简单的树叶手工制作，感受自然与节气的联系。课时安排：课内 2 课时＋课外 1 课时。项目概要：本项目以立秋树叶为素材，开展制作叶脉书签与自然拼贴画活动，融合多学科知识，旨在培养学生观察、动手和简单的跨学科知识运用能力，激发学生对自然和传统文化的喜爱。

二 项目内容分析

（一）课标分析

内容要求：综合实践方面，初步体验简单的实践活动，学会简单地收集信息，在活动中培养基本的动手能力和团队合作意识。美术方面，认识简单的色彩和形状，尝试用常见材料进行简单的美术创作，感受美术活动的乐趣。语文方面，能用简单的语言描述观察到的树叶和立秋的现象，积累相关词语。科学方面，观察并发现立秋时节树叶在颜色、形状上的一些明显变化。

教学建议：带领学生到校园或公园进行简单的户外观察，引导学生用看、摸等方式感受立秋的树叶。组织小组简单交流观察感受。利用图片、视频展示树叶手工的制作过程及有趣作品，让学生直观地学习。教师进行现场示范，鼓励学生在制作过程中用简单的词语描述树叶，在作品完成后用几句话讲述自己的创作想法。

学业质量标准：学生能完成简单的叶脉书签和自然拼贴画，画面有一定的主题和内容。能用简单、清晰的语言说出立秋树叶的特点和自己制作作品时的想法，初步感受立秋节气。在小组活动中能和小伙伴一起分享树叶,互相帮助完成作品,培养初步的团队协作能力。

(二)教材分析

纵向分析:小学低年级课程注重基础认知和简单技能的培养。本项目基于学生已有的对自然和手工的初步感知,引导学生进一步观察立秋的树叶,尝试简单的手工创作,为后续更深入的学习和实践活动打基础。

横向分析:综合实践、美术、语文、科学在本项目中相互关联。美术提供创作的方法和美感体验;语文助力学生表达观察和创作感受;科学为手工创作提供关于树叶变化的知识;综合实践整合各项活动,促进学生全面发展。

(三)学情分析

先验知识:小学低年级学生对自然现象有一定的感性认识,知道一些常见的树叶,但对立秋节气和树叶在这个时节的变化了解很少,手工制作经验也较少。

技能水平:学生具备初步的观察能力和简单的动手能力,但在精细操作和复杂手工制作方面存在不足,几乎没有资料收集和整理能力。

思维特点:学生的思维以形象思维为主,学生对直观、有趣的事物充满兴趣,理解抽象概念较困难,需要通过具体的事物和活动来学习。

兴趣爱好:学生喜欢大自然和有趣的手工活动,但注意力容易分散,遇到困难时容易放弃。

价值观:学生对新鲜事物有好奇心,但对立秋节气所蕴含的文化价值没有概念。本项目中学生容易对活动形式感兴趣,但在细致观察和耐心地进行手工制作方面需要教师引导。

(四)核心知识设计

综合实践:学会简单收集立秋的树叶,初步掌握叶脉书签和自然拼贴画的制作步骤,培养初步的实践动手能力和团队合作意识。

美术:认识常见树叶的形状和颜色,学习简单的色彩搭配和构图,运用树叶进行简单的美术创作,提高对美的感受力。

语文:积累与立秋、树叶相关的简单词语,能用简单的语言描述树叶和自己的作品。

科学:观察并了解立秋时节树叶的颜色、形状变化的现象。

三 驱动性问题/任务设计

（一）应用情境分析

应用情境原型：校园内或家附近公园中立秋时节树叶发生变化。情境类型：现实情境。

（二）驱动性问题/任务设计

驱动性问题/任务：立秋到了，我们身边的树叶都变了样。怎么用这些有趣的树叶做出既漂亮又好玩的作品，和小伙伴们分享立秋的快乐呢？

最终作品：一枚叶脉书签，色彩鲜艳，有简单图案；一幅自然拼贴画，主题明确。

（三）驱动性问题/任务框架

寻找立秋的树叶：关联知识与技能为观察能力、简单的植物知识。阶段性作品/成果为收集到的不同形状、颜色的立秋树叶。观察立秋树叶的样子：关联知识与技能为观察能力。阶段性作品/成果为简单的树叶观察记录（用画或简单文字记录）。学习叶脉书签的制作方法：关联知识与技能为美术技巧。阶段性作品/成果为叶脉书签。创作自然拼贴画：关联知识与技能为美术造型能力、想象力。阶段性作品/成果为自然拼贴画草图、完成的自然拼贴画。

四 项目目标与评价设计

（一）项目学习目标

A1：知道立秋是一个节气，了解立秋时树叶会有变化。A2：认识一些立秋时树叶的形状和颜色特点。A3：了解叶脉书签和自然拼贴画的制作方法。B1：完成简单的叶脉书签和自然拼贴画。B2：用简单的词语或句子描述立秋的树叶和自己的作品。B3：在小组活动中分享树叶，互相帮助完成作品。

（二）项目评价设计

对于 A1、B2 目标，评价依据是学生的课堂发言、简单的观察记录，评价方式是教师评价、小组互评。对于 A2 目标，评价依据是收集的树叶、课堂观察回答，评价方式是教师评价、学生互评。对于 B1 目标，评价依据是叶脉书签和自然拼贴画成品，评价方式是教师评价、学生互评。对于 B3 目标，评价依据是小组合作过程中的表现，评价方式是教师评价、小组互评。

五 项目活动设计

（一）启动阶段（问题情境、项目计划）

1.创设情境

教师播放动画版立秋树叶飘落视频，视频中融入可爱的卡通小动物形象，增加趣味性，展示用树叶制作的创意手工艺品图片，讲述关于立秋和树叶的童话。教师观察学生在课堂上的兴奋程度、主动提问和讨论的积极性，记录并评价。对应评价目标是 A1、A2。

2.制订计划

教师引导学生围坐成小组，以轻松的"头脑风暴"形式讨论项目任务。教师展示一些简单有趣的叶脉书签和自然拼贴画示例，启发学生思考制作步骤。鼓励学生根据自己的喜好，自主选择所负责的任务。教师从计划书的内容完整性、任务分配的合理性方面进行评价。对应评价目标是 A3。

（二）探究阶段（活动探究、作品制作）

1.采集树叶

教师带领学生在校园花园的安全区域采集树叶，开展"树叶大寻宝"游戏，设置不同形状、颜色树叶的"寻宝"任务。在采集过程中，教师用简单易懂的语言介绍常见树种树叶的特点，并强调采集安全事项。依据采集树叶的种类丰富程度、标本粘贴和标注的规范性，进行小组互评。对应评价目标是 B1、B2。

2.探究叶脉书签的制作

教师以故事的形式讲解叶脉书签的制作原理，用儿童安全版工具演示制作过程，将树叶放在温水中煮，用软毛牙刷轻轻去除叶肉，用彩色墨水染色，最后用绳子系好晾晒。学生分组操作，教师巡回指导。从书签的叶脉完整度、颜色美观度、装饰图案创意等方面，进行教师评价和学生互评。对应评价目标是 B1、B2。

3.创作自然拼贴画

教师引导学生将采集的树叶想象成各种角色，教授简单的拼贴画构图方法，指导学生用胶棒将树叶拼贴在卡纸上，鼓励学生添加一些彩笔画作为装饰。从拼贴画的创意新颖性、画面色彩协调性、主题表达清晰度等方面，进行教师评价和学生互评。对应评价目标是 B1、B2。

（三）展示阶段（成果交流、评价反思）

1. 作品展示与分享

教师和学生一起布置温馨的展示区，用彩色丝带和气球装饰展示台。学生分组上台，拿着自己的作品，用生动的语言讲述创作灵感。根据讲解的生动性、内容的趣味性、作品的展示效果等，进行教师评价和学生互评。对应评价目标是 B2、B3。

2. 评价反思

教师引导学生用简单的表情贴纸在评价量表上对自己和小组在知识技能、团队合作、创意等方面进行评价。组织学生围坐成圈，分享活动中的开心事和遇到的困难，一起讨论改进办法。

附 录

最终作品评价表

评价维度	评价指标	自评	互评	总评
叶脉书签	叶脉完整、清晰，能看出树叶的形状，色彩搭配协调，有简单图案	☆☆☆☆☆	☆☆☆☆☆	☆☆☆☆☆
自然拼贴画	主题清晰（包括小动物、小场景等），树叶粘贴牢固，画面布局合理	☆☆☆☆☆	☆☆☆☆☆	☆☆☆☆☆

立秋

（高年级）

树叶密语：叶脉书签与自然拼贴画

一 项目基本信息

项目名称为"立秋 树叶密语：叶脉书签与自然拼贴画"。主学科是综合实践、美术。关联学科是语文、科学。授课年级为小学高年级（四至六年级）。教学单元或知识点：了解立秋节气的特点，学习叶脉书签的制作工艺，掌握自然拼贴画的创作技巧，探索树叶在立秋时节的变化及在艺术创作中的应用。课时安排：课内 3 课时＋课外 1 课时。项目概要：本项目以立秋时节的树叶为素材，开展叶脉书签制作和自然拼贴画创作活动，涉及多学科知识，旨在培养学生观察、动手、创新及跨学科知识运用能力，激发学生对自然和传统文化的热爱。

二 项目内容分析

（一）课标分析

内容要求：综合实践方面，学生应具备设计和实施简单实践活动的能力，学会收集、整理和分析信息，在实践中培养解决问题和团队协作能力。美术方面，掌握基本的手工制作技巧，运用不同材料进行创意美术创作，提高审美能力和艺术表现力。语文方面，通过阅读和写作，表达对自然现象和节气文化的理解与感受，积累相关的优美词句。科学方面，了解季节变化对植物的影响，探究树叶在立秋时节的变化及生态意义。

教学建议：组织学生进行户外观察，收集立秋的树叶，引导学生观察树叶的形态、颜色变化。开展小组合作，交流各自的发现。运用多媒体展示叶脉书签和自然拼贴画的制作过程及优秀作品，给予学生直观的学习体验。邀请专业人士或有经验的学生进行示范讲解。鼓励学生在创作过程中融入语文知识，为作品撰写介绍文案，同时结合科学知识，解释树叶变化的原理。

学业质量标准：学生能制作出工艺精细、设计独特的叶脉书签，创作出主题明确、富有创意的自然拼贴画。学生能用清晰、生动的语言描述立秋树叶的特点，阐述制作过程中的思考与创意，将艺术创作与节气文化、科学知识相融合。学生在小组活动中积极参与讨论，分享创意，与小组成员协作完成任务，提升团队协作能力。

（二）教材分析

纵向分析：低年级学生对手工制作有初步体验，接触简单的自然知识和艺术技巧。本项目在高年级开展，要求学生综合运用之前所学，对与立秋节气和树叶相关的知识进行深入探究，提高手工制作技能，为今后学习更复杂的综合实践内容和艺术创作奠定基础。

横向分析：综合实践、美术、语文、科学在本项目中紧密关联。美术为手工创作提供技巧和审美指导;语文帮助学生表达创作感受和文化内涵;科学解释树叶变化原理,为创作提供素材和依据。综合实践整合各项活动,助力学生全面发展。

(三)学情分析

先验知识:小学高年级学生已掌握一定的手工制作基础和自然知识,了解部分节气常识,但对立秋时节树叶的特殊变化及在艺术创作中的应用了解有限。

技能水平:学生具备一定的观察、动手能力和资料收集能力,但复杂手工制作技巧和跨学科知识融合运用能力有待提高。

思维特点:学生处于从形象思维向抽象思维过渡阶段,对直观的树叶变化和手工制作感兴趣,但理解立秋节气背后的科学原理和文化意义存在一定难度。

兴趣爱好:学生对自然和艺术创作充满好奇,立秋时树叶的变化能激发其探究欲望,但面对烦琐的制作步骤和理论知识,他们可能会出现畏难情绪。

价值观:学生有一定的文化认同感,但对节气文化价值的理解不够深入。本项目中,难点在于跨学科知识融合和复杂手工制作,关键在于教师引导激发兴趣,提升综合能力。

(四)核心知识设计

综合实践:掌握叶脉书签和自然拼贴画的制作流程与方法,学会团队协作和解决问题,培养实践创新能力。

美术:学习色彩搭配、构图设计等美术知识,运用不同树叶的形状、颜色进行艺术创作,提升审美和艺术表现能力。

语文:积累与立秋相关的诗词、散文,学习用优美的语言描述树叶的变化和创作感受,提升语言表达能力。

科学:了解立秋时节树叶在光照、温度、水分等因素的影响下发生的变化。

三 驱动性问题/任务设计

(一)应用情境分析

应用情境原型:校园内或公园中立秋时节的树叶变化。情境类型:现实情境。

(二)驱动性问题/任务设计

驱动性问题/任务:立秋到了,校园和公园里的树叶发生了奇妙的变化,我们如何利用这些树叶制作出既精美又能体现立秋特色的叶脉书签和自然拼贴画,向同学展示立秋的独特魅力呢？

最终作品：制作出至少2枚叶脉清晰、造型美观、带有立秋元素装饰的叶脉书签。创作一幅以立秋为主题，画面内容丰富、色彩协调、具有创意的自然拼贴画。

（三）驱动性问题/任务框架

观察立秋树叶的变化：关联知识与技能为科学观察方法、植物知识。阶段性作品/成果为观察记录册（记录树叶颜色、形状、质地等变化）。收集与立秋相关的资料（诗词、习俗等）：关联知识与技能为语文阅读与资料收集。阶段性作品/成果为资料卡片。学习叶脉书签制作方法：关联知识与技能为手工制作技能、化学知识（了解腐蚀原理）。阶段性作品/成果为叶脉书签半成品。设计并创作自然拼贴画：关联知识与技能为美术构图、色彩搭配知识。阶段性作品/成果为自然拼贴画草图、完成的拼贴画。

四 项目目标与评价设计

（一）项目学习目标

A1：知道立秋的时间、气候特点及相关习俗。A2：了解立秋时树叶变化的科学原理。A3：掌握叶脉书签和自然拼贴画的制作技巧。B1：熟练制作出符合标准的叶脉书签和自然拼贴画。B2：用生动的语言介绍作品，阐述立秋的文化内涵。B3：在小组合作中积极贡献创意，有效沟通协作。

（二）项目评价设计

对于A1、B2目标，评价依据是资料卡片、作品介绍文案，评价方式是教师评价、小组评价。对于A2目标，评价依据是观察记录册、课堂讨论发言，评价方式是教师评价、学生互评。对于A3、B1目标，评价依据是叶脉书签、自然拼贴画成品，评价方式是教师评价、学生互评。对于B3目标，评价依据是小组合作表现、团队任务完成情况，评价方式是教师评价、小组互评。

五 项目活动设计

（一）启动阶段（问题情境、项目计划）

1.创设情境

教师播放立秋时节树叶纷纷飘落的视频，展示色彩斑斓的秋叶图片，讲述与立秋、树叶有关的传说,激发学生对秋天树叶的兴趣。教师观察学生在课堂上的专注度、提问的主动性等表现,记录并评价。对应评价目标是 A1、A2。

2. 制订计划

教师组织学生分组讨论项目任务,确定叶脉书签制作的步骤、自然拼贴画的主题和创意,引导学生根据特长合理分工。教师从计划书的完整性、任务分配的合理性以及创意的独特性等方面来评价。对应评价目标是 A3。

(二)探究阶段(活动探究、作品制作)

1. 采集树叶

教师指导学生在校园或公园安全区域采集不同形状、颜色、纹理的树叶,讲解如何识别不同树种的树叶,以及采集时的注意事项。依据采集树叶的种类丰富程度、标本制作的规范性,进行小组互评。对应评价目标是 B1。

2. 探究叶脉书签的制作

教师讲解叶脉书签的制作原理,演示制作过程,包括煮树叶、去除叶肉、漂白、染色、晾晒定型等步骤。教师指导学生实际操作,提醒学生注意安全。从书签的叶脉完整性、颜色美观度、制作工艺精细度等方面,进行教师评价和学生互评。对应评价目标是 A3、B1、B3。

3. 创作自然拼贴画

教师引导学生观察采集的树叶,启发创意,教授拼贴画的构图技巧,指导学生使用胶水或胶棒进行拼贴创作。从拼贴画的创意新颖性、画面协调性、主题表达清晰度等方面,进行教师评价和学生互评。对应评价目标是 A3、B1、B3。

(三)展示阶段(成果交流、评价反思)

1. 作品展示与分享

教师组织学生布置展示区,将叶脉书签和自然拼贴画分类展示。学生轮流讲解自己作品的创作思路、运用的技巧以及与立秋树叶的联系。根据讲解的流畅性、内容的丰富性、作品的展示效果等,进行教师评价和学生互评。对应评价目标是 A3、B2、B3。

2. 评价反思

教师引导学生从知识与技能的掌握、团队协作、创意发挥等方面进行自我评价和小组评价,填写评价量表。教师组织学生讨论活动中的收获与不足,提出改进建

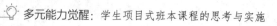

议。教师从评价量表填写的客观性、反思报告的深度和改进建议的可行性等方面进行评价。

最终作品评价表

评价维度	评价指标	自评	互评	总评
叶脉书签	叶脉完整、清晰,无破损;装饰与立秋主题相关,例如,用彩笔绘制立秋景物,贴上立秋诗词小标签;整体造型精致,便于使用和欣赏	☆☆☆☆☆	☆☆☆☆☆	☆☆☆☆☆
自然拼贴画	主题明确为立秋,画面包含立秋的典型景物;色彩搭配和谐,构图合理,富有美感;拼贴技巧熟练,树叶粘贴牢固、平整	☆☆☆☆☆	☆☆☆☆☆	☆☆☆☆☆

处暑后风雨

元 仇远

疾风驱急雨，残暑扫除空。

因识炎凉态，都来顷刻中。

纸窗嫌有隙，纨扇笑无功。

儿读秋声赋，令人忆醉翁。

处暑
（低年级）

能量侦探：太阳能小车趣味探索

一 项目基本信息

项目名称为"处暑 能量侦探：太阳能小车趣味探索"。主学科是科学。关联学科是物理、美术、语文。授课年级为小学低年级（一至三年级）。教学单元或知识点：科学中对太阳能的初步认知、物体运动现象，物理中简单的力学感知，美术中简单图形的绘画、色彩搭配，语文中处暑节气的简单常识。课时安排：课内 3 课时 + 课外 2 课时。项目概要：处暑时节太阳能充足，具有丰富的探索价值。本项目通过简单有趣的太阳能小车制作和相关拓展活动，引导低年级学生初步感受太阳能的神奇，了解处暑节气的特点，融合多学科知识，激发学生的好奇心、探索欲，提升学生的动手能力和对不同学科知识的认知水平。

二 项目内容分析

（一）课标分析

内容要求：科学方面，对太阳能有初步认识，观察物体在太阳能作用下的运动现象，能简单描述观察结果；了解一些基本的实验安全注意事项。物理方面，感知生活中常见的力对物体运动的影响，知道物体的运动状态可以改变。美术方面，能用简单图形和色彩，为太阳能小车进行装饰设计。语文方面，知道处暑节气的名称，了解一些与处暑相关的简单天气变化和生活现象，能诵读简单的与处暑相关的儿歌。

教学建议：采用直观教学法，通过播放动画、展示图片等方式，让学生了解太阳能和处暑节气的知识。组织小组合作制作太阳能小车，培养合作意识。开展趣味实验活动，例如，让学生用简单的工具推动小车，感受力与运动的关系，增强学习兴趣。鼓励学生大胆想象，对太阳能小车进行创意装饰。将语文知识融入活动，例如，在制作过程中朗诵与处暑相关的儿歌,引导学生用简单的语言描述制作过程和小车的特点。

学业质量标准:学生能说出太阳能可以让小车动起来,描述处暑节气的一些简单特征;能够和小组同学合作完成太阳能小车的简单制作,为小车装饰上简单的图形和色彩;能用简单的话语介绍自己制作的太阳能小车,分享在活动中的感受。

(二)教材分析

纵向分析:小学低年级是知识启蒙阶段,在科学、物理方面主要以直观感知为主。通过本次项目,学生对太阳能和力学有初步体验,为后续学习更深入的知识打下基础。在语文和美术方面,锻炼基础表达和创作能力,与后续课程逐步衔接,提升综合素养。

横向分析:科学、物理、美术、语文在本项目中相互渗透。科学和物理让学生了解太阳能小车的动力来源和运动原理;美术为小车增添美观;语文赋予活动文化氛围,各学科共同促进学生的全面发展。

(三)学情分析

先验知识:小学低年级学生对新鲜事物充满好奇,但对太阳能和处暑节气的了解较少。在日常生活中,学生对物体运动有一定的直观感受,在美术课上接触过简单绘画,在语文课上学过一些儿歌,但知识较为零散。

技能方面:学生具备一定的动手能力,能进行简单的粘贴、涂色操作,但在精细制作和复杂实验操作上存在困难,合作意识不强。

思维特点:低年级学生以形象思维为主,对直观、有趣的事物容易理解和接受,在思考问题时较为简单直接,想象力丰富,但缺乏逻辑性。

兴趣与价值观:学生对动手制作和有趣的活动充满热情,喜欢探索未知事物,但在活动中可能会出现注意力不集中、缺乏耐心等情况。本项目要充分利用学生的兴趣,引导他们积极参与,逐步培养耐心,提高专注度。

(四)核心知识设计

科学:初步认识太阳能,知道太阳可以提供能量,观察太阳能小车在阳光下的运动,感受太阳能转化为动能的现象。了解一些基本的科学实验安全小知识。

物理:感知推力、拉力等对太阳能小车运动的影响,知道力可以让小车启动、停止或改变方向。

美术:学习用简单的图形和色彩为太阳能小车进行装饰,设计独特的外观。

语文:了解处暑节气的名称、大致时间,知道处暑时天气会逐渐变凉,诵读与处暑相关的儿歌。

三 驱动性问题/任务设计

(一)应用情境分析

应用情境原型:日常生活中晒太阳的场景、儿童玩具车在地面上行驶的场景。情境类型:生活情境。

(二)驱动性问题/任务设计

驱动性问题/任务:处暑的时候太阳还是暖暖的,怎样让太阳的能量带着我们的小车跑起来,并且把它变得非常漂亮呢?

最终作品:一辆装饰漂亮的太阳能小车,能在阳光下移动,用简单的图形和鲜艳的色彩装饰车身;一篇简单的活动记录,用画画和简单文字记录制作太阳能小车的过程和自己的感受。

(三)驱动性问题/任务框架

认识太阳能和处暑节气:关联知识与技能为对太阳能的认知、处暑节气的常识。阶段性作品/成果为知识卡片。设计太阳能小车外观:关联知识与技能为图形绘画、色彩搭配。阶段性作品/成果为设计草图。制作太阳能小车:关联知识与技能为科学实验操作、简单力的感知、美术创意实践。阶段性作品/成果为太阳能小车半成品。记录活动过程:关联知识与技能为简单文字表达、绘画记录。阶段性作品/成果为活动记录草稿。

四 项目目标与评价设计

(一)项目学习目标

A1:知道处暑节气的名称和一些特点。A2:初步了解太阳能能让物体运动。A3:感知力对小车运动的影响。B1:和小组同学一起完成太阳能小车的制作和装饰。B2:用简单的画和文字记录活动过程和感受。

(二)项目评价设计

对于 A1 目标,评价依据是知识卡片、课堂问答,评价方式是教师评价。对于

A2、A3 目标,评价依据是太阳能小车的运动表现、学生的课堂操作表现,评价方式是教师评价。对于 B1 目标,评价依据是太阳能小车成品展示、小组合作观察记录,评价方式是教师评价、小组互评。对于 B2 目标,评价依据是活动记录展示,评价方式是教师评价。

五 项目活动设计

(一)启动阶段(问题情境、项目计划)

1.创设情境

教师播放处暑时节阳光灿烂的乡村动画视频,视频里农民伯伯在院子里开心地晾晒着五颜六色的谷物,还有可爱的小动物在旁边好奇地看着。播放结束后,教师生动地讲述"秋老虎"的有趣传说:很久很久以前,天上有个调皮的小太阳,到了处暑还不想走,非要在人间多玩一会儿,把大地烤得热乎乎的,人们就把这种热天气叫作"秋老虎"。讲完故事后,教师拿出一个简易的太阳能小车模型,在阳光下展示它跑起来的样子,引发学生对处暑和太阳能小车探索的兴趣。教师观察学生课堂上的专注度、是否积极举手提问等,记录并评价。对应学习目标是 A1、A2。

2.制订计划

学生分成小组,每个小组围坐在一起。教师拿出一些动物图片,让学生选择自己喜欢的动物代表小组,然后一起讨论项目任务,接着明确小组成员的分工。从计划书对小车功能规划的趣味性、成员分工的合理性等方面,作出教师评价。

(二)探究阶段(活动探究、作品制作)

1.学习原理

教师用充满童趣的 PPT,展示太阳能电池板像一个个小太阳能收集站,把阳光变成电能,再通过简单的动画演示电能是怎么让小车的轮子转起来的。教师结合生活中常见的太阳能路灯等例子,帮助学生理解,然后组织小组讨论,鼓励学生把自己想象成太阳能小车里的小零件,说一说自己是怎么工作的。教师在旁边耐心答疑。教师依据学生笔记的完整性、对原理理解的准确性进行评价。对应学习目标是 A2、A3。

2.收集资料

教师带领学生到学校图书馆。学生找到关于处暑节气文化和太阳能应用的书后,一起阅读,把有用的信息记录在彩色卡片上。教师再教学生用简单的网络搜索技巧收集资料，制作内容更丰富的卡片。从卡片内容的丰富性、准确性、与项目的相关性，完成小组互评。对应学习目标是 A2、A3。

3. 设计制作

教师指导学生设计太阳能小车，给每个小组发一张设计草图模板，模板上有不同动物的轮廓。教师讲解美术设计要点，指导实验设计时，用动画视频展示实验安全注意事项，强调操作规范。从设计草图的创新性、可行性，实验方案的科学性、合理性，完成教师评价。对应学习目标是 B1。

4. 制作实验

学生分组制作太阳能小车，先把小车的零件组装好，再安装太阳能电池板，然后在阳光下调试优化，看看小车能不能跑得又快又稳。学生按照实验方案进行厨房实验，例如，用太阳能灶煮汤圆，记录煮汤圆用了多长时间、汤圆的变化等数据和现象。依据小车制作进度、实验数据的准确性，完成教师评价。对应学习目标是 B1。

（三）展示阶段（成果交流、评价反思）

1. 科普展示

教师组织学生在学校操场上进行科普展示，邀请其他班级的同学和教师来参观。教师提前教学生一些展示技巧。每个小组制作展示 PPT 和宣传海报，PPT 上有太阳能小车的设计过程、实验成果，宣传海报上画着可爱的太阳能小车和与处暑相关的图案。根据展示的流畅性、内容的准确性、与观众的互动效果，作出教师评价，同时收集观众反馈。对应学习目标是 B2。

2. 评价反思

教师引导学生从知识掌握、团队协作、创新能力等方面进行自我评价和小组评价。教师给每个学生发一张反思报告模板，模板上有一些简单的问题，让学生根据问题撰写反思报告。从反思报告的深度、对自身问题的剖析准确性，作出教师评价。

 附 录

最终作品评价表

评价维度	评价指标	自评	互评	总评
太阳能小车	能在阳光下缓慢移动一段距离，车身装饰有 3 种以上简单图形和 2 种以上颜色，色彩搭配协调	☆☆☆☆☆	☆☆☆☆☆	☆☆☆☆☆

续表

评价维度	评价指标	自评	互评	总评
活动记录	画面清晰,能看出制作过程的关键步骤,文字简单、通顺,表达自己的真实感受	☆☆☆☆☆	☆☆☆☆☆	☆☆☆☆☆

处暑

（高年级）

能量侦探:太阳能小车趣味探索

一 项目基本信息

项目名称为"处暑 能量侦探:太阳能小车趣味探索"。主学科是科学。关联学科是物理、美术、语文。授课年级为小学高年级(四至六年级)。教学单元或知识点:科学中太阳能转化原理、能量守恒定律,物理中简单机械原理、力学知识,美术的创意设计,语文中与处暑节气相关的文化知识。课时安排:课内 5 课时 + 课外 3 课时。项目概要:处暑时太阳辐射仍较强,蕴含丰富的能量。本项目通过制作太阳能小车和做厨房实验,引导学生探究处暑时节太阳能的转化与利用,涉及多学科知识,旨在提升学生的动手实践、科学探究、创新思维及跨学科融合能力,增强学生对传统文化和科学知识的热爱。

二 项目内容分析

（一）课标分析

内容要求:科学方面,理解太阳能在生活中的应用原理,探究能量的转化和传递过程,了解简单机械在能量利用中的作用,掌握基本的实验设计和操作方法,学会收集、整理和分析实验数据。物理方面,认识简单机械的工作原理,理解力与运动的关系,能够运用物理知识解释太阳能小车运行中的力学现象,知道能量的多种形式及相互转化规律。美术方面,能够运用创意设计理念,对太阳能小车进行外观设计,提升审美能力和艺术表现能力。语文方面，了解处暑节气的文化内涵、历史渊源及相关诗词歌赋，培养文学鉴赏和文化传承能力。

教学建议：开展实验探究活动，让学生亲身体验太阳能转化过程，例如，制作太阳能小车。组织小组合作学习，共同设计实验方案、制作小车、分析实验结果，培养合作交流能力。运用多媒体资源，播放太阳能利用的科普视频、处暑节气文化纪录片等，增强学生的直观感受。引入科技前沿案例，激发学生的创新思维，鼓励学生对实验和作品进行创新和改进。引导学生将语文文化知识与科学实践相结合。

学业质量标准：学生能运用科学语言准确地解释太阳能转化为机械能驱动小车的原理，阐述处暑时节太阳能变化对实验结果的影响，用物理知识分析太阳能小车的力学结构和运动状态；能够制作出外观精美、运行稳定的太阳能小车，设计出具有创新性的厨房太阳能实验方案，并成功完成实验，记录和分析实验数据；能用生动的语言描述处暑节气与太阳能的关系，在小组合作中积极交流分享，通过撰写实验报告、制作宣传海报等形式，展现对知识的理解和掌握。

（二）教材分析

纵向分析：低年级学生对简单机械和能量有初步感知，学习了一些基础的科学概念。到了高年级，处暑节气与太阳能的探究项目，要求学生综合运用之前所学知识，深入理解太阳能的转化和利用，进一步完善物理和科学知识体系，为初中学习更复杂的能量知识和力学原理奠定基础。

横向分析：科学、物理、美术、语文在本项目中相互关联。科学和物理为太阳能小车的制作和厨房实验提供理论基础，指导学生理解能量转化和机械原理。美术帮助学生设计美观实用的太阳能小车。语文赋予项目文化内涵，让学生在探究科学知识的同时，感受处暑节气的文化魅力。各学科相互融合，促进学生全面发展。

（三）学情分析

先验知识：小学高年级学生已学习了部分科学和物理基础知识，包括简单电路、物体运动等，对太阳能也有一定的了解，但对太阳能转化为其他形式能量的具体过程和应用了解较少。在语文学习中，学生对一些节气有初步认识，但对处暑节气的深入内涵和文化意义了解不足。

技能方面：学生具备一定的动手操作能力和简单的实验设计能力，能够使用基本工具进行简单制作。然而，在跨学科知识融合运用和复杂实验操作方面还存在困难。

思维特点:高年级学生的思维正从形象思维向抽象思维过渡,他们对直观的实验现象和有趣的活动充满兴趣,但对于太阳能转化等抽象概念和复杂的科学原理理解起来有一定难度。学生有一定的创新思维,但缺乏将创意转化为实际作品的能力。

兴趣与价值观:学生对科学实验和动手制作活动兴趣浓厚,对传统文化也有一定的好奇心,但在面对较复杂的学习任务和长时间的项目实践时,容易出现畏难情绪。本项目中学生有兴趣基础,但难点在于跨学科知识融合和创新实践,关键在于教师引导学生克服困难,激发创新思维,提高综合实践能力。

(四)核心知识设计

科学:深入探究太阳能转化为电能、机械能的原理,了解太阳能电池板的工作机制,研究影响太阳能转化效率的因素。学习能量守恒定律在太阳能利用中的体现,通过实验数据验证能量转化的规律。

物理:掌握简单机械的应用原理,分析小车运动过程中的受力情况,理解摩擦力、重力等对小车运动的影响,运用力学知识优化小车结构,提高小车的运行性能。

美术:学习创意设计的基本方法,了解色彩搭配、造型设计等在产品外观设计中的重要性,根据太阳能小车的功能和处暑节气的文化特点,设计独特的外观造型,提升小车的美观度和文化内涵。

语文:收集并赏析与处暑节气相关的诗词、典故,理解处暑节气在传统文化中的意义,学习运用优美的语言描述处暑时节的自然景象和太阳能的变化,为项目作品撰写介绍文案,增强文化底蕴。

三 驱动性问题/任务设计

(一)应用情境分析

应用情境原型:日常生活中太阳能的利用场景,包括太阳能路灯、太阳能热水器等;处暑时节农村利用太阳能进行粮食晾晒等场景。情境类型:生活情境和农业生产情境相结合。

(二)驱动性问题/任务设计

驱动性问题/任务:处暑时节太阳能依然充足,我们如何利用这些能量设计并制作出既有趣又实用的太阳能小车,同时通过厨房实验探索太阳能在生活中的应用,向大家展示处暑与太阳能的奥秘呢？

最终作品：一辆太阳能小车，能够在阳光下自行行驶，外观设计富有创意，融入处暑节气文化元素；一份厨房实验报告，详细记录实验过程、结果及对太阳能利用的分析，配有实验照片或手绘插图；一场科普展示活动，在学校或社区向他人展示太阳能小车和厨房实验成果，分享处暑与太阳能的知识。

（三）驱动性问题/任务框架

研究太阳能小车的设计原理：关联知识与技能为太阳能转化原理、简单机械原理。阶段性作品/成果为设计草图、原理说明等文档。收集处暑节气文化资料：关联知识与技能为文化知识积累。阶段性作品/成果为资料卡片、文化故事集。制作太阳能小车：关联知识与技能为科学实验操作、物理力学知识应用、美术创意设计。阶段性作品/成果为太阳能小车成品、外观设计图纸。设计并进行厨房实验：关联知识与技能为科学实验设计、观察记录能力。阶段性作品/成果为实验方案、实验数据记录单。准备科普展示活动：关联知识与技能为语言表达、沟通技巧。阶段性作品/成果为讲解稿、展示 PPT 和宣传海报。

四 项目目标与评价设计

（一）项目学习目标

A1：了解处暑节气的时间、气候特点及文化内涵。A2：掌握太阳能转化为其他形式能量的原理。A3：认识简单机械在太阳能小车中的应用原理。A4：理解处暑时节太阳能的变化对生活和农业的影响。B1：设计并制作出具有创新性的太阳能小车。B2：独立设计并完成厨房太阳能实验，分析实验结果。B3：在科普展示活动中，清晰、准确地讲解处暑与太阳能的知识，与他人有效互动。

（二）项目评价设计

对于 A1、A3，评价依据是资料卡片、太阳能小车外观设计、讲解稿，评价方式是教师评价、小组评价。对于 A2、B2，评价依据是实验方案、实验报告、太阳能小车运行测试记录，评价方式是教师评价、学生互评。对于 B1，评价依据是太阳能小车成品展示、设计过程记录，评价方式是教师评价、学生互评。对于 B3，评价依据是科普展示活动表现、观众反馈，评价方式是教师评价、观众评价。

五 项目活动设计

（一）启动阶段（问题情境、项目计划）

1. 创设情境

教师播放处暑时节阳光明媚的自然风光视频,展示农民利用阳光晾晒谷物的场景,讲述处暑节气的传说,激发学生对处暑和太阳能探索的兴趣。教师观察学生在课堂上的专注程度、主动提问的次数等,记录并评价。对应学习目标是 A1。

2. 制订计划

教师引导学生分组讨论项目任务,明确小组成员在制作、实验、资料收集等方面的分工。教师从计划书中对任务规划的合理性、成员分工的明确性等方面作出评价。

（二）探究阶段（活动探究、作品制作）

1. 学习原理

教师通过 PPT、动画演示讲解太阳能转化原理、简单机械工作原理,结合生活实例帮助学生理解,组织小组讨论并答疑。

2. 收集资料

教师带领学生到学校图书馆查阅与处暑节气文化、太阳能应用相关的图书,指导学生网络搜索技巧。学习收集资料,制作卡片。从卡片内容的丰富性、准确性、与项目的相关性,完成小组互评。对应学习目标是 A1。

3. 设计制作

教师指导太阳能小车设计,提供设计草图模板,讲解美术设计要点;指导厨房实验设计,强调实验安全和操作规范。教师从设计草图的创新性、可行性,实验方案的科学性、合理性进行评价。对应学习目标是 A3、B1、B2。

4. 制作实验

学生分组制作太阳能小车,调试,优化;按照实验方案进行厨房实验,记录数据和现象。教师依据小车制作进度、实验数据的准确性进行评价。对应学习目标是A2、B1、B2。

5. 优化完善

各小组交流制作和实验中遇到的问题,共同探讨解决方案,完善太阳能小车和实验成果。从太阳能小车的改进效果、实验报告的完善程度,完成学生互评。

（三）展示阶段（成果交流、评价反思）

1.科普展示

教师组织学生在学校或社区进行科普展示，准备工作包括指导展示技巧，制作展示PPT和宣传海报。根据展示的流畅性、内容的准确性、与观众的互动效果，完成教师评价，收集观众反馈。对应学习目标是A1、A4、B3。

2.评价反思

教师引导学生从知识掌握、团队协作、创新能力等方面进行自我评价和小组评价，撰写反思报告。教师从反思报告的深度、对自身问题剖析的准确性作出评价。

附 录

最终作品评价表

评价维度	评价指标	自评	互评	总评
太阳能小车	结构稳固，能在直射阳光下持续行驶一定距离（3～5米）；外观设计独特，色彩搭配协调，处暑文化元素明显；具备创新性功能，例如，自动避障	☆☆☆☆☆	☆☆☆☆☆	☆☆☆☆☆
厨房实验报告	实验步骤清晰，数据准确，分析合理，能运用科学知识解释实验现象，图文并茂，排版整洁	☆☆☆☆☆	☆☆☆☆☆	☆☆☆☆☆
科普展示活动	讲解生动有趣，通俗易懂，能与观众良好互动，有效传达处暑与太阳能的知识，展示过程流畅，展示效果好	☆☆☆☆☆	☆☆☆☆☆	☆☆☆☆☆

月夜梧桐叶上见寒露

唐 雍陶

天秋月明夜,露冷风清天。

梧桐一叶落,空阶滴到明。

（低年级）

水晶世界:露珠观察与果冻天气瓶制作

一 项目基本信息

项目名称为"白露 水晶世界:露珠观察与果冻天气瓶制作"。主学科是科学、综合实践。关联学科是语文、美术。授课年级为小学低年级(一至三年级)。教学单元或知识点:科学中对露珠的简单认知、对天气变化的初步感知,综合实践中的基础手工制作方法,语文中与白露相关的简单诗词或儿歌,美术中的色彩认知与简单搭配。课时安排:课内 2 课时＋课外 1 课时。项目概要:白露节气有着独特的自然现象,果冻天气瓶制作富有趣味性。通过本次项目,学生在观察露珠、制作果冻天气瓶的过程中,初步感受自然的变化,激发对科学、手工制作的兴趣,培养观察力与动手能力,同时感受传统文化的魅力。

二 项目内容分析

(一)课标分析

内容要求:科学方面,对露珠有初步认识,知道露珠是常见的自然现象,感受天气变化时露珠的出现与消失。综合实践方面,学会使用简单的材料和工具进行手工制作,在教师的指导下完成果冻天气瓶的基础制作步骤,培养初步的动手实践能力。语文方面,诵读与白露有关的简单诗词、儿歌,感受其中的韵律和氛围,尝试用简单的语言描述白露时节看到的景象。美术方面,认识常见的颜色,能根据喜好选择颜色装饰果冻天气瓶,初步感受色彩搭配带来的美感。

教学建议:组织简单的观察活动,带领学生在校园内或家附近观察露珠,引导他们用看、触摸等方式感知露珠。采用直观教学法,通过图片、视频展示露珠形成的过程、白露的自然景象以及果冻天气瓶的制作过程,帮助学生理解。开展小组互助制作活动,让学生在小组中相互帮助,完成果冻天气瓶的制作,培养初步的合作意识。在语文教学中,通过生动地讲解和朗读,让学生理解诗词、儿歌中的内容,鼓励学生分享自己的感受。

学业质量标准:学生能说出在什么时候能看到露珠,简单描述露珠的样子;能够在教师和同学的帮助下,完成果冻天气瓶的制作,包括倒入液体、装饰外观等;能背诵至少一首与白露有关的诗词或儿歌,并说出自己的感受;为果冻天气瓶选择自己喜欢的颜色进行装饰,使天气瓶具有一定的观赏性。

(二)教材分析

纵向分析:小学低年级教材注重基础知识的启蒙。在科学领域,开始引导学生认识自然现象;语文方面,注重简单诗词、儿歌的诵读;美术方面,培养学生对色彩和形状的认知;综合实践让学生初步接触手工制作。与白露节气相关内容的学习,能进一步加深学生对自然、文化、艺术和动手实践的认知,为后续学习奠定基础。

横向分析:科学知识帮助学生理解露珠的形成背景;语文诗词、儿歌赋予白露文化色彩;美术的色彩运用让果冻天气瓶更具美感;综合实践将这些知识融合,锻炼学生的动手能力,使学生从多个角度了解白露节气。

(三)学情分析

先验知识:低年级学生对大自然充满好奇,在日常生活中可能见过露珠,但对其形成原理一无所知。他们接触过一些简单的手工制作,有一定的动手欲望,但能力有限。在语文学习中,他们积累了一些简单的诗词和儿歌,对文字有初步的感知。在美术方面,他们认识一些常见颜色。

技能方面:学生具备一定的观察能力,但观察不够细致。动手操作能力处于发展阶段,故学生使用工具不够熟练,需要教师的指导。学生的语言表达能力有限,他们难以准确表达自己的想法和感受。

思维特点:学生的思维以具体形象思维为主,他们对直观、生动、有趣的事物感兴趣,难以理解抽象的概念和原理。在学习过程中,他们需要借助大量的实物、图片、视频等辅助理解。

兴趣与动机:学生对新鲜事物充满好奇,白露节气的露珠和果冻天气瓶制作容易激发他们的兴趣。但注意力容易分散,学生在学习过程中可能会因为遇到困难而失去耐心,需要教师不断鼓励和引导。

价值观:学生初步建立对自然和传统文化的认知,但尚未形成明确的价值观,需要在学习过程中进行引导和培养。

(四)核心知识设计

科学:认识露珠,知道露珠是在早、晚温度较低时,在植物表面形成的小水珠。感受天气变化对露珠形成和消失的影响,例如,晴天露珠容易消失,阴天露珠存在时间较长。

综合实践:学会使用常见的材料制作果冻天气瓶的基本方法,例如,安全地打开和封闭瓶子,倒入液体。培养耐心和细心,在制作过程中认真完成每一个步骤。

语文:诵读与白露有关的简单诗词、儿歌,例如,诵读儿歌《白露》(白露到,桂花香,小露珠,闪闪亮),感受其中的韵律美和意境美。能用简单的语言描述诗词、儿歌中提到的白露景象,例如,"有亮晶晶的小露珠"。

美术:认识红、黄、蓝、绿等常见颜色,根据自己的喜好选择颜色为果冻天气瓶进行装饰。了解简单的色彩搭配。

三 驱动性问题/任务设计

(一)应用情境分析

应用情境原型:在白露时节的清晨,校园花园中出现露珠。在生活中看到一些有趣的小物件。

情境类型:现实情境与趣味情境相结合。

(二)驱动性问题/任务设计

驱动性问题/任务:白露的时候,可以在校园里看到小草上有许多亮晶晶的小露珠。怎么才能更清楚地看看这些小露珠,还能自己动手做一个像小魔法瓶一样,能变得不一样的果冻天气瓶呢?

最终作品:一份简单的露珠观察记录,用简单的图画和几句话记录观察露珠的时间、地点和露珠的样子;一个果冻天气瓶,制作出一个有颜色装饰,能在摇晃后呈现出不同状态的果冻天气瓶;一段简单的介绍音频或视频,通过简单的讲述,介绍自己制作果冻天气瓶的过程和看到的露珠。

(三)驱动性问题/任务框架

观察白露时节的露珠:关联知识与技能为科学观察方法、对露珠的初步认知。

阶段性作品/成果为简单的露珠观察记录。学习与白露相关的诗词和儿歌：关联知识与技能为语文诵读、理解能力。阶段性作品/成果为背诵诗词或儿歌的音频或视频。制作果冻天气瓶：关联知识与技能为综合实践手工技能、美术色彩选择。阶段性作品/成果为果冻天气瓶半成品、成品。录制介绍内容：关联知识与技能为语言表达、简单录制技巧。阶段性作品/成果为介绍音频或视频。

四 项目目标与评价设计

（一）项目学习目标

A1：知道白露时节会出现露珠，了解露珠的一些基本特点。A2：了解制作果冻天气瓶的基本材料和简单步骤。A3：背诵至少一首与白露有关的诗词或儿歌。B1：认真观察露珠，并用简单的方式记录观察结果。B2：在教师和同学的帮助下，完成果冻天气瓶的制作。B3：大胆地向大家介绍自己的制作过程和观察感受。

（二）项目评价设计

对于 A1、B1 目标，评价依据是露珠观察记录，评价方式是教师评价、小组内评价。对于 A2、B2 目标，评价依据是果冻天气瓶成品，评价方式是教师评价、学生自评（通过简单的自我评价表，例如，是否喜欢自己的作品）。对于 A3、B3 目标，评价依据是背诵诗词或儿歌的音频或视频、介绍内容，评价方式是教师评价、班级展示投票。

五 项目活动设计

（一）启动阶段（问题情境、项目计划）

1.创设情境

教师利用多媒体设备播放白露时节清晨，树叶、草丛上挂满晶莹露珠的动画视频，视频中融入有趣的动物角色，例如，小兔子在露珠旁玩耍。教师展示一些用露珠创作的简单童趣摄影作品，同时用生动的语言讲述"白露仙子洒露珠"的故事，故事里添加与学生互动的情节，引发学生对白露节气和露珠的好奇。教师观察学生是否专注，观察课堂上主动举手提问、分享感受的积极性，记录并评价，以笑脸贴纸奖励积极参与的学生。对应学习目标是 A1。

2. 制订计划

教师组织学生分组，每组人数不宜过多，便于学生充分参与讨论。教师引导学生讨论本次项目任务，用简单易懂的方式介绍露珠观察报告、果冻天气瓶的创意设计、介绍视频的拍摄主题，根据学生的特点，帮助他们分工。教师从项目计划书对任务规划的清晰程度、分工的合理性、时间安排的科学性等方面评价质量，以星星贴纸奖励表现优秀的小组。

（二）探究阶段（活动探究、作品制作）

1. 观察记录

教师带领学生在白露前后几天，每天清晨定时到校园花园选择固定的植物观察露珠。教师示范观察方法，用小尺子测量叶片上露珠的大小，让学生观察露珠的形状、位置，详细记录观察结果，提醒学生注意露珠出现和消失的时间，可以用画太阳和月亮的方式表示。教师依据记录册中观察内容的完整性、记录数据的准确性、观察描述的详细程度作出评价，以小红花贴纸奖励表现优秀的学生。对应学习目标是A1、B1。

2. 收集资料

教师带领学生到学校图书馆，找到与白露节气、露珠形成原理、天气瓶制作原理相关的绘本和简单科普读物。教师教学生用简单的网络搜索方法，筛选图片和简短的文字信息，收集与白露有关的诗词、儿歌、民俗文化以及天气瓶的制作方法等。从资料卡片内容的丰富性、准确性、与项目的相关性等方面，进行小组互评，互相分享资料卡片，以大拇指贴纸奖励表现优秀的小组。对应学习目标是 A2、A3。

3. 制作作品

教师为学生提供简单的美术设计指导，告诉学生对称就是两边一样，让学生尝试用对称的方法设计天气瓶的外观。教师讲解果冻天气瓶制作的详细流程，用简单步骤图展示材料准备、加热搅拌（在教师帮助下）、倒入模具等步骤，以及视频制作的基本流程。从果冻天气瓶制作工艺的精细度、外观的美观度、是否能随天气变化呈现不同状态，以及介绍视频画面的清晰度、讲解的生动性、逻辑的连贯性等方面，进行教师评价和学生互评，以小奖品奖励表现优秀的学生和小组。对应学习目标是B2。

（三）展示阶段（成果交流、评价反思）

1. 成果展示

教师组织一场"白露奇妙夜"活动,在教室里布置充满童趣的展示区,用彩色气球和彩带装饰。学生将制作好的果冻天气瓶摆放出来,配上自己绘制的关于白露的插画,插画内容可以是白露时节的小动物、植物等。每个小组推选代表,通过播放介绍视频、现场讲解等方式,向其他同学介绍白露节气知识、观察露珠时的发现以及果冻天气瓶的制作过程和原理。讲解时可以带上自己制作的小道具,增加趣味性。从展示内容的准确性、讲解的流畅性和感染力、小组整体展示效果等方面,进行教师评价、学生投票评价。投票用小卡片,选出最喜欢的小组和个人。最后教师为优秀小组和个人颁发奖状。对应学习目标是 B3。

2. 评价反思

教师引导学生从知识掌握、团队协作、能力提升等方面进行自我评价和小组评价。教师提供简单的反思报告模板,引导学生用图画和少量文字填写自己在项目中的收获、遇到的困难及解决方法,以及对未来类似项目的建议。教师从反思报告对自身表现剖析的深度、对项目问题总结的准确性、提出建议的可行性等方面作出评价,以表扬信鼓励学生认真反思。

附 录

最终作品评价表

评价维度	评价指标	自评	互评	总评
露珠观察记录	有清晰的图画,能看出是露珠,文字描述简单明了,包含基本的观察信息	☆☆☆☆☆	☆☆☆☆☆	☆☆☆☆☆
果冻天气瓶	制作过程安全,瓶子封闭良好,颜色装饰有自己的想法,摇晃后能有明显的变化	☆☆☆☆☆	☆☆☆☆☆	☆☆☆☆☆
介绍音频或视频	声音清晰,能简单说出制作过程和看到露珠的感受,表达流畅	☆☆☆☆☆	☆☆☆☆☆	☆☆☆☆☆

白露（高年级）

水晶世界:露珠观察与果冻天气瓶制作

一 项目基本信息

项目名称为"白露 水晶世界:露珠观察与果冻天气瓶制作"。主学科是科学、综合实践。关联学科是语文、美术。授课年级为小学高年级(四至六年级)。教学单元或知识点:科学中露珠的形成原理、天气变化与物质状态变化的关系,综合实践中的手工制作技能,语文中关于白露节气的诗词文化,美术中的色彩搭配与创意设计。课时安排:课内 3 课时 + 课外 1 课时。项目概要:为了让学生更好地感受自然变化,提升综合素养,特开展本次项目。通过观察露珠、制作果冻天气瓶,学生能探索白露节气中的科学奥秘,同时提高观察、动手和创新能力,增强对传统文化的热爱。

二 项目内容分析

(一)课标分析

内容要求:科学方面,理解物质的三态变化,掌握露珠形成的科学原理,了解天气变化对物质状态的影响;学会运用科学方法观察自然现象,记录并分析观察数据。综合实践方面,能够运用多种材料和方法进行手工制作,培养创新思维和实践能力;在制作过程中,学会团队协作,提高解决问题的能力。语文方面,积累关于白露节气的诗词,理解其中蕴含的情感和文化内涵;能够用生动的语言描述白露时节的自然景象。美术方面,掌握基本的色彩搭配原则,在手工制作中体现创意和美感,提升审美能力。

教学建议:组织实地观察活动,引导学生在白露时节观察露珠的形成和变化,记录观察过程和发现。在课堂上组织小组讨论,分享观察心得。运用实验演示、多媒体资源等辅助教学,通过实验展示露珠形成的过程,播放与白露相关的自然景观视频、科普纪录片等,增强学生的直观感受。开展小组合作学习,让学生分组进行果冻天气瓶的制作,培养团队协作精神。鼓励学生自主探究,例如,探究不同材料对果冻天气瓶效果的影响。结合语文诗词教学,让学生在理解诗词的基础上,为制作的作品赋予文化内涵。引导学生将美术知识运用到手工制作中,提升作品的美观度。

学业质量标准:学生能用科学的语言解释露珠的形成原理,描述白露时节的天气特点及其对物质状态的影响;能够制作出创意新颖、美观实用的果冻天气瓶,在制作过程中熟练运用手工制作技能和色彩搭配知识;能背诵并理解至少三首关于白露的诗词,用优美的语言描绘白露时节的自然景象,将科学知识与文学表达相结合;在小组合作中,积极参与讨论和制作,能够清晰地表达自己的观点,倾听他人的意见,共同完成项目任务。

(二)教材分析

纵向分析:小学科学、语文、美术教材知识逐步深化。低年级学生对自然现象有初步感知,开始学习简单的科学原理和诗词文化,高年级要求学生深入理解科学概念,体会诗词的深层内涵,并将知识运用到实践中。与白露节气相关的内容,在这个知识体系中起到承上启下的作用,既巩固了学生之前学习的自然科学和文学知识,又为学生今后学习更复杂的自然现象和文化知识奠定基础。

横向分析:科学、语文、美术和综合实践在白露主题上紧密关联。科学为理解露珠形成和天气变化提供理论依据;语文通过诗词赋予白露文化底蕴;美术能让学生在制作果冻天气瓶时发挥创意,提升作品的美感;综合实践将各学科知识融合,培养学生的动手和实践能力,帮助学生全面理解白露节气。

(三)学情分析

先验知识:学生已经学习了一些自然科学知识和诗词文化,对物质的变化、简单的手工制作有一定了解,这为他们学习白露节气的知识和制作果冻天气瓶提供了基础。但对于露珠形成的具体原理、白露节气的文化内涵以及如何将多学科知识融合运用,他们的认知还不够深入。

技能方面:高年级学生具备一定的观察能力、资料收集能力和动手操作能力,但实验设计、数据分析和创新实践能力还需要进一步提高。

思维特点:小学高年级学生正处于从具体形象思维向抽象逻辑思维过渡的阶段,对直观的自然现象和手工制作活动感兴趣,但对于较为抽象的科学原理和文化意义的理解存在一定困难。

兴趣与动机：学生对自然现象和手工制作充满好奇，白露节气的独特自然景观和果冻天气瓶的制作能激发他们的学习兴趣。但在面对复杂的学习任务和理论知识时，他们容易出现畏难情绪，需要教师及时引导和鼓励。

价值观：学生具有一定的文化认同感，对传统文化的学习有一定的兴趣，但对白露节气所蕴含的文化价值理解不够深刻。

（四）核心知识设计

科学：深入探究露珠的形成原理，包括水汽遇冷液化的过程，以及影响露珠形成的因素，包括温度、湿度等。了解天气变化与物质状态变化的关系，明白白露时节天气转凉对自然界物质状态的影响。

综合实践：掌握果冻天气瓶的制作方法和技巧，学会选择合适的材料和工具，培养创新思维和实践能力。在制作过程中，注重细节，提高手工制作的质量。

语文：收集并赏析关于白露的诗词，体会诗词中的情感，感受诗词中的意境美和文化内涵。用优美的语言描述白露时节的自然景象，锻炼语言表达能力。

美术：学习色彩搭配的基本知识，根据白露节气的特点和果冻天气瓶的制作需求，选择合适的颜色进行搭配，提升作品的视觉效果。发挥创意，设计独特的果冻天气瓶造型，培养审美能力和创新精神。

三 驱动性问题/任务设计

（一）应用情境分析

应用情境原型：在白露时节清晨校园花园中出现露珠，以及如何利用身边材料制作一个能反映天气变化的有趣物件。

情境类型：现实情境与创意情境相结合。

（二）驱动性问题/任务设计

驱动性问题/任务：白露时节校园里的花草上挂满了晶莹的露珠，怎样才能把这些美丽的露珠观察得更清楚，还能制作出一个像魔法瓶一样，能随着天气变化而改变的果冻天气瓶，把白露的奇妙之处展示给大家呢？

最终作品：一份露珠观察报告，详细记录观察露珠的过程、发现和结论，用图文并茂的方式呈现；一个果冻天气瓶，制作出具有创意和美感，能根据天气变化呈现不同状态的果冻天气瓶;一段介绍视频,通过拍摄和讲解,向他人介绍白露节气的知识、观察露珠时的发现以及果冻天气瓶的制作过程和原理。

(三)驱动性问题/任务框架

观察白露时节的露珠:关联知识与技能为科学观察方法、露珠形成知识。阶段性作品/成果为露珠观察记录册。收集与白露相关诗词和文化知识:关联知识与技能为语文阅读与积累。阶段性作品/成果为文化知识卡片。制作果冻天气瓶:关联知识与技能为手工技能、色彩搭配。阶段性作品/成果为果冻天气瓶半成品。拍摄介绍视频:关联知识与技能为视频拍摄与剪辑技巧、语言表达。阶段性作品/成果为视频脚本和拍摄素材。

四 项目目标与评价设计

(一)项目学习目标

A1:知道白露的时间和气候特点。A2:理解露珠的形成原理。A3:了解与白露相关的诗词和文化内涵。A4:掌握果冻天气瓶的制作原理和方法。B1:熟练运用科学观察方法,准确观察并记录露珠的形成和变化。B2:独立制作出创意十足、能正常反映天气变化的果冻天气瓶。B3:流畅地背诵并讲解至少两首关于白露的诗词。B4:制作出逻辑清晰、内容丰富的介绍视频。

(二)项目评价设计

对于 A1、A2、B1 目标,评价依据是露珠观察记录册,评价方式是教师评价、小组互评。对于 A4、B2 目标,评价依据是果冻天气瓶成品,评价方式是教师评价、学生自评、家长评价。对于 A3、B3 目标,评价依据是文化知识卡片、诗词背诵与讲解表现,评价方式是教师评价、小组评价。对于 B4 目标,评价依据是介绍视频,评价方式是教师评价、班级投票评选。

五 项目活动设计

(一)启动阶段(问题情境、项目计划)

1.创设情境

教师播放一段清晨白露时节,树叶、草丛上挂满晶莹露珠的视频,展示一些艺术家用露珠创作的摄影作品,讲述关于白露节气的有趣故事,引发学生对白露节气和露珠的好奇。教师观察学生在观看视频、听故事时的专注程度，课堂上主动提问、分享感受的积极性，进行记录、评价。对应学习目标是 A1、A3。

2. 制订计划

教师组织学生分组讨论本次项目任务，引导学生根据各自的特长合理分工。教师从计划书对任务规划的清晰程度、分工的合理性、时间安排的科学性等方面评价计划书质量。

（二）探究阶段（活动探究、作品制作）

1. 观察记录

教师指导学生运用科学的观察方法，例如，在白露前后几天，每天清晨定时到校园花园选择固定的植物观察露珠。学生观察露珠的形态、大小、位置，用放大镜观察露珠的细节，用尺子测量叶片上露珠的直径，并详细记录观察结果。教师要提醒学生注意露珠出现和消失的时间。教师依据记录册中观察内容的完整性、记录数据的准确性、观察描述的详细程度作出评价。对应学习目标是 A1、B1。

2. 收集资料

教师带领学生到学校图书馆，指导学生查找与白露节气、露珠的形成原理、天气瓶的制作原理相关的图书，教学生利用网络搜索引擎筛选可靠信息，收集与白露有关的诗词歌赋、民俗文化以及天气瓶的历史和制作方法等。从资料卡片内容的丰富性、准确性、与项目的相关性等方面，进行小组互评。对应学习目标是 A1、A2、A4。

3. 制作作品

教师为学生提供美术设计技巧指导，讲解果冻天气瓶制作的详细流程，包括准备材料、加热搅拌、倒入模具等步骤，以及视频制作的基本流程。从果冻天气瓶制作工艺的精细度、外观的美观度、是否能随天气变化呈现不同状态，以及介绍视频画面的清晰度、讲解的生动性、逻辑的连贯性等方面，进行教师评价和学生互评。对应学习目标是 B2、B4。

（三）展示阶段（成果交流、评价反思）

1. 成果展示

教师组织一场"白露奇妙夜"活动，让学生在教室里布置展示区，将制作好的果冻天气瓶摆放出来，配上自己绘制的关于白露的插画。每个小组推选代表，通过播放介绍视频、现场讲解等方式，向其他同学介绍白露节气知识、露珠观察发现以及果冻天气瓶的制作过程和原理。从展示内容的准确性、讲解的流畅性和感染力、小组整体展示效果等方面,进行教师评价、学生投票评价。对应学习目标是 A1—A4、B1—B4。

2.评价反思

教师引导学生从知识掌握、能力提升等方面进行自我评价和小组评价。教师提供反思报告模板,让学生填写自己在项目中的收获、遇到的困难及解决方法,以及对未来类似项目的建议。教师从反思报告中对自身表现剖析的深度、对项目问题总结的准确性、提出建议的可行性等方面作出评价。

附 录

最终作品评价表

评价维度	评价指标	自评	互评	总评
露珠观察报告	内容完整,观察记录详细准确,对露珠形成的原理有清晰的解释,图文搭配合理,具有一定的科学性和可读性	☆☆☆☆☆	☆☆☆☆☆	☆☆☆☆☆
果冻天气瓶	制作工艺精细,材料选择恰当,色彩搭配美观,能够明显地随着天气变化而改变状态,具有创新性和实用性	☆☆☆☆☆	☆☆☆☆☆	☆☆☆☆☆
介绍视频	画面清晰,讲解流畅生动,逻辑连贯,能准确传达白露节气知识、露珠观察发现和果冻天气瓶的制作信息,富有感染力	☆☆☆☆☆	☆☆☆☆☆	☆☆☆☆☆

晚晴

唐 杜甫

返照斜初彻，浮云薄未归。

江虹明远饮，峡雨落馀飞。

鸟雁终高去，熊罴觉自肥。

秋分客尚在，竹露夕微微。

秋分

（低年级）

趣探索：水果电池与天平游戏

一 项目基本信息

项目名称为"秋分 趣探索：水果电池与天平游戏"。主学科是科学、数学。关联学科是美术、综合实践。授课年级为小学低年级（一至三年级）。教学单元或知识点：科学中对简单电路、电能产生的认知，数学中对天平的认识与初步平衡感知、简单数量比较，美术中的简单手工装饰。课时安排：课内 2 课时 + 课外 1 课时。项目概要：秋分丰收时节水果丰富，本项目以"秋分"和"丰收"为主题，通过简单有趣的水果电池小实验和天平游戏，让学生在轻松的氛围中初步了解其中的科学和数学知识，培养他们的观察力、动手能力和对学习的兴趣，感受丰收带来的快乐。

二 项目内容分析

（一）课标分析

内容要求：科学方面，能观察到水果电池连接小电器时产生的现象，初步感受电能的存在。数学方面，认识天平的基本结构，能直观判断天平是否平衡，比较天平两边物体数量的多少。

教学建议：开展简单、易操作的实验活动，让学生亲身体验水果电池和天平游戏过程。借助色彩鲜艳的图片、动画视频等多媒体资源，帮助学生理解相关知识。采用小组合作形式，鼓励学生分享自己的发现。

学业质量标准：能观察到水果电池连接小电器时小电器的变化，例如，发光二极管发光。能正确指出天平平衡和不平衡的状态，比较出天平两边物体数量的差异。学生积极参与小组活动，大胆分享自己在实验和游戏中的感受，对类似的科学和数学现象感兴趣。

（二）教材分析

纵向分析：小学低年级是知识积累的基础阶段，对各类事物的认知从直观感受开始。本项目的内容为后续深入学习科学原理和数学概念奠定基础，让学生对科学和数学知识有初步的印象。

横向分析：科学中的水果电池实验能为数学天平游戏提供将实验物品对比的思路，数学中的数量比较可应用到天平游戏中判断平衡。两个学科相互渗透，帮助学生从不同角度认识事物。

（三）学情分析

先验知识：小学低年级学生接触的科学和数学知识较少，但他们对周围事物充满好奇，有一定的生活常识。

技能：他们具备基本的动手能力，但精细操作和系统观察能力有待提高。

思维：学生以直观形象思维为主，需要借助具体事物来理解知识。

兴趣：学生喜欢新奇、有趣的活动，对水果、游戏等元素充满兴趣。但学生注意力集中时间较短，可能在活动过程中容易分心。

价值观：学生开始对世界形成初步认知，本项目有助于引导他们发现生活中的科学和数学知识，培养探索精神。

（四）核心知识设计

科学：观察水果电池连接小电器时产生的现象，感受电能的产生，了解水果电池由水果、金属片和导线组成。

数学：认识天平的结构，知道天平平衡和不平衡的状态，学会比较天平两边物体数量的多少。

三 驱动性问题/任务设计

（一）应用情境分析

应用情境原型：秋分时校园举行丰收节活动。

情境类型：校园活动情境。

（二）驱动性问题/任务设计

驱动性问题/任务：秋分时校园丰收节到了，我们要准备一些好玩的东西。怎么用丰收的水果做出能让小灯亮起来的神奇电池，怎么设计出有趣的天平游戏呢？

最终作品：一个简易水果电池展示装置，用水果制作简单的电池，让小灯亮起来，可以对装置进行简单装饰；一套简单的天平游戏道具，制作天平模型，准备一些不同数量的水果或小玩具作为游戏物品。

（三）驱动性问题/任务框架

尝试制作简易水果电池：关联知识与技能为科学实验操作、简单电路连接。阶段性作品/成果为简易水果电池制作记录（简单绘画或文字记录）。观察水果电池使小灯发光现象：关联知识与技能为科学观察能力。阶段性作品/成果为观察小灯发光的记录（用简单符号表示）。制作天平模型：关联知识与技能为手工制作能力。阶段性作品/成果为简易天平模型。进行天平游戏比较数量：关联知识与技能为数学数量比较知识。阶段性作品/成果为天平游戏结果记录（用画"√"或"×"表示）。

四　项目目标与评价设计

（一）项目学习目标

A1：知道水果电池可以让小灯发光，了解其基本组成。A2：认识天平，知道天平平衡和不平衡的样子。A3：明白天平两边物体数量不同会影响平衡。A4：能比较出天平两边物体数量的多少。B1：在教师的帮助下制作出简易水果电池展示装置。B2：用制作的天平进行简单的数量比较游戏。

（二）项目评价设计

对于 A1、B1 目标，评价依据是简易水果电池制作记录、简易水果电池展示装置，评价方式是教师评价、学生自我评价（简单说一说制作感受）。对于 A2、B2 目标，评价依据是简易天平模型、天平游戏参与情况，评价方式是教师评价、小组互评（互相看看天平制作和游戏表现）。对于 A3 目标，评价依据是天平游戏结果记录，评价方式是教师评价。对于 A4 目标，评价依据是天平游戏中数量比较的准确性，评价方式是教师评价。

五　项目活动设计

（一）启动阶段（问题情境、项目计划）

1. 创设情境

教师播放充满童趣的动画视频，视频里可爱的小动物们在秋分时节的果园中忙着采摘水果,画面色彩鲜艳,配有欢快的音乐。接着,教师绘声绘色地讲述小动物们在秋分举办丰收派对,用水果制作神奇道具的故事,以此激发学生对秋分丰收和接下来的项目的浓厚兴趣。教师观察学生的表情、动作,记录主动提问的学生人数,根据观察评价学生的参与热情。对应学习目标是 A1、A2。

2. 制订计划

教师拿出一些可爱的动物手偶,分发给各小组,让学生借助手偶讨论项目任务,引导学生根据自己的特点分工。

(二)探究阶段(活动探究、作品制作)

1. 实验探究

教师戴上魔法师帽子,以魔法实验的形式示范水果电池的制作方法,用有趣的语言讲解简单电路原理,指导学生选择不同颜色、形状的水果进行实验,记录不同水果电池让小风扇转动的时间、小灯闪烁的频率等数据。教师依据实验记录的完整度、数据的准确性和贴纸装饰的美观度来评价实验记录。对应学习目标是 A1、A3。

2. 游戏设计

教师播放一段有趣的动画,带领学生回顾天平平衡的原理,展示一些天平游戏示例,让学生思考如何让天平平衡。教师引导学生分组设计不同难度的天平游戏关卡,例如,设计"帮小熊分水果"的游戏,把水果卡片和小玩偶作为道具,运用等量代换概念增加游戏的趣味性。从游戏设计的趣味性、难度梯度的合理性、插画的美观度,小组间互评游戏设计草稿。对应学习目标是 A2、A3。

3. 制作作品

科学教师邀请美术教师一起,以"水果魔法变变变"为主题,为学生提供美术设计技巧指导。教师教学生用彩色颜料把水果电池展示装置画成梦幻城堡、童话树屋等造型;讲解天平游戏道具的制作要点,例如,用彩色卡纸制作水果形状的天平托盘,用毛绒球装饰砝码,让道具既坚固又美观。从展示装置的创意性、实用性,游戏道具的质量,规则手册的清晰度和插画的精美度,完成教师评价与学生互评。对应学习目标是 A1、A2、B1、B2。

(三)展示阶段(成果交流、评价反思)

1. 成果展示

将教室布置成"秋分欢乐园"的展示场地,组织学生在班级内展示简易水果电池展示装置和天平游戏道具,学生可以穿上自己喜欢的动物服装进行现场演示。邀请其他班级的同学来参加"秋分趣味派对",参与体验水果电池和天平游戏,收集他们的贴纸评价(给喜欢的作品贴一个笑脸贴纸)和口头反馈意见。根据展示的精彩度、装置和游戏的受欢迎程度(笑脸贴纸数量)、观众反馈,完成教师评价。对应学习目标是 A1、A2、B1、B2。

2.评价反思

教师拿出一些可爱的评价卡片(上面有表情不同的小动物),引导学生从知识掌握、动手能力、团队协作等方面进行自我评价和小组评价,选择相应表情的卡片贴在自己或小组的评价栏里。学生分享在项目中遇到的困难及解决方法,例如,如果水果电池不亮,给水果"洗个澡"(擦干净表面)就亮了,总结自己在项目中的收获,用简单的图画和文字记录在反思报告里。教师从反思报告的内容丰富度、自我认知的准确性、图画的生动性等方面,评价反思报告质量。

 附 录

最终作品评价表

评价维度	评价指标	自评	互评	总评
简易水果电池展示装置	能让小灯发光,装饰简单且有创意	☆☆☆☆☆	☆☆☆☆☆	☆☆☆☆☆
简单天平游戏道具	天平模型能正常使用,游戏物品容易区分数量多少	☆☆☆☆☆	☆☆☆☆☆	☆☆☆☆☆

秋分

（ 高 年 级 ）

趣探索:水果电池与天平游戏

 一 项目基本信息

项目名称为"秋分 趣探索:水果电池与天平游戏"。主学科是科学、数学。关联学科是美术、综合实践。授课年级为小学高年级（四至六年级）。教学单元或知识点：科学中的简单电路原理、化学能与电能的转化，数学中的天平平衡原理、等量代换概念，美术中的创意设计。课时安排：课内 3 课时 + 课外 1 课时。项目概要：秋分时节，水果种类丰富。本项目以"秋分"和"丰收"为主题，通过制作水果电池和开展天平游戏，让学生在趣味实践中掌握科学和数学知识，提升观察、动手、思考与合作能力，感受丰收的喜悦，培养对科学和数学的热爱。

二 项目内容分析

（一）课标分析

内容要求：科学方面，学生要理解简单电路的构成和工作原理，知道化学能可以转化为电能，探究不同水果作为电池材料时的性能差异。数学方面，掌握天平平衡的原理，学会运用等量代换的方法解决数学问题，能够对天平游戏中的数据进行分析和处理。

教学建议：组织学生进行实验探究活动，让学生亲自动手制作水果电池，玩天平游戏，在实践中理解知识。运用多媒体资源演示相关科学原理和数学概念，帮助学生直观理解。鼓励学生在小组内分享实验结果和游戏心得，培养合作交流能力。

学业质量标准：学生能成功制作出水果电池，解释其工作原理，并比较不同水果电池的性能；能用数学语言描述天平平衡的条件，运用等量代换解决天平游戏中的问题，完成相关数学计算。学生能够在小组合作中积极参与讨论，分享自己的实验和游戏经验，在面对新的相关问题时，能运用所学知识进行思考和解答。

（二）教材分析

纵向分析：低年级学生对自然现象和简单数学概念有初步认识，三年级开始学习基础的科学原理和数学方法。本项目涉及的简单电路和天平平衡知识，是对之前学习的深化和拓展，为高年级学生进一步学习物理和数学知识奠定基础。

横向分析：科学中的水果电池制作涉及化学能与电能的转化，与物理学科知识相关联；天平游戏紧密联系数学中的等量代换概念。科学实验为数学问题提供实际情境，数学知识帮助分析科学实验数据，两个学科相互融合，促进学生对知识的全面理解。

（三）学情分析

先验知识：小学高年级学生已经学习了一些基础的科学和数学知识，包括简单的电路连接、数学运算等，这为他们参与本项目提供了一定的知识基础。但对于化学能转化为电能的原理以及等量代换在实际情境中的灵活应用，学生的理解还不够深入。

技能：学生具备一定的动手操作能力和观察能力，但实验设计、数据分析以及将知识应用到实际问题的解决能力还有待提高。

思维：小学高年级学生正处于从具体形象思维向抽象逻辑思维过渡的阶段，对直观的实验现象和游戏活动容易产生兴趣，但对于其中蕴含的科学原理和数学概念，理解起来可能存在一定困难。

兴趣：学生对新奇的实验和有趣的游戏充满好奇，秋分丰收季的水果元素能激发他们的参与热情。但在面对较为复杂的知识和任务时，他们可能会出现畏难情绪。

价值观：学生对自然现象和生活中的数学问题有一定的关注度，但尚未充分认识到跨学科知识在解决实际问题中的重要性。本项目的理解难点在于科学原理和数学概念的深度融合，关键点在于教师引导学生通过实践操作和思考，突破难点，提升综合素养。

（四）核心知识设计

科学：深入探究水果电池的工作原理，了解不同水果中电解质含量对电池性能的影响，学会选择合适的材料制作水果电池，并测试其电压和电流。

数学：理解天平平衡原理，掌握等量代换的方法，能够运用数学知识分析天平游戏中的各种情况，通过计算解决相关问题。

三 驱动性问题/任务设计

（一）应用情境分析

应用情境原型：秋分丰收节中的趣味科学展示活动。

情境类型：模拟现实情境。

（二）驱动性问题/任务设计

驱动性问题/任务：秋分丰收节就要到了，我们要在节日中展示既有趣又有创意的项目。怎样利用丰收的水果制作出能发电的电池，设计出好玩的天平游戏，让大家在欢乐中感受科学和数学的魅力呢？

最终作品：一个水果电池展示装置，将制作好的水果电池进行创意组合，搭配发光二极管等小电器，展示水果电池的发电效果；一套天平游戏道具及规则手册，设计一套有趣的天平游戏道具，编写详细的游戏规则手册，包含难度等级不同的游戏关卡。

（三）驱动性问题/任务框架

探究制作水果电池的材料和方法：关联知识与技能为科学实验方法、简单电路知识。阶段性作品/成果为水果电池制作实验记录。测试不同水果电池的性能：关联知识与技能为科学测量方法、数据记录与分析。阶段性作品/成果为水果电池性能测试报告。设计天平游戏关卡和规则：关联知识与技能为数学逻辑思维、天平平衡知识。阶段性作品/成果为天平游戏设计草稿。制作水果电池展示装置和天平游戏道具：关联知识与技能为美术设计、手工制作。阶段性作品/成果为展示装置草图、游戏道具半成品。

四 项目目标与评价设计

（一）项目学习目标

A1：知道水果电池的工作原理和制作方法。A2：了解天平平衡的原理和等量代换概念。A3：明白不同水果电池性能差异的原因。A4：掌握根据天平游戏情况进行数学计算的方法。B1：独立制作出能正常工作的水果电池，并进行创意展示。B2：设计出一套有趣且具有挑战性的天平游戏。

（二）项目评价设计

对于 A1、B1，评价依据是水果电池制作实验记录、水果电池展示装置，评价方式是教师评价、学生互评。对于 A2、B2，评价依据是天平游戏设计草稿、天平游戏道具及规则手册，评价方式是教师评价、小组评价。对于 A3，评价依据是水果电池性能测试报告，评价方式是教师评价。对于 A4，评价依据是天平游戏中的计算过程和结果，评价方式是教师评价。

五 项目活动设计

（一）启动阶段（问题情境、项目计划）

1. 创设情境

教师播放秋分时节果园丰收的视频,展示农民采摘水果的欢乐画面,以及各种水果的特写镜头,讲述秋分时节关于丰收的有趣故事,例如,讲述古人在秋分举办庆祝活动,感恩大自然馈赠的故事,激发学生对秋分丰收的兴趣,引出水果电池和天平游戏项目。教师观察学生课堂上的专注度、提问的活跃度并记录下来。对应学习目标是 A1、A2。

2. 制订计划

教师组织学生分组讨论项目任务,包括水果电池展示装置的创意方向、天平游戏道具的设计风格等,引导学生依据个人特长分工。教师从计划书的任务明确度、分工合理性等方面,评价计划书质量。

（二）探究阶段（活动探究、作品制作）

1. 实验探究

教师示范水果电池的制作方法,讲解简单电路原理,指导学生选择不同水果进行实验,记录不同水果电池使小电器发光的时长、亮度等数据。教师依据实验记录的完整性、数据准确性来评价实验记录。对应学习目标是 A1、A3。

2. 游戏设计

教师带领学生回顾天平平衡原理,展示一些简单天平游戏的示例,引导学生分组设计不同难度的天平游戏关卡,思考如何运用等量代换概念增加游戏的趣味性。从游戏设计的创新性、难度梯度的合理性等方面,小组间互评游戏设计草稿。对应学习目标是 A2、A4、B2。

3. 制作作品

教师为学生提供美术设计技巧指导,讲解天平游戏道具的制作要点。从展示装置的创意性和实用性、游戏道具的质量、规则手册的清晰度,完成教师评价与学生互评。对应学习目标是 A1、A2、B1、B2。

（三）展示阶段（成果交流、评价反思）

1. 成果展示

教师组织学生在班级内展示水果电池展示装置和天平游戏道具，进行现场演示，鼓励学生邀请其他班级同学参与体验，收集反馈意见。根据展示的流畅度、装置和游戏的吸引力、观众反馈，作出教师评价并收集其他学生的意见。对应学习目标是 A1、A2、B1、B2。

2. 评价反思

教师引导学生从知识掌握、动手能力、团队协作等方面进行自我评价和小组评价，让学生分享在项目中遇到的困难及解决方法，总结收获。教师从反思报告的深度、自我认知的准确性等方面，评价反思报告质量。

附 录

最终作品评价表

评价维度	评价指标	自评	互评	总评
水果电池展示装置	水果电池能稳定发电，使发光二极管等小电器正常工作；装置设计富有创意，外观美观，具有一定的观赏性	☆☆☆☆☆	☆☆☆☆☆	☆☆☆☆☆
天平游戏道具及规则手册	游戏道具制作精良，易于操作；游戏规则清晰明确，具有趣味性和挑战性，能涵盖不同难度层次，满足不同学生的需求	☆☆☆☆☆	☆☆☆☆☆	☆☆☆☆☆

寒露

唐 戴叔伦

天高夜寂影沈空，万里秋光入梦中。

故国青山无限思，夕阳人影共分红。

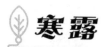

（低年级）

种子银行：种子分类＋创意手工

一 项目基本信息

项目名称为"寒露 种子银行：种子分类＋储存实验"。主学科是科学、综合实践。关联学科是语文、美术。授课年级为小学低年级（一至三年级）。教学单元或知识点：科学方面，认识常见种子的外观特点；综合实践方面，学习简单的种子收集和分类操作；语文方面，学习与寒露、种子相关的儿歌；美术方面，用简单绘画和手工表现种子形象。课时安排：课内3课时＋课外1课时。项目概要：本项目通过多课时学习实践，融合多学科知识，让学生认识寒露时节的种子，培养观察、动手和思考能力，激发学生对自然和传统文化的兴趣。

二 项目内容分析

（一）课标分析

内容要求：科学方面，能识别几种常见种子，说出它们的外观特征，包括颜色、形状、大小等。综合实践方面，学会简单的种子收集方法，能按简单的标准对种子进行分类，例如，按颜色或大小分类。语文方面，诵读与寒露、种子相关的儿歌，感受其中的乐趣，积累简单词句。美术方面，用简单的绘画工具画出种子的形状，尝试用种子进行手工粘贴。

教学建议：组织有趣的种子收集活动，激发学生的兴趣。在课堂上开展趣味分类游戏。安排小组合作，收集种子和分类，促进交流合作。用图片、动画展示种子的样子和生长过程。播放与寒露、种子有关的儿歌视频。让学生在绘画种子后，用简单的语言描述；用收集的种子制作手工时，讲讲种子的故事。

学业质量标准：学生能说出至少三种常见种子的名称和外观特点，能按一种标准对种子进行分类。学生能在教师的指导下完成种子的收集,和小组一起完成简单分类活动。学生能背诵一首与寒露、种子相关的儿歌,能用简单的语言描述种子。

(二)教材分析

纵向分析:小学低年级科学教材注重培养学生对身边事物的观察能力,认识种子是了解植物的重要部分,为后续学习植物生长等知识做铺垫。与寒露相关的知识能让学生感知季节与自然变化的联系。

横向分析:科学教材引导学生观察种子的外观,语文教材通过儿歌传递寒露和种子的文化元素,美术教材提供表现种子的艺术方式,多学科协同帮助学生认识种子。

(三)学情分析

先验知识:小学低年级学生对种子有一些模糊认识,在生活中见过部分种子,但了解不深入。他们在语文学习中接触过一些简单儿歌。

技能水平:学生有一定观察能力,但不够细致;能进行简单手工操作。

思维特点:以形象思维为主,对生动、有趣的事物感兴趣,理解抽象知识困难。

兴趣态度:学生对大自然充满好奇,喜欢动手活动,但遇到困难容易放弃,注意力易分散。

价值观:学生有爱护植物的意识,但对寒露节气和种子保护的意义认识不足。

(四)核心知识设计

科学:认识常见种子的外观特征,了解寒露时节种子成熟的现象。

综合实践:学会用小盒子等工具收集种子,能按颜色或大小把种子分开。

语文:学习并背诵与寒露、种子相关的儿歌。

美术:用彩笔画出种子的形状,用胶水把种子粘贴在纸上,制作简单种子画。

三 驱动性问题/任务设计

(一)应用情境分析

应用情境原型:在寒露后校园里花草树木的种子变化,家里吃水果、粮食时看到的种子。

情境类型:校园情境、生活情境。

（二）驱动性问题/任务设计

驱动性问题/任务：寒露到了，校园里好多种子都成熟了。这些种子看起来都不一样，我们怎么把它们整理清楚呢？我们还要把种子保存起来，让它们以后能变成漂亮的花、好吃的食物，该怎么做呢？大家一起来想想办法吧！

最终作品：一份种子收集展示盒，在小盒子里分类摆放收集的种子，贴上标签；一幅种子创意画，用种子和绘画相结合的方式创作一幅画；一段儿歌表演视频，小组一起表演与寒露、种子相关的儿歌。

（三）驱动性问题/任务框架

寻找寒露时节的种子：关联知识与技能为观察能力、简单的种子识别知识。阶段性作品/成果为装满种子的小袋子。给种子分类：关联知识与技能为简单分类知识、观察比较能力。阶段性作品/成果为种子分类小盒子（初步分类）。制作种子创意画：关联知识与技能为美术手工技能、想象力。阶段性作品/成果为种子创意画草图。表演寒露种子儿歌：关联知识与技能为儿歌背诵能力、表演能力。阶段性作品/成果为儿歌表演排练记录。

四 项目目标与评价设计

（一）项目学习目标

A1：了解寒露是秋天的节气，此时很多种子会成熟。A2：了解常见种子的颜色、形状、大小等外观特点。A3：学会一首与寒露、种子相关的儿歌。B1：在校园或家里找到至少三种种子。B2：把收集的种子按颜色或大小分类整理。B3：和小组成员一起表演儿歌，声音响亮，动作整齐。B4：制作出有创意的种子画。

（二）项目评价设计

对于 A1、B1，评价依据是种子收集记录（种子名称、收集地点）。阶段性作品/成果为教师评价、小组互评。对于 A2、B2，评价依据是种子分类小盒子、分类记录。阶段性作品/成果为教师评价、学生自评。对于 A3、B3，评价依据是儿歌表演视频。阶段性作品/成果为教师评价、班级投票评价。对于 B4，评价依据是种子创意画。阶段性作品/成果为教师评价、校园展览评价。

五 项目活动设计

(一)启动阶段(问题情境、项目计划)

1. 创设情境

举办"寒露种子魔法会",教师穿着魔法师长袍,用投影仪播放动画短片。短片里,寒露小精灵带着各种种子在森林里穿梭,种子们拥有魔力,不同种子能让树木开出不同颜色的花朵、结出奇特的果实。播放结束后,教师拿出一些装在透明魔法瓶里的种子,展示给学生看,引发他们对寒露种子的好奇,激发他们探索的欲望。教师观察学生课堂上的表情变化、发出惊叹声的频率、主动举手提问的次数等,进行记录,判断学生对活动的兴趣程度。对应学习目标是 A1、A2。

2. 制订计划

教师将学生分成"种子探索小队",每个小队配备一个可爱的"种子计划宝箱",里面有任务卡片、空白计划表。教师引导各小队讨论,设计种子保存小实验,思考用种子制作有趣手工艺品的点子。小队长负责组织分工。教师从计划书是否明确写出活动步骤、任务分配是否清晰合理、是否有简单的时间安排等方面评价计划书质量。

(二)探究阶段(活动探究、作品制作)

1. 观察记录

开展"种子放大镜冒险"活动。教师带领学生到校园花园,给每个学生发放放大镜和观察记录贴纸本。学生像小探险家一样寻找种子,用放大镜观察种子的形状、表面纹理,把看到的特征用简单的图案或词语贴在本子上。回到教室后,教师设置"种子观察角",在这里学生每天观察自己收集种子的变化,并用彩色贴纸标记发芽、霉变等情况。教师依据观察记录贴纸本中记录的种子特征是否形象准确、记录变化情况是否及时进行评价,看学生是否认真观察和记录。对应学习目标是 A2、B1、B2。

2. 收集资料

举办"种子知识大寻宝"活动,在教室中模拟图书馆场景,摆放各类绘本、儿童科普读物。教师教学生通过目录、索引找与种子相关的内容,记录在彩色纸条上。教师指导学生用搜索引擎搜索种子的知识,将有趣的知识写在便笺纸上,然后贴在教室的"知识分享墙"上。从彩色纸条和便笺纸上记录的知识是否丰富有趣、信息是否准确等方面,小组之间相互评价,促进学生筛选和整理资料能力的提升。对应学习目标是 B2。

3. 制作作品

开设"种子创意工坊",教师播放动画视频展示种子创意作品的制作过程。教师教学生用彩色黏土把种子粘在纸上制作立体种子画,用彩色绳子串起种子做种子风铃,制作种子分类小手册,每页介绍一种种子。从种子分类小手册的分类是否简单易懂、手册内容是否丰富有趣、排版是否合理,种子创意手工作品的独特程度、制作精细程度等方面,进行教师评价和学生互评。对应学习目标是 B4。

(三)展示阶段(成果交流、评价反思)

1. 成果展示

教师组织"种子奇妙展",在校园操场上设置不同展示区。学生分组担任"小导游",穿着自制的导游服,拿着小喇叭,向其他同学讲解自己的作品和种子的知识。教师提前组织"小导游培训营",通过观看有趣的导游讲解视频、模拟练习等方式,教学生讲解的技巧。根据讲解时的语言流畅度、知识讲解的生动有趣程度、与观众互动的热情程度,进行教师评价并收集其他学生的反馈意见。对应学习目标是 A3、B3。

2. 评价反思

开展"种子探索分享会"。教师引导学生围坐成圈,分享自己在活动中的收获,例如,认识了哪些种子,学会了什么新本领。每个学生用"种子表情卡片"表达自己在团队协作中的感受。教师提供简单的反思表格,让学生写下遇到的困难和解决办法。教师从反思表格填写的内容是否真实具体、对活动收获的总结是否清晰进行评价。

 附 录

最终作品评价表

评价维度	评价指标	自评	互评	总评
种子收集展示盒	种子多样,分类清晰,标签标注正确、整洁	☆☆☆☆☆	☆☆☆☆☆	☆☆☆☆☆
种子创意画	画面有创意,种子粘贴牢固,色彩搭配协调	☆☆☆☆☆	☆☆☆☆☆	☆☆☆☆☆

续表

评价维度	评价指标	自评	互评	总评
儿歌表演视频	表演声音响亮,动作整齐,能体现儿歌内容	☆☆☆☆☆	☆☆☆☆☆	☆☆☆☆☆

寒露

（高年级）

种子银行:种子分类＋储存实验

一 项目基本信息

项目名称为"寒露 种子银行:种子分类＋储存实验"。主学科是科学、综合实践。关联学科是语文、美术。授课年级为小学高年级(四至六年级)。教学单元或知识点:科学中种子的结构、分类方法、储存条件与种子保存的关系,综合实践中实验操作、数据记录与分析,语文中关于寒露节气的诗词文化,美术中对种子形态的艺术表现。课时安排:课内 3 课时＋课外 2 课时。项目概要:寒露为秋季的重要节气,此时许多植物种子已成熟。本项目围绕寒露时节的种子展开,融合多学科知识,让学生掌握种子分类和储存的科学方法,提升观察、实验、分析问题的能力,培养学生对自然科学和传统文化的热爱。

二 项目内容分析

（一）课标分析

内容要求:科学方面,要了解种子的基本结构和不同类型种子的特征,学会依据多种标准对种子进行分类;理解种子的储存原理,探究不同储存条件对种子寿命和发芽率的影响;能够设计简单的种子储存实验,并对实验过程和结果进行观察、记录和分析。综合实践方面,掌握基本的实验操作技能,包括种子的收集和处理、储存设备的使用等;学会团队合作,共同完成实验项目,在实践中培养解决问题的能力;能够将实验过程和结果以恰当的方式呈现,例如,撰写实验报告,制作展示作品。语文方面,阅读与寒露、种子相关的诗词、文章,体会其中的文化内涵和情感表达;积累优美词句,提升语言素养,并尝试运用所学进行文学创作,描述寒露时节种子的故事。美术方面,观察种子的形态、颜色、纹理等特征,运用绘画、手工等艺术形式表现种子之美,培养审美能力和创造力。

教学建议:组织学生到校园、公园或农田收集寒露时节的种子,让学生亲身体验种子的多样性。在课堂上进行种子分类和储存实验,引导学生自主操作、观察和思考。安排小组合作完成实验项目,促进学生之间的交流与协作。鼓励学生在小组内分享自己的发现和想法,共同解决实验中遇到的问题。利用多媒体资源展示种子的微观结构、不同储存条件下种子的变化等。引入诗词、故事等文化素材,丰富学生对寒露和种子的认知。邀请农业专家或有经验的农民作讲座,分享与种子相关的知识和实践经验。跨学科融合,将科学实验与语文写作、美术创作相结合。

学业质量标准:学生能够准确说出常见种子的分类依据和所属类别,解释不同储存条件对种子的影响;熟练掌握种子储存实验的操作步骤,正确记录和分析实验数据;能够独立完成种子的收集、分类和储存实验,写出规范的实验报告;在团队合作中发挥积极作用,有效与他人沟通交流;背诵至少三首与寒露、种子相关的诗词,理解其中的文化内涵;创作一篇关于寒露种子的文学作品或设计一件以种子为主题的美术作品。

(二)教材分析

纵向分析:小学科学教材从低年级到高年级逐步深入地介绍植物知识,低年级学生认识植物的基本形态,高年级学生则聚焦植物的繁殖。种子作为植物繁殖的重要部分,在这一知识体系中占据关键位置。与寒露时节种子相关的知识,是对之前植物知识的深化和拓展,为学生进一步学习植物学和农业科学奠定基础。

横向分析:科学教材侧重于种子的科学知识和实验探究,语文教材通过文学作品赋予寒露和种子文化内涵,美术教材为学生提供表现种子形态和特征的艺术方法。多学科相互渗透,帮助学生全面、深入地理解寒露时节种子的奥秘。

(三)学情分析

先验知识:小学高年级学生学习了一些植物的基础知识,对种子有一定的认识,但对种子的分类标准和储存原理了解得不够系统。在语文学习中,学生接触过一些与季节、植物相关的诗词,有一定的文化知识储备。

技能水平:学生具备一定的观察能力、简单的实验操作能力和资料收集能力,但实验设计、数据处理和多学科知识融合运用能力还有待提高。

思维特点:学生处于从形象思维向抽象思维过渡阶段,对直观的种子形态和实验现象容易理解,但对于种子储存的科学原理、寒露节气与种子的内在联系等抽象知识理解有困难。

兴趣态度:学生对自然科学和实践活动充满兴趣,寒露时节种子的变化能激发他们的探究欲望。但在面对复杂的实验步骤和理论知识时,他们可能会出现畏难情绪。

价值观:学生有一定的环保意识和对传统文化的认同感,但对寒露节气所蕴含的农业智慧和种子保护的重要性认识不足。

(四)核心知识设计

科学:深入学习种子的结构、分类标准,进行分类。探究寒露时节不同种子的成熟状态和特点。掌握种子储存的科学方法,包括温度、湿度、通风等条件对种子储存的影响,理解种子储存的原理。

综合实践:学会种子的分类和设计储存实验方案,包括实验目的、材料的准备、实验步骤、变量的控制等。熟练运用实验工具进行种子的收集、处理和储存操作。掌握记录和分析数据的方法,能够根据实验结果得出结论。

语文:积累与寒露、种子相关的诗词、故事,理解其中的文化内涵和情感表达。学习运用生动的语言描述种子的分类和储存实验的过程与结果,创作关于寒露种子的短文或诗歌。

美术:观察种子的形态美,运用绘画技巧描绘种子的细节。利用种子进行创意手工制作,培养创造力和审美能力。

三 驱动性问题/任务设计

(一)应用情境分析

应用情境原型:校园花坛里植物在寒露后种子的变化、家庭中储存的种子在不同条件下的保存情况。

情境类型:生活情境、校园情境。

（二）驱动性问题/任务设计

驱动性问题/任务：寒露到了，校园里的种子都成熟了。可是不同的种子看起来不一样，怎么才能把它们分类呢？我们还想把这些种子好好保存起来，明年种出漂亮的花、好吃的果实，该用什么办法储存它们呢？大家快来一起探索吧！

最终作品：一份种子分类图鉴，用图文并茂的方式展示不同种子的分类，包括种子的名称、特征、所属类别等；一份种子储存实验报告，详细记录种子储存实验的过程、数据和结论，分析不同储存条件对种子的影响；一件种子创意手工作品，利用收集的种子制作一件富有创意的手工作品。

（三）驱动性问题/任务框架

收集寒露时节的种子：关联知识与技能为观察能力、种子识别知识。阶段性作品/成果为种子收集袋（装满不同种子）。学习种子分类方法并进行分类：关联知识与技能为种子分类知识、观察比较能力。阶段性作品/成果为种子分类记录表格。设计种子储存实验方案：关联知识与技能为科学实验设计方法、种子储存知识。阶段性作品/成果为实验方案草稿。开展种子储存实验并记录数据：关联知识与技能为实验操作技能、数据记录能力。阶段性作品/成果为实验数据记录表。制作种子分类图鉴和创意手工作品：关联知识与技能为美术设计、手工制作能力。阶段性作品/成果为图鉴初稿、手工作品半成品。撰写种子储存实验报告：关联知识与技能为写作能力、数据分析能力。阶段性作品/成果为实验报告初稿。

四 项目目标与评价设计

（一）项目学习目标

A1：了解寒露的时间、气候特点以及与种子成熟的关系。A2：了解种子的结构、分类标准和常见类别。A3：掌握种子储存的原理和不同储存条件对种子的影响。A4：学习与寒露、种子相关的诗词文化。B1：准确收集、识别寒露时节的多种种子。B2：根据分类标准对收集的种子进行分类。B3：设计并实施种子储存实验，正确记录和分析数据。B4：创作一篇关于寒露种子的短文或诗歌。B5：制作出精美的种子分类图鉴和创意手工作品。

（二）项目评价设计

对于 A1、B1 目标，评价依据是种子收集记录（包含种子名称、收集地点、收集时间等),评价方式是教师评价、学生自评。对于 A2、B2 目标,评价依据是种子分类记录表格、种子分类图鉴,评价方式是教师评价、小组互评。对于 A3、B3 目标,评价依据是种子储存实验方案、实验数据记录表、实验报告,评价方式是教师评价、小组互评。对于 A4、B4 目标,评价依据是关于寒露种子的短文或诗歌,评价方式是教师评价、班级展示互评。对于 B5 目标,评价依据是种子分类图鉴、种子创意手工作品,评价方式是教师评价、校园展览投票评价。

五 项目活动设计

(一)启动阶段(问题情境、项目计划)

1.创设情境

教师播放寒露时节植物种子成熟、飘落的视频,展示各种饱满、形态各异的种子图片,给学生讲一个关于寒露种子的传说:在很久很久以前,寒露这天,种子精灵会给勤劳的人们送去种子,种下去就能收获特别的果实。以此激发学生对寒露种子探索的兴趣。教师观察学生课堂上的表现并记录。对应学习目标是 A1、A4。

2.制订计划

教师组织学生分成小组,讨论种子分类和储存实验的任务,引导学生分工,从计划书是否涵盖完整的活动步骤、任务分配是否符合学生的能力、时间安排是否合理等方面评价计划书质量。

(二)探究阶段(活动探究、作品制作)

1.观察记录

教师带领学生到校园、公园等地,指导学生用放大镜观察种子的形状、颜色、纹理,用尺子测量种子大小。学生每天观察记录收集到的种子状态,包括是否有霉变、发芽迹象等。教师依据观察记录单中记录的种子特征是否详细准确、记录变化情况是否及时完整进行评价。对应学习目标是 A1、B1。

2.收集资料

教师带领学生到学校图书馆,教学生通过图书索引找到与种子分类和储存相关的图书,指导学生利用网络搜索引擎,筛选可靠的网站,查找寒露时节种子的特性、不同种子的分类依据、储存方法等知识。从资料卡片内容是否丰富、信息是否准确、与寒露种子主题的相关性高低等方面,小组之间相互评价。对应学习目标是 A2。

3. 制作作品

教师为学生开展美术设计技巧小课堂,讲解色彩搭配知识;教学生构图方法,让种子在画面中更有美感。制作种子创意手工作品时,教师指导学生如何用胶水、彩纸等工具制作种子画、种子风铃,讲解制作种子分类图鉴的方法。从种子分类图鉴的分类是否准确、图鉴内容是否丰富、排版是否美观,种子创意手工作品的创意、制作精细程度等方面,进行教师评价和学生互评。学生完成种子储存实验,详细记录实验过程和数据。对应学习目标是 A3、B2、B3、B5。

(三)展示阶段(成果交流、评价反思)

1. 校园展览讲解

教师组织学生在校园内设置展览区,展示种子分类图鉴、种子创意手工作品和种子储存实验成果(实验数据图表等)。学生分组向其他同学讲解自己的作品和实验过程,分享寒露种子的知识。教师提前给予讲解技巧指导。根据讲解时的语言流畅度、讲解的准确性、与观众互动的积极程度,进行教师评价并收集其他学生的反馈意见。对应学习目标是 B1、B2、B5。

2. 评价反思

教师引导学生从知识收获、团队协作、能力提升等方面进行自我评价和小组评价。教师提供反思报告模板,让学生回顾项目过程中的困难和解决方法。从反思报告是否深入剖析自身问题、对活动收获的总结是否全面准确等方面,进行教师评价。

 附 录

最终作品评价表

评价维度	评价指标	自评	互评	总评
种子分类图鉴	分类准确,对种子的特征描述清晰,图片精美,排版合理、美观	☆☆☆☆☆	☆☆☆☆☆	☆☆☆☆☆
种子储存实验报告	实验步骤完整,数据记录准确,分析合理,结论明确	☆☆☆☆☆	☆☆☆☆☆	☆☆☆☆☆
种子创意手工作品	创意新颖,制作精细,能够展现种子的特点,具有一定的观赏性	☆☆☆☆☆	☆☆☆☆☆	☆☆☆☆☆

霜降 陈姝寰

山行

唐 杜牧

远上寒山石径斜,白云生处有人家。
停车坐爱枫林晚,霜叶红于二月花。

219

果蔬魔法：保鲜与果酱制作

一 项目基本信息

项目名称为"霜降 果蔬魔法：保鲜与果酱制作"。主学科是综合实践、科学。关联学科是语文、美术、劳动。授课年级为小学低年级（一至三年级）。教学单元或知识点：科学方面，认识霜降节气，了解霜降后常见果蔬的特点；初步感知温度、湿度对果蔬保鲜的影响。综合实践方面，参与制订简单的果蔬保鲜和果酱制作计划；在教师的指导下，完成果蔬保鲜和果酱制作的部分实践操作；观察并简单记录果蔬保鲜过程中的变化和果酱制作的有趣现象。语文方面，学习与霜降、果蔬有关的儿歌、诗词；用简单的话语描述实践活动的过程和自己的感受。美术方面，通过绘画表现霜降时节的果蔬形象；对果蔬保鲜容器和果酱瓶进行简单装饰。劳动方面，学会简单的果蔬清洗方法；在教师的帮助下，使用简单工具参与果酱制作；了解基本的食品卫生安全常识。课时安排：课内 4 课时 + 课外 2 课时。项目概要：本项目以霜降为背景，围绕果蔬保鲜和果酱制作开展实践活动，让学生初步认识霜降节气与果蔬的关系，体验果蔬保鲜和果酱制作过程，培养学生的观察力、动手能力和对生活的热爱，激发他们探索科学和传承传统文化的兴趣。

二 项目内容分析

（一）课标分析

内容要求：科学方面，知道霜降是一个节气，能说出几种霜降后常见的果蔬；能通过观察，发现环境变化对果蔬的影响。综合实践方面，在教师的引导下，参与制订实践活动计划；积极参与实践操作，学会与小伙伴合作完成简单任务；能用简单的方式记录实践过程和结果。语文方面，诵读与霜降、果蔬相关的儿歌、诗词；能用简短、通顺的话语讲述实践经历。美术方面,用简单的图形和色彩描绘霜降时节的果蔬;尝试对果蔬保鲜容器和果酱瓶进行创意装饰。劳动方面,掌握简单的果蔬清洗技能;在安全的前提下,参与简单的食品制作活动;知道食品制作过程中的基本卫生要求。

教学建议:采用故事、儿歌、游戏等形式,激发学生对霜降节气和果蔬保鲜、果酱制作的兴趣。教师示范果蔬保鲜和果酱制作的步骤,将学生分成小组,进行简单的合作活动。鼓励家长在家中与孩子一起进行简单的果蔬保鲜尝试,巩固课堂知识。

学业质量标准:能说出至少三种霜降后常见的果蔬,能正确清洗一种果蔬,为果蔬保鲜容器或果酱瓶设计简单装饰。在教师的帮助下,参与制订简单的实践计划;能与小组同学合作完成一项实践任务。背诵一首与霜降或果蔬有关的儿歌或诗词;能简单讲述实践活动中的有趣事情。养成在实践活动中讲卫生的好习惯,对劳动实践表现出积极的态度。

(二)教材分析

纵向分析:小学低年级课程注重培养学生的基础认知和生活技能。通过本项目,学生可以将课堂上学到的简单生活常识和劳动技能应用到实际操作中,为今后学习更复杂的知识和技能打下基础。

横向分析:科学教材中的简单自然现象认知可以帮助学生理解霜降节气。语文教材中的儿歌、诗词能丰富学生对霜降和果蔬的文化认知。美术教材中的简单绘画技巧可用于描绘果蔬和装饰容器。劳动教材中的基本劳动规范指导学生安全、卫生地参与实践。

(三)学情分析

先验知识:小学低年级学生对果蔬有一定的感性认识,可能在生活中见过一些常见果蔬。但他们对霜降节气的概念比较模糊,对果蔬保鲜和果酱制作几乎不了解。

技能水平:学生具备一定的模仿能力和简单的动手操作能力,但精细动作和复杂操作能力较弱,需要教师给予更多的指导和帮助。

思维特点:低年级学生以形象思维为主,对直观、生动、有趣的事物充满兴趣,理解抽象概念较为困难。

兴趣态度:学生好奇心强,对制作果酱等实践活动充满期待,但注意力容易分散,完成整个实践过程可能缺乏耐心。

价值观:学生具有分享意识,但对劳动成果的珍惜和对传统节气文化的理解还需要进一步引导和培养。

（四）核心知识设计

科学：认识霜降节气，了解霜降前后天气的变化；知道在霜降后常见果蔬的特点；了解温度、湿度对果蔬保鲜的影响。

综合实践：参与制订简单的果蔬保鲜和果酱制作计划，例如，确定要保鲜的果蔬种类和制作果酱的材料；在教师的带领下，完成部分实践操作；观察并简单记录果蔬保鲜过程中的颜色、质地变化和果酱制作过程中的冒泡等现象。

语文：学习与霜降、果蔬相关的儿歌、诗词；用简单的语言描述自己在实践活动中的所见、所闻、所感。

美术：观察霜降时节果蔬的形状、颜色，用简单的图形和色彩画出果蔬；用贴纸、彩笔等对果蔬保鲜容器和果酱瓶进行简单装饰。

劳动：学会正确清洗果蔬的方法；在教师的帮助下，使用勺子等简单工具参与果酱制作；了解食品卫生安全的基本要求。

三 驱动性问题/任务设计

（一）应用情境分析

应用情境原型：家里霜降后买的水果容易坏，班级举办秋日美食分享会。

情境类型：家庭生活情境、校园活动情境。

（二）驱动性问题/任务设计

驱动性问题/任务：霜降来了，家里的水果总是很快就坏了，怎么办呢？我们一起想想办法把水果保鲜，然后用这些水果制作美味的果酱，拿到班级美食分享会上和大家一起分享吧！

最终作品：一份果蔬保鲜记录卡，用画画或简单的文字记录果蔬保鲜过程中的变化；一瓶自制秋日果酱，在教师的帮助下制作出安全、美味的果酱；装饰好的果蔬保鲜容器和果酱瓶，用简单的装饰让容器和果酱瓶变得漂亮。

（三）驱动性问题/任务框架

认识霜降和常见果蔬：关联知识与技能为科学知识。阶段性作品/成果为霜降知识小卡片。挑选合适的果蔬：关联知识与技能为果蔬挑选方法。阶段性成果为挑选好的果蔬。尝试果蔬保鲜方法：关联知识与技能为科学实验方法。阶段性作品/成果为保鲜中的果蔬。观察果蔬保鲜变化:关联知识与技能为观察能力。阶段性作品/成果为保鲜记录画。学习制作果酱步骤:关联知识与技能为简单烹饪知识。阶段性作品/成果为果酱制作步骤图。制作秋日果酱:关联知识与技能为劳动技术、合作能力。阶段性作品/成果为果酱半成品。装饰保鲜容器和果酱瓶:关联知识与技能为美术设计能力。阶段性作品/成果为装饰好的容器和瓶子。分享保鲜和制作经验:关联知识与技能为语言表达能力。阶段性作品/成果为分享小短文。

四 项目目标与评价设计

(一)项目学习目标

A1:了解霜降节气的基本特点和常见的霜降果蔬。A2:学会简单的果蔬保鲜方法。A3:了解果酱制作的简单步骤。A4:学会一首与霜降或果蔬有关的儿歌或诗词。B1:正确挑选用于保鲜和制作果酱的果蔬。B2:在教师帮助下,完成一种果蔬的保鲜操作并观察、记录变化。B3:在教师指导下,参与制作一瓶果酱。B4:能背诵儿歌或诗词,并简单描述实践过程。B5:为果蔬保鲜容器和果酱瓶进行简单装饰。

(二)项目评价设计

对于 A1、B1,评价依据是挑选的果蔬、霜降知识小卡片,评价方式是教师评价、小组互评。对于 A2、B2,评价依据是保鲜记录画、保鲜中的果蔬,评价方式是教师评价、学生自评(说说自己的观察发现)。对于 A3、B3,评价依据是制作过程中的照片或视频、果酱成品,评价方式是教师评价、学生评价、班级美食分享会评价。对于 A4、B4,评价依据是儿歌或诗词背诵情况、分享小短文,评价方式是教师评价、班级展示互评。对于 B5,评价依据是装饰好的容器和瓶子,评价方式是教师评价、班级投票评价。

五 项目活动设计

(一)启动阶段(问题情境、项目计划)

1.创设情境

教师播放动画视频,内容是霜降小精灵在果园和菜园里忙碌,给果蔬们披上白白的霜衣,果蔬们变得又好看又好吃。教师展示挂满白霜的果蔬图片,讲述故事:霜降小精灵有个魔法口袋,能让果蔬变得美味,但有些果蔬因为没被好好照顾,被坏女巫施了"变质魔法",怎么办呢? 引发学生思考如何帮助果蔬们抵御坏女巫,保护它们的美味,激发学生对霜降果蔬保鲜和制作果酱的兴趣。教师根据学生参与讨论的积极性判断其兴趣程度。对应学习目标是 A1。

2. 制订计划

教师组织学生围坐成小组，用彩色卡片写下自己想保鲜的果蔬和喜欢的果酱口味，贴在大白纸上。教师引导学生讨论保鲜和制作果酱的分工。教师提供可爱的计划模板，模板上有简单的图画和文字提示。教师检查计划书，看是否有明确的分工、简单的活动步骤，是否用图画或文字表达清楚，判断计划的合理性。

（二）探究阶段（活动探究、作品制作）

1. 观察记录

教师带领学生来到校园种植园，给每个小组发放"果蔬观察小神器"（简易放大镜和尺子），让学生观察霜降后果蔬的样子。回到教室后，学生用不同的容器分别存放果蔬，有的放在教室角落常温保存，有的用保鲜膜包好放在"迷你小冰箱"（小型冷藏设备）里。学生每天用画或简单文字记录果蔬的变化。教师检查观察记录单，看图画是否形象，文字是否准确，记录是否每天都有，评价学生的观察和记录情况。对应学习目标是 A2、B1、B2。

2. 收集资料

在图书馆开展"寻宝游戏"。教师提前在与果蔬保鲜、霜降节气相关的图书上贴上彩色贴纸。学生分组寻找贴有贴纸的图书，用彩色便笺纸记录有趣的知识。教师播放有趣的动画教程，教学生用搜索引擎查找霜降与果蔬的秘密、保鲜小窍门、与果酱制作有关的儿歌。小组交换资料卡片，互相看看谁记录的知识又多又有趣，教师也参与评价，看信息是否准确，与项目是否相关。对应学习目标是 A2、A3、A4。

3. 制作作品

开展"魔法美术课"。教师用彩色积木展示色彩搭配，教学生用简单图形组合设计保鲜容器标签和果酱包装。接着，教师播放欢快的儿歌，带着学生一边唱一边制作果酱，从洗水果、削果皮、切小块，到煮水果、加糖搅拌、装进漂亮瓶子，每个步骤都充满乐趣。教师和学生一起品尝果酱，评价口感、色泽，看看保鲜容器设计是否可爱、实用，果酱包装是否有创意，进行教师评价和学生互评。对应学习目标是 A3、B3、B5。

（三）展示阶段（成果交流、评价反思）

1. 校园展示与讲解

在校园操场上设置"霜降果蔬乐园"展示区，摆放不同保鲜方式下的果蔬、自制果酱,还有设计好的保鲜容器和果酱包装。每个小组的学生戴上可爱的果蔬头饰,向其他同学介绍自己的保鲜实验过程、果酱制作趣事,分享霜降小知识。教师提前教学生一些简单的表演动作,让讲解更生动。教师观察学生讲解时的表现,收集其他学生的反馈,评价展示效果。对应学习目标是 B4。

2. 评价反思

教师拿出可爱的"反思树"道具,让学生把自己在项目中的收获和遇到的问题写在树叶形状的卡片上,贴到"反思树"上,引导学生从知识学习、小组合作、能力提升等方面进行自我评价和小组评价。教师提供简单的反思报告模板,上面有可爱的图案和问题引导。教师检查反思报告,看学生是否认真思考,写得是否清楚,评价学生的反思能力。

附 录

最终作品评价表

评价维度	评价指标	自评	互评	总评
果蔬保鲜记录卡	记录内容简单明了,能体现果蔬的变化	☆☆☆☆☆	☆☆☆☆☆	☆☆☆☆☆
自制秋日果酱	味道香甜,没有安全问题,有明显的水果味	☆☆☆☆☆	☆☆☆☆☆	☆☆☆☆☆
装饰好的果蔬保鲜容器和果酱瓶	装饰简单,但有创意,能体现秋日或果蔬元素	☆☆☆☆☆	☆☆☆☆☆	☆☆☆☆☆

霜降
（高年级）

果蔬魔法:保鲜与果酱制作

一 项目基本信息

项目名称为"霜降 果蔬魔法:保鲜与果酱制作"。主学科是综合实践、科学。关联学科是语文、美术、劳动。授课年级为小学高年级(四至六年级)。教学单元或知识点：科学方面，了解霜降节气对果蔬生长和特性的影响、不同果蔬的保鲜原理和方法。综合实践方面，制定果蔬保鲜和果酱制作的实践方案；组织实施实践活动，包括采购、处理果蔬，操作保鲜设备和制作果酱工具；观察、记录保鲜过程中果蔬的变化和果酱制作的效果。语文方面，收集与霜降、果蔬相关的诗词、文章，了解其文化内涵；用文字记录实践过程和心得体会，提升写作能力。美术方面，设计果蔬保鲜容器的外观和果酱包装，通过绘画、摄影等形式记录霜降时节的果蔬之美。劳动方面，掌握清洗、去皮、去核、切块等果蔬的预处理技能；学会使用保鲜设备和制作果酱的工具；了解食品卫生安全知识，确保制作过程的安全与卫生。课时安排：课内 5 课时＋课外 3 课时。项目概要：本项目以霜降为背景，围绕果蔬保鲜和果酱制作展开，融合多学科知识，让学生掌握果蔬保鲜技巧和果酱制作方法，提升观察、实践、合作与表达能力，感受霜降节气的文化内涵，培养热爱劳动、珍惜食物的良好品质。

二 项目内容分析

（一）课标分析

内容要求：科学方面，理解霜降节气的气候特点对果蔬生理变化的影响；探究不同保鲜方法对果蔬保存期限和品质的影响；能够运用科学原理解释果蔬保鲜现象。综合实践方面，根据实际需求制定可行的实践活动方案；积极参与实践活动，学会与他人合作，共同完成任务；对实践过程和结果进行反思与总结。语文方面，阅读并积累与霜降、果蔬相关的文学作品，体会其中的情感和文化价值；用清晰、生动的语言描述实践活动的过程和感受。美术方面，运用色彩、造型等美术元素设计果蔬保鲜容器和果酱包装；通过艺术创作展现霜降时节果蔬的特色。劳动方面，掌握基本的果蔬处理和烹饪技能；了解食品加工过程中的卫生安全要求；培养劳动习惯和创新意识。

教学建议：组织学生参与果蔬采购、保鲜实验和果酱制作全过程，让学生在实践中学习。安排学生分组进行项目活动，促进学生之间的交流与协作，培养团队精神。利用多媒体资源展示霜降节气的特点、果蔬保鲜的原理和果酱制作的步骤；邀请专业人员（包括厨师、园艺师等）进行指导。将科学知识、语文写作、美术设计和劳动有机结合，例如，在制作果酱时，让学生用语文写作方法记录过程，用美术技巧设计包装，用科学知识解释保鲜原理。

学业质量标准：学生能准确地阐述霜降对果蔬的影响和常见的保鲜方法，熟练完成果蔬的处理和果酱制作;设计出美观实用的保鲜容器和果酱包装;能够制定完善的实践方案并有效实施;在团队合作中发挥积极作用,解决实践中遇到的问题;背诵一些与霜降、果蔬相关的诗词;写出内容丰富、情感真挚的实践报告;养成良好的劳动习惯,注重食品卫生安全,在劳动中展现创新精神和责任感。

(二)教材分析

纵向分析:小学课程从低年级到高年级逐步培养学生的综合素养。低年级学生开始接触简单的生活常识和劳动技能,三年级开始学习一些基础的科学知识和实践方法,高年级学生在此基础上深入探究,将多学科知识融合应用。霜降时节的果蔬保鲜和果酱制作项目,是对之前所学知识和技能的综合运用和拓展,为学生未来的学习和生活打下坚实的基础。

横向分析:科学教材提供了果蔬保鲜的原理和方法,语文教材丰富了学生对霜降节气文化内涵的理解,美术教材为设计保鲜容器和果酱包装提供了创意和技巧,劳动教材指导学生掌握实际操作技能。各学科相互关联,共同助力学生全面掌握项目知识和技能。

(三)学情分析

先验知识:小学高年级学生在之前的学习和生活中,对果蔬有一定的认识,也了解一些基本的科学知识和劳动技能,但对于霜降节气与果蔬保鲜、制作果酱之间的内在联系的认识不足,相关的专业知识和实践经验较为缺乏。

技能水平:学生具备一定的观察能力、资料收集能力和简单的动手操作能力。然而,实验设计能力、复杂操作技能和多学科知识融合运用能力还需要进一步培养。

思维特点:高年级学生的思维逐渐从形象思维向抽象思维过渡,他们对直观的实践活动感兴趣,但对于一些抽象的科学原理和文化内涵理解起来可能有困难。

兴趣态度:学生对新鲜事物非常好奇,对制作果酱等实践活动有较高的热情。但在面对较长周期的保鲜实验和较为复杂的操作步骤时,可能会出现耐心不足和畏难情绪。

价值观:学生有一定的环保意识和对传统文化的认同感,但对霜降节气所蕴含的农业智慧和劳动创造价值的认识有待深化。

(四)核心知识设计

科学:了解霜降节气的特点及其对果蔬生长、成熟度和营养成分的影响,果蔬呼吸作用、水分蒸发等生理过程与保鲜的关系,不同保鲜方法的原理和适用范围。

综合实践:制订详细的果蔬保鲜和果酱制作计划,包括确定实验变量、采购清单、操作流程和时间安排;组织实施实践活动,进行有效的团队协作;观察并记录保鲜过程中果蔬的变化和果酱制作过程中的现象,进行数据分析。

语文:收集和整理与霜降、果蔬相关的诗词、故事、谚语等素材;学习运用描写、叙事等写作手法,记录实践过程中的细节、感受和收获;通过写作提升语言表达能力,传播霜降节气和果蔬文化。

美术:观察霜降时节果蔬的色彩、形状和纹理,获取设计灵感;运用色彩搭配、图形设计等知识,设计独特的果蔬保鲜容器外观和果酱包装;通过绘画、摄影等艺术形式记录霜降时节的果蔬景观,展现自然之美。

劳动:熟练掌握果蔬的清洗、去皮、去核、切块等预处理技巧;正确使用保鲜设备和制作果酱的工具;严格遵守食品卫生安全规范,确保制作过程的安全和卫生。

三 驱动性问题/任务设计

(一)应用情境分析

应用情境原型:霜降后家庭中存在果蔬的储存难题,社区美食节上展示霜降特色美食。

情境类型:生活情境、社区活动情境。

(二)驱动性问题/任务设计

驱动性问题/任务:霜降来了,家里买的果蔬总是放不了多久就坏了,好可惜呀!我们怎样才能让这些果蔬保持新鲜呢?而且,我们能不能利用霜降后的果蔬,制作出美味的果酱,在社区美食节上展示呢?大家快来一起想办法吧!

最终作品:一份果蔬保鲜实验报告,详细记录保鲜实验的过程、数据和结论,分析不同保鲜方法对果蔬的影响;一瓶自制秋日果酱,制作出美味、安全的果酱,具有独特的秋日风味;一组创意保鲜容器和果酱包装设计图,设计出美观实用的保鲜容器外观和果酱包装,体现霜降和果蔬元素。

(三)驱动性问题/任务框架

了解霜降与果蔬的关系:关联知识与技能为霜降节气特点、果蔬生长规律。阶段性作品/成果为知识笔记。采购适合的果蔬:关联知识与技能为果蔬挑选方法、小组协商确定采购清单。阶段性作品/成果为采购清单、采购记录。设计果蔬保鲜实验方案：关联知识与技能为科学实验设计方法、保鲜知识。阶段性作品/成果为实验方案(包含实验目的、变量、步骤和预期结果)。开展果蔬保鲜实验并记录数据：关联知识与技能为观察能力、数据记录能力。阶段性作品/成果为实验数据记录表。学习果酱制作方法：关联知识与技能为烹饪技能。阶段性作品/成果为果酱制作步骤笔记。制作秋日果酱：关联知识与技能为烹饪技能、团队协作能力。阶段性作品/成果为果酱半成品。设计保鲜容器和果酱包装：关联知识与技能为美术设计能力。阶段性作品/成果为设计草图。撰写果蔬保鲜实验报告：关联知识与技能为写作能力、数据分析能力。阶段性作品/成果为实验报告初稿。

四 项目目标与评价设计

(一)项目学习目标

A1：了解霜降节气的特点以及对果蔬的影响。A2：掌握不同果蔬的保鲜原理和方法。A3：掌握果酱制作的基本步骤和技巧。A4：学习与霜降、果蔬相关的诗词文化。B1：准确选择适合霜降时节的果蔬进行采购。B2：设计并实施科学合理的果蔬保鲜实验，记录和分析数据。B3：制作出美味、安全的秋日果酱。B4：用生动的语言描述实践过程和感受，创作一篇实践报告。B5：设计出富有创意的果蔬保鲜容器和果酱包装。

(二)项目评价设计

对于 A1、B1 目标，评价依据是采购清单、采购记录、知识笔记，评价方式是教师评价、小组互评。对于 A2、B2 目标，评价依据是果蔬保鲜实验方案、实验数据记录表、实验报告，评价方式是教师评价、小组互评。对于 A3、B3 目标，评价依据是果酱成品、制作过程记录(照片、视频或文字记录)，评价方式是教师评价、学生自评(品尝评价)、社区美食节观众评价。对于 A4、B4 目标，评价依据是实践报告、与霜降和果蔬相关的诗词背诵情况，评价方式是教师评价、班级展示互评。对于 B5 目标，评价依据是创意保鲜容器和果酱包装设计图、设计说明，评价方式是教师评价、班级投票评价。

五 项目活动设计

（一）启动阶段（问题情境、项目计划）

1.创设情境

教师播放霜降时节果园、菜园里硕果累累的视频，展示各种挂满白霜的果蔬图片，包括裹着"糖霜"的柿子、被霜打过的青菜等，再给学生讲一个关于霜降的趣味故事：霜降仙子每年都会在这个时候给果蔬们施魔法，让它们变得更美味，可有些果蔬却因为保存不好，没等到大家品尝就坏掉了。以此激发学生对霜降果蔬保鲜和制作果酱的兴趣。教师观察学生在课堂上的表现并记录，判断学生对活动的兴趣程度。对应学习目标是 A1、A4。

2.制订计划

教师组织学生分组讨论项目任务，引导学生分工，从计划书是否包含详细的活动步骤、任务分配是否考虑学生的特长、时间安排是否合理等方面评价计划书的质量。

（二）探究阶段（活动探究、作品制作）

1.观察记录

教师带领学生到校园种植园或菜市场挑选果蔬，指导学生观察霜降后果蔬的外观变化。回到教室后，学生对自己挑选的果蔬进行分组保鲜处理，每天观察并记录果蔬的新鲜度，包括是否发霉、水分流失情况等。依据观察记录单中记录的果蔬特征变化是否准确详细、记录是否及时完整进行教师评价，考查学生的观察能力和记录习惯。对应学习目标是 A1、B1。

2.收集资料

教师带领学生前往学校图书馆，教学生通过图书分类找到与果蔬保鲜、霜降节气相关的图书。教师指导学生利用网络搜索引擎，筛选可靠的网站，收集霜降与果蔬的关系、各种保鲜方法的原理、果酱制作的配方等知识。从资料卡片内容的丰富程度、信息的准确程度以及与项目的相关程度等方面，小组之间相互评价，培养学生筛选和整理资料的能力。对应学习目标是 A2。

3.制作作品

教师为学生开展美术设计技巧小课堂，讲解色彩搭配知识，教学生简单的构图方法，用于设计保鲜容器标签和果酱包装。教师详细讲解果酱制作的步骤，从清洗、去皮、去核、切块,到煮制、搅拌、装瓶等,让学生动手制作秋日果酱。从果酱的口感、色泽、浓稠度,保鲜容器设计的美观性、实用性、果酱包装设计的创意和吸引力等方面,进行教师评价和学生互评,提升学生的动手能力和审美水平。对应学习目标是A3、B3、B5。

(三)展示阶段(成果交流、评价反思)

1. 校园展示与讲解

教师组织学生在校园内设置展示区,展示保鲜实验成果、自制的秋日果酱以及设计的保鲜容器和果酱包装。学生分组向其他同学讲解自己的保鲜实验过程、果酱制作心得,分享霜降与果蔬的有趣知识。教师提前给予讲解技巧的指导。根据讲解时的语言流畅度、知识讲解的准确性、展示成果的吸引力以及与观众互动的积极性,进行教师评价并收集其他学生的反馈意见,检验学生对知识的掌握和表达能力。对应学习目标是 B2、B3、B4、B5。

2. 评价反思

教师引导学生从知识收获、团队协作(小组内分工是否合理、合作是否顺利)、能力提升等方面进行自我评价和小组评价。教师提供反思报告模板,让学生回顾项目过程中的困难和解决办法。教师从反思报告是否深入剖析自身问题、对活动收获的总结是否全面准确等方面进行评价,帮助学生总结经验,提升综合能力。

附 录

最终作品评价表

评价维度	评价指标	自评	互评	总评
果蔬保鲜实验报告	实验步骤清晰,数据准确,分析合理,结论可靠,能够体现对果蔬保鲜知识的理解和应用	☆☆☆☆☆	☆☆☆☆☆	☆☆☆☆☆
自制秋日果酱	口感良好,无食品安全问题,具有明显的霜降时节果蔬特色风味,包装密封完好	☆☆☆☆☆	☆☆☆☆☆	☆☆☆☆☆
创意保鲜容器和果酱包装设计图	设计新颖独特,色彩搭配协调,能够突出霜降和果蔬主题,具有较高的实用性和观赏性	☆☆☆☆☆	☆☆☆☆☆	☆☆☆☆☆

冬之篇

立冬

唐 李白

冻笔新诗懒写，寒炉美酒时温。

醉看墨花月白，恍疑雪满前村。

立冬
（低年级）

魔法屋:地窖模型制作与暖宝宝 DIY

一 项目基本信息

项目名称为"立冬 魔法屋:地窖模型制作与暖宝宝 DIY"。主学科是综合实践、科学。关联学科是语文、美术、劳动。授课年级为小学低年级(一至三年级)。教学单元或知识点:立冬节气特点、简单储藏方法、材料的保温性、手工制作基础。课时安排:课内 3 课时 + 课外 1 课时。项目概要:本项目以"立冬的魔法屋"为主题,通过制作简易地窖模型和安全的暖宝宝,让学生在游戏化学习中理解"立冬藏万物"的智慧。项目融合科学探究、诗歌创作与手工实践,培养学生的观察能力、动手能力和文化感知力,激发学生探索冬季自然的兴趣。

二 项目内容分析

(一)课标分析

内容要求:综合实践方面,掌握简单的模型制作方法,能使用安全材料设计微型储藏空间;理解不同材料的保温性能差异。科学方面,观察立冬的物候变化,了解动物、植物的越冬方式,探究常见材料(棉花/泡沫/树叶)的保温效果。语文方面,学习与立冬相关的儿歌,能模仿创作简短的诗歌;用简单句式描述制作过程和发现。美术方面,学习剪贴、泥塑等技法,用自然材料装饰作品;运用冷暖色表现冬季氛围。劳动方面,安全使用剪刀、胶水,养成有序整理工具的习惯。

教学建议:开展"冬日寻宝"游戏,引导学生收集落叶、松果等自然材料。结合与立冬有关的儿歌表演,帮助学生记忆节气特征。设计"材料大挑战"实验,用温度计对比不同材料的保温效果。组织"魔法故事会",鼓励学生用作品讲述立冬故事。

学业质量标准:能说出立冬的主要物候现象,用简单的科学原理解释保温材料的作用。制作出结构稳固、装饰美观的地窖模型和安全暖宝宝。创作 3～5 句立冬儿歌,在班级展示分享。养成安全操作习惯,能与同伴合作完成任务。

(二)教材分析

纵向分析:本项目是对一年级"天气变化"单元的延伸,为三年级学习"材料与结构"奠定基础。通过具象化的地窖模型,帮助学生建立"功能与结构"的初步认知,衔接低年级的自然观察与高年级的科学探究。

横向分析:综合实践与科学在材料选择、实验设计上深度融合,语文为作品赋予文学色彩,美术提升作品的美观度,劳动培养实践技能。

(三)学情分析

先验知识:学生已认识四季变化,能说出冬季的特征,但对立冬的特殊意义和储藏文化认知模糊。

技能水平:学生能使用简单手工工具,但精细操作能力较弱。学生对实验探究有兴趣,但自主设计能力需提高。

思维特点:学生的思维以具体形象思维为主,需要借助实物操作来理解抽象概念。他们对"魔法"主题非常好奇,但注意力集中时间较短。

兴趣点:学生喜欢动手制作和角色扮演,尤其对会发热的暖宝宝非常好奇。但他们对复杂的步骤容易失去耐心,需设计游戏化环节。

价值观:学生具备初步的自然保护意识,但对立冬"藏"文化的意义理解浅显。

(四)核心知识设计

综合实践:掌握地窖模型基本结构,用鞋盒制作主体,通过挖孔—铺棉—封顶三步法模拟储藏空间。学习分层储藏方法,底层放置仿真蔬菜(黏土制作),中层填充保温材料(棉花/碎布),上层覆盖密封盖(锡纸＋卡纸)。

科学:观察立冬物候变化,记录植物落叶的情况,观察鸟类羽毛蓬松的现象。探究材料的保温性,做对比实验,发现棉花能延长水温保持时间。

语文:学习立冬儿歌《冬爷爷的礼物》,分析叠词运用,模仿创作简单句式。撰写观察日记,用拼音记录实验发现,搭配简单图画。

美术:学习自然材料拼贴,用松果、树皮装饰地窖外墙,用彩色黏土制作"魔法蔬菜"(红色胡萝卜、紫色茄子)。运用冷暖色对比,用蓝色系(天蓝、钴蓝)表现寒冷,用橙色系(橘红、柠檬黄)表现暖宝宝发热效果。

劳动：正确握持儿童剪刀修剪材料，用固体胶粘贴物品，避免接触高温材料。将实验材料分类放入"魔法工具箱"（标注"保温材料""装饰材料"），课后清洁桌面。

三　驱动性问题/任务设计

（一）应用情境分析

应用情境原型：班级"立冬魔法展"需要设计互动体验区。

情境类型：模拟任务情境。

（二）驱动性问题/任务设计

驱动性问题：作为"小小魔法师"，我们如何为班级魔法展设计一座既能展示立冬智慧，又能温暖小伙伴的魔法屋？

最终作品：可开启的地窖模型（含温度对比实验区）、安全暖宝宝套装（含创意包装与使用说明）、立冬魔法诗集（含学生原创儿歌与绘画）。

（三）驱动性问题/任务框架

冬天的魔法藏在哪里：关联知识与技能为物候观察、科学实验。阶段性作品/成果为立冬发现手账。如何建造不会冷的魔法屋：关联知识与技能为材料测试、模型制作。阶段性作品/成果为地窖设计草图。让暖宝宝发热的魔法配方：关联知识与技能为简单化学反应、安全操作。阶段性作品/成果为实验记录贴纸。编写魔法屋的故事书：关联知识与技能为儿歌创作、美术设计。阶段性作品/成果为魔法故事插画。

四　项目目标与评价设计

（一）项目学习目标

A1：了解立冬的物候特征。A2：了解常见材料的保温性能。A3：了解立冬儿歌的语言特点。A4：学习自然材料的装饰方法。B1：制作简易地窖模型并测试保温性。B2：安全完成暖宝宝DIY并记录现象。B3：创作并表演立冬主题儿歌。B4：通过角色扮演来表达设计思路。

（二）项目评价设计

对于A1、B1目标，评价依据是地窖模型、温度记录表，评价方式是教师评价、小组互评（贴纸奖励）。对于A2、B2目标，评价依据是暖宝宝使用反馈、实验贴纸，评价方式是家长评价、科学日志（笑脸印章）。对于A3、B3目标，评价依据是魔法诗集、表演视频,评价方式是创意写作星级评定、班级投票。对于 A4、B4 目标,评价依据是装饰材料清单、角色表演,评价方式是美术教师评分、合作能力量表。

五 项目活动设计

(一)启动阶段(问题情境、项目计划)

1.魔法屋召唤仪式

教师打开教室智能灯光系统,将北极熊母子冬眠洞穴的 4K 动画投影在弧形幕布上,冰屑簌簌落下的音效配合北极熊厚重的呼吸声,瞬间将学生带入极地世界。随后教师点击全息投影仪,3D 松鼠储粮影像从讲台中央升起,展示松鼠用颊囊搬运松果的慢动作特写。教师扮演"冬爷爷",从装饰着 LED 灯带的"魔法雪橇车"中取出绣着北极熊图案的丝绒袋,每个袋子里装有枫叶标本、松果、鹅卵石等自然材料。教师使用《魔法手势模仿记录表》,从课堂上学生的动作连贯性(能准确完成旋转三周动作)和表情生动性(眼睛发光、嘴角上扬)两方面记录,同时收集学生填写的《材料观察记录单》(需用比喻句描述材料的特征),用魔法星贴纸即时奖励。对应学习目标是 A1、A3。

2.魔法计划会议

教师将教室中央布置成圆顶帐篷,悬挂"魔法阵"挂毯,学生分组围坐在星空地毯上。教师展示用珠光黏土制作的 3D 立体地窖模型,模型中的冷藏室通过微型风扇模拟冷风循环。学生领取仿真水果(带果香涂层)、动物玩具(可发声)等道具,使用折叠式魔法分工卡(含材料采集员、结构设计师等角色徽章)进行任务分配,每组用荧光笔在设计图纸上标注通风口、防潮层等功能区域。教师从草图的完整性(包含 3 个以上功能区)、分工卡的合理性(角色任务匹配度)、合作参与度(发言次数统计)三方面评分,采用合作星贴纸 + 评语形式,将优秀设计投影在屏幕上展示。

(二)探究阶段(活动探究、作品制作)

1.冻土实验室

教师化身"冻土博士",在极地考察站风格的实验室中,指导学生用空瓶、棉瓶、泡沫瓶进行保温测试。每组配备电子温湿度记录仪,每 5 分钟记录水温变化。当某组水温异常时,其他小组启动"冻土救援",使用气凝胶毡、北极熊皮毛等仿真材料加固保温层。教师通过智能白板实时展示各组数据曲线。小组互评依据实验记录完整性(包含 20 组以上数据)、结论准确性(温差误差小于 2 ℃)、解决问题能力(救援方案的可行性),使用智慧星贴纸 + 实验报告评分表,将优秀方案存入班级科学档案。对应学习目标是 A2、B1。

2. 暖宝宝魔法工坊

教师启动 AR 虚拟仿真系统,学生佩戴眼镜观察铁粉氧化发热的过程。教师通过"魔法演示台"(带显微镜投影)展示真实反应,用颜色变化指示剂呈现温度变化。学生按配方混合发热材料,使用激光封口机密封包装袋,用夜光纤维贴纸、温感变色颜料设计包装,最后将成品放入"能量充电舱"(智能保温箱)测试效能。家长根据材料安全性(无残留尖锐物)、包装创意度(包含 2 种以上互动元素)、说明书完整性(含二维码链接操作视频)进行评价,使用安全星贴纸、家庭反馈单。安排优秀作品参加校级展览。对应学习目标是 B2。

3. 地窖水晶宫

教师使用激光切割机为学生制作地窖模型的门窗(配磁吸锁扣),学生填充三层保温层(气凝胶毡 + 北极熊皮毛仿真材料 + 反光锡纸)。装饰环节中,学生用 UV 树脂封装松果、树皮等自然材料,制作发光装饰球。教师提供 3D 打印的"魔法蔬菜"(含 LED 灯珠),学生用黏土制作不同种类的越冬食物,放入地窖模型时自动触发照明系统。美术教师从地窖模型的结构稳固性(承受 5 本书重量)、保温效果(内部温度保持 10 ℃以上)、艺术美观度(包含 5 种以上装饰元素)三方面评分,使用艺术星贴纸 + 三维评分量表,为优秀作品拍摄宣传海报。对应学习目标是 A4、B4。

(三)展示阶段(成果交流、评价反思)

1. 魔法屋开园派对

教师将教室布置成冰雪城堡,学生佩戴北极熊耳麦扮演解说员,使用激光笔讲解展品。来宾用"魔法手环"扫描 AR 贴纸,触发地窖工作原理动画。设置"温暖传递"环节,学生将暖宝宝赠送给其他低年级学生,并指导他们完成"魔法手套"体验游戏。其他低年级学生根据讲解清晰度(完整说明 2 个功能)、互动友好度(回答 3 个以上提问)、AR 操作熟练度投票,使用笑脸星贴纸、电子评价系统。票数前 3 名的学生获得"魔法小导师"称号。对应学习目标是 B3、B4。

2. 冰晶球反思时间

教师启动智能记忆盒,自动播放学生制作作品的花絮视频。学生记录科学发现,使用可旋转三维评分卡为组员评分。小组讨论制作过程中的成就与不足,进行反思,教师为"最佳魔法团队"颁发证书(含紫外线防伪标识)。教师依据反思深度、团队贡献度、创意新颖性进行星级评定,使用太阳星贴纸、反思日志档案袋,将优秀反思存入班级成长手册。

附 录

最终作品评价表

评价维度	评价指标	自评	互评	总评
地窖模型	结构完整(有门、窗、储物层),能直观展示保温效果对比	☆☆☆☆☆	☆☆☆☆☆	☆☆☆☆☆
暖宝宝	使用安全材料(铁粉＋蛭石＋水),发热均匀(38℃～42℃),包装设计富有童趣	☆☆☆☆☆	☆☆☆☆☆	☆☆☆☆☆
魔法诗集	包含3首以上原创儿歌,图文结合表现立冬特征	☆☆☆☆☆	☆☆☆☆☆	☆☆☆☆☆

立冬

（ 高 年 级 ）

魔法屋:地窖模型制作与暖宝宝 DIY

一 项目基本信息

项目名称为"立冬 魔法屋:地窖模型制作与暖宝宝DIY"。主学科是综合实践、科学。关联学科是语文、美术、劳动。授课年级为小学高年级(四至六年级)。教学单元或知识点:立冬节气特点、传统储藏智慧、热传导原理、手工制作技艺。课时安排:课内3课时＋课外1课时。项目概要:本项目以"立冬的魔法屋"为主题,通过制作微型地窖模型和DIY暖宝宝,让学生在动手实践中理解立冬"藏万物"的智慧。项目融合科学原理、文学创作与手工技艺,培养学生的观察能力、创新思维和文化传承意识,激发学生探索冬季自然奥秘的兴趣。

二　项目内容分析

（一）课标分析

内容要求：综合实践方面，掌握模型制作的基本方法，能使用环保材料设计简易储藏空间；理解热传导原理，学会安全使用常见材料制作保暖物品。科学方面，探究不同材料的保温性能，分析地窖结构与温度保持的关系；了解立冬的气候特点对动物与植物的影响。语文方面，收集与立冬相关的谚语、诗词，学习借物抒情的写作手法；能撰写说明文介绍地窖和暖宝宝的制作过程。劳动方面，熟练使用手工工具，养成安全操作和有序收纳的习惯。

教学建议：开展"冬日探秘"主题实践，组织学生观察校园植物的变化，记录立冬物候。利用多媒体展示地窖建造过程，结合《齐民要术》等古籍讲解传统储藏智慧。设计"材料大挑战"实验，对比不同材料的保温效果。鼓励学生为暖宝宝设计诗意名称，撰写使用说明书。

学业质量标准：能准确描述立冬的气候特征，用科学原理解释地窖和暖宝宝的功能。制作出结构合理、保温性强的地窖模型和实用暖宝宝。创作富有童趣的立冬小诗或说明文，在班级展示分享。养成团队协作精神，能清晰地表达设计思路并改进作品。

（二）教材分析

纵向分析：本项目是对三年级"天气与生活"单元课程的深化、对四年级"材料与结构"课程的拓展。通过具象化的地窖模型，帮助学生构建"结构决定功能"的科学认知，为六年级学习"建筑中的科学"奠定基础。立冬文化内容衔接五年级上册"中华传统文化"主题，强化文化传承意识。

横向分析：综合实践与科学在材料选择、结构设计上深度融合，语文为作品赋予文化内涵，美术提升模型美观度，劳动培养实践技能。

（三）学情分析

先验知识：学生已掌握基础手工技能，了解温度计的使用方法，背诵过《立冬》等节气诗歌，但对立冬的物候特征、地窖的科学原理缺乏系统认知。

技能水平：学生能使用剪刀、胶水等工具，但复杂结构设计能力较弱，对热传导概念有初步了解，但难以解释实际应用案例。

思维特点:学生的抽象逻辑思维正在发展,他们需要通过实物操作理解结构与功能的关系,对传统智慧兴趣浓厚,但易忽略其中的科学内涵。

兴趣点:学生对动手制作充满热情,尤其喜欢带有"魔法"元素的主题,对暖宝宝发热原理有强烈好奇心,但需加强安全操作意识。

价值观:学生具有一定文化认同感,但对立冬"藏"文化的现代意义理解不深。

（四）核心知识设计

综合实践:掌握地窖模型设计三要素,深度比例需符合 1∶20 科学标准(例如, 20 cm 深对应实际 4 m),通风口设计成"Z"型以防冷空气倒灌,顶部采用多层避光材料(黑卡纸＋锡纸＋黏土)。分层制作法包含底层用泡沫板搭建储物格(模拟红薯/萝卜分区),中层用竹签＋热胶枪制作三角支撑结构,上层用密封胶粘贴塑料膜实现防潮密封。

科学:土壤保温实验中,对比干燥土壤 [导热系数 0.25 W/(m·K)] 与湿润土壤 [0.5 W/(m·K)] 的保温效果,发现湿度增加会使保温性能下降 20%。暖宝宝配方优化,通过控制变量法测试材料的配比,记录温度曲线(峰值 45 ℃,持续 6 h)。

语文:诗词赏析聚焦陆游《立冬》"室小财容膝,墙低仅及肩",分析"容膝"等词如何体现古人的储藏智慧,学习"以物喻冬"的手法。说明文创作要求:运用列数字(地窖温度比外界高 8 ℃～10 ℃)、打比方等方法,结合"立冬不砍菜,必定要受害"的谚语来写作。

美术:色彩设计采用互补色对比,地窖外墙用钴蓝色表现冻土,门缝透出橘红色暖光,地面添加银灰色雪花来增强立体感。制作立体结构时,将卡纸折叠成立方体地窖,用刻刀雕刻出可推拉的木门,屋檐处粘贴白色黏土来制作冰凌,墙面装饰麦秆来模拟传统草编纹路。

三 驱动性问题／任务设计

（一）应用情境分析

应用情境原型:校园"立冬文化节"需要设计一个互动展台。

情境类型:真实任务情境。

（二）驱动性问题／任务设计

驱动性问题:作为"冬日魔法师",我们如何为校园文化节设计一座既能展示立冬智慧,又能为低年级同学提供温暖的"魔法屋"?

最终作品:可开合的立体地窖模型(含温度显示装置)、创意暖宝宝套装(含个性化包装与使用手册)、魔法屋讲解剧本(含立冬谚语互动游戏)。

(三)驱动性问题/任务框架

立冬的魔法密码是什么:关联知识与技能为收集立冬谚语、诗词。阶段性作品/成果为文化寻宝手册。如何建造会呼吸的地窖:关联知识与技能为土壤保温实验、结构设计。阶段性作品/成果为地窖设计草图。让暖宝宝发热的魔法配方:关联知识与技能为化学反应探究、材料配比。阶段性作品/成果为实验记录单。设计魔法屋互动剧本:关联知识与技能为语言表达、戏剧创作。阶段性作品/成果为讲解剧本初稿。

四 项目目标与评价设计

(一)项目学习目标

A1:了解立冬的气候特点与物候现象。A2:了解传统地窖的建造智慧。A3:掌握暖宝宝发热的科学原理。A4:学习立冬诗词中的修辞手法。B1:设计并制作科学美观的地窖模型。B2:安全完成暖宝宝 DIY 并测试性能。B3:创作富含文化元素的讲解剧本。B4:通过团队协作解决设计难题。

(二)项目评价设计

对于 A1、A2、B1 目标,评价依据是地窖模型、温度测试报告,评价方式是教师评价、小组互评。对于 A3、B2 目标,评价依据是暖宝宝使用反馈表、材料实验记录,评价方式是家长评价、科学日志。对于 B3 目标,评价依据是讲解剧本、互动游戏设计,评价方式是文化节观众投票、语言表达评分。对于 A4、B4 目标,评价依据是立冬主题诗歌创作、团队分工表,评价方式是创意写作星级评定、合作能力量表。

五 项目活动设计

(一)启动阶段(问题情境、项目计划)

1.魔法屋召唤仪式

教师打开教室智能灯光系统,北极圈极光全息投影立即在墙面展开,配合呼啸的风雪音效。教师播放因纽特人建造冰屋的 4K 纪录片,暂停画面时用电子教鞭标注冰砖切割角度。教师穿着可感应环境光的"魔法师斗篷",用"魔杖"点击黑板触发 AR 动画,浮现出可旋转的"立冬魔法屋"三维模型。教师通过《魔法问答记录册》统计学生提问数量(每提 1 个科学问题加 1 分),使用动作捕捉摄像头评估魔法手势模仿准确率(达到 80% 以上为优秀)。对应学习目标是 A1、A3。

2. 冰雪计划会议

教师组织学生分组使用平板设备上的 XMind 软件,绘制包含"智能储物""能量循环"等 10 个功能模块的地窖模型思维导图。每组领取带 NFC 芯片的智能分工卡,扫描后自动分配材料工程师、结构设计师等角色。学生在荧光防水便笺纸上写出 3 个奇幻功能创意,通过激光打印机生成彩色计划书。教师从计划书的创新性(含 5 个以上科技元素)、分工的合理性、团队协作效率三方面评分,将优秀方案生成 3D 打印模型在教室里展示。

(二)探究阶段(活动探究、作品制作)

1. 冻土实验室

教师指导学生使用精度 ±0.05 ℃ 的土壤温度传感器,测量 5 cm、15 cm、30 cm 深度的土壤温度,数据实时显示在智能白板的三维分布图上。各小组用红黏土制作含泡沫颗粒保温层的土壤模型,通过湿度传感器对比干燥与湿润状态的保温效果,使用数据采集软件生成对比曲线。小组互评依据实验数据完整性(包含 24 组以上数据)、结论逻辑性、创新改进点,使用智慧星贴纸、实验报告评分量表(含 5 项指标)。对应学习目标是 A1、A3。

2. 暖宝宝炼丹坊

教师化身"炼丹师",指导学生使用精度 0.1 g 的电子天平称量配方中的氯化钠、铁粉、活性炭、蛭石,放入密封袋中,加入 5 mL 水后用智能温度记录仪绘制 15 min 内的温度变化曲线。每组为最优配方设计有诗意的名称。家长根据温度测试报告(最高温度不低于 50 ℃)、创意命名水平、安全操作记录进行评价。对应学习目标是 B2。

3. 地窖水晶宫

教师教授 Tinkercad 软件基础操作,指导学生用透明亚克力板搭建可分层的"水晶地窖"。各小组在模型中安装 LED 智能控制系统模拟地热,用超轻黏土制作含荧光粉的发光"魔法萝卜"。教师提供《立冬》诗句数据库,学生选择诗句,用激光雕刻机在外墙玻璃上,确保诗句与功能区主题匹配。教师从结构的科学性、文化元素的融合度、技术实现的难度三方面评分,使用艺术星贴纸、三维评分量表(含 5 项指标)。对应学习目标是 A2、B1。

(三)展示阶段(成果交流、评价反思)

1.魔法屋开园仪式

教师组织学生穿着可调节温度的智能温控斗篷,在校园文化节上进行"冬日魔法师"巡游。低年级学生通过 VR 眼镜体验地窖智能储物功能,使用互动平板投票选出"最想拥有的魔法科技"。学生现场制作暖宝宝,用激光刻字机刻上祝福语后赠送给其他同学。学生通过电子反馈卡(含 5 项评分指标)和点赞墙投票。优秀讲解员获得"魔法大使"勋章(含 NFC 芯片记录服务时长)。对应学习目标是 B3、B4。

2.冰晶球反思会

教师指导学生将项目过程制作成"冰晶球记忆瓶",瓶内包含 3D 打印的关键实验模型、存储团队日志的二维码标签、冰蓝色反思纸条。各小组使用智能评分系统(含科学、技术、艺术三个维度)进行自评、互评,系统自动生成"魔法成长树"可视化评价报告。教师依据反思内容的深度、团队协作贡献度、技术创新点进行星级评定,使用太阳星贴纸、电子成长档案(含过程性数据)。

附 录

最终作品评价表

评价维度	评价指标	自评	互评	总评
地窖模型	结构科学(深度比例 1:20),能演示储藏原理,外观富有童话色彩	☆☆☆☆☆	☆☆☆☆☆	☆☆☆☆☆
暖宝宝	发热均匀(40 ℃～50 ℃持续 4 小时),包装设计融合诗词元素	☆☆☆☆☆	☆☆☆☆☆	☆☆☆☆☆
讲解剧本	包含 3 个互动环节,能清晰地传达立冬文化内涵与科学原理	☆☆☆☆☆	☆☆☆☆☆	☆☆☆☆☆

小雪

唐 戴叔伦

花雪随风不厌看，更多还肯失林峦。

愁人正在书窗下，一片飞来一片寒。

小雪

（低年级）

彩虹魔法：棱镜实验与雪景沙画

一 项目基本信息

项目名称为"小雪 彩虹魔法：棱镜实验与雪景沙画"。主学科是科学、美术。关联学科是语文、劳动。授课年级为小学低年级（一至三年级）。教学单元或知识点：光的折射现象、沙画基础技法、小雪节气特征、简单诗歌创作。课时安排：课内 3 课时＋课外 1 课时。项目概要：本项目以"小雪的彩虹魔法"为主题，通过棱镜实验解密彩虹的形成，结合雪景沙画创作，让学生在游戏化学习中感受"雪后见彩虹"的自然之美。项目融合光学原理、诗歌创作与手工实践，培养学生的观察力、创造力和文化感知力，激发学生探索冬季自然的兴趣。

二 项目内容分析

（一）课标分析

内容要求：科学方面，观察光的折射现象，了解彩虹形成的基本条件；探究不同材料（水/玻璃/水晶）的透光性差异。美术方面，学习沙画基础技法（撒、漏、抹），用自然材料表现雪景；运用冷色调（蓝/白）与暖色调（橙/黄）表现彩虹的色彩。语文方面，学习小雪主题的儿歌，能模仿创作简短的诗歌；用简单句式描述实验过程和感受。劳动方面，安全使用实验器材和沙画工具，养成有序整理习惯。

教学建议：开展"彩虹寻宝"游戏，引导学生用三棱镜寻找教室中的彩虹。结合《小雪》儿歌表演，帮助学生记忆节气特征。设计"彩虹调色盘"实验，用食用色素调配彩虹色沙。组织"魔法故事会"，鼓励学生用作品讲述小雪故事。

学业质量标准：能说出彩虹的颜色顺序，用简单的语言描述棱镜实验现象。制作出色彩协调、主题明确的雪景沙画。创作 3～5 句小雪主题的儿歌，在班级展示分享。养成安全操作习惯,能与同伴合作完成任务。

(二)教材分析

纵向分析:本项目是对一年级"光与影"单元的延伸,为三年级学习"光的传播"奠定基础。通过具象化的棱镜实验,帮助学生建立"光与色"的初步认知,衔接低年级的自然观察与高年级的科学探究。

横向分析:科学与美术在色彩认知、材料运用上深度融合,语文为作品赋予文学色彩,劳动培养实践技能。例如,用语文创作的儿歌命名沙画作品,科学实验结果指导色彩的选择,美术课设计沙画构图,劳动课完成材料整理。

(三)学情分析

先验知识:学生已认识彩虹的颜色,能识别冷、暖色,但对光的折射原理和小雪节气特征认知模糊。

技能水平:学生能使用简单的手工工具,但精细操作能力较弱,对实验探究有兴趣,但需提高自主设计能力。

思维特点:学生的思维以具体形象思维为主,他们需要借助实物操作理解抽象概念,对"魔法"主题非常好奇,但注意力集中时间较短。

兴趣点:学生喜欢动手制作和角色扮演,尤其对会变彩虹的棱镜非常好奇,对复杂步骤容易失去耐心,需设计游戏化环节。

价值观:学生具有审美意识,但对小雪节气的文化内涵理解浅显。

(四)核心知识设计

科学:观察光的折射现象,用三棱镜在阳光下制造彩虹,发现彩虹由红、橙、黄、绿、蓝、靛、紫组成。探究材料透光性,通过对比实验(空瓶/水瓶/玻璃片),发现水和玻璃能更清晰地折射光线。

美术:学习沙画的基础技法,用"撒沙法"表现雪地,用"漏沙法"绘制彩虹弧线,用"抹沙法"塑造雪人形态。运用冷暖色搭配,用冷色调(湖蓝、钛白)表现雪地,用暖色调(朱红、柠檬黄)表现彩虹,用过渡色(浅紫)连接画面。

语文:学习小雪儿歌《彩虹糖》,分析拟声词的运用,模仿创作简单的句式。撰写观察日记,记录实验发现,搭配简单图画。

劳动:正确握持儿童三棱镜,用安全剪刀修剪画纸,用毛刷清理沙粒。将实验材料分类放入"彩虹工具箱"(标注"透明材料""彩色沙粒"),课后清洁桌面。

三 驱动性问题/任务设计

（一）应用情境分析

应用情境原型：班级"彩虹魔法角"需要创意作品。

情境类型：模拟任务情境。

（二）驱动性问题/任务设计

驱动性问题：作为"彩虹小魔法师"，我们如何为班级魔法角制作既能展示小雪美景，又能变出彩虹的魔法作品？

最终作品：棱镜彩虹瓶（含实验观察记录）、雪景沙画贴画（含自然材料装饰）、彩虹魔法诗集（含学生原创儿歌与绘画）。

（三）驱动性问题/任务框架

彩虹藏在什么地方：关联知识与技能为棱镜实验、颜色观察。阶段性作品/成果为彩虹发现手账。如何让雪地里长出彩虹：关联知识与技能为沙画构图、色彩搭配。阶段性作品/成果为沙画设计草图。编写彩虹魔法咒语：关联知识与技能为小雪儿歌赏析、诗歌创作。阶段性作品/成果为魔法诗歌卡片。装饰魔法作品：关联知识与技能为自然材料拼贴、安全操作。阶段性作品/成果为材料装饰清单。

四 项目目标与评价设计

（一）项目学习目标

A1：了解彩虹的颜色顺序。A2：了解小雪的物候特征。A3：了解儿歌的押韵规律。A4：了解自然材料的装饰方法。B1：制作棱镜彩虹瓶并描述现象。B2：创作简单沙画表现雪景与彩虹。B3：创作并表演小雪主题儿歌。B4：通过角色扮演来表达创作思路。

（二）项目评价设计

对于 A1、B1 目标，评价依据是彩虹瓶、观察记录单，评价方式是教师评价、小组互评（贴纸奖励）。对于 A2、B2 目标，评价依据是沙画作品、材料使用说明，评价方式是美术教师评分、家长评价（笑脸印章）。对于 A3、B3 目标，评价依据是魔法诗集、表演视频，评价方式是创意写作星级评定、班级投票。对于 A4、B4 目标，评价依据是装饰材料清单、角色表演，评价方式是劳动教师评分、合作能力量表。

五 项目活动设计

（一）启动阶段（问题情境、项目计划）

1. 彩虹魔法召唤

教师打开教室智能灯光系统，冰岛极光的全息投影立即在弧形幕布上展开，蓝绿色光影随着音乐节奏流动。教师戴着"彩虹魔法帽"，手持内置 LED 灯的水晶球，翻开互动魔法绘本《小雪的彩虹桥》，书页翻动时触发 AR 彩虹图案从桌面升起。学生佩戴着会变色的彩虹手环（含光敏传感器），跟随教师复述"魔法咒语""七彩光，小雪降，彩虹桥，连天上"。教师使用《魔法互动记录表》，记录学生彩虹颜色复述正确率（答对 4 种以上颜色为优秀）和"咒语"跟读整齐度（节奏误差小于 2 秒），用彩虹贴纸即时奖励。对应学习目标是 A1、A3。

2. 魔法任务会议

教师组织小组用荧光黏土制作立体彩虹模型，每小组领取 3D 打印的雪地城堡和彩虹桥参考模型。学生使用带 NFC 芯片的魔法分工卡，在防水设计图纸上绘制沙画场景，用亮片标注重点装饰区域。教师通过平板设备展示往届优秀设计案例，并用激光笔圈出创新点。教师从草图创意性（包含小雪元素）、分工卡合理性（角色任务匹配）、团队协作效率（完成时间记录）三方面评分，将优秀设计投影在屏幕展示，使用合作星星贴纸奖励。

（二）探究阶段（活动探究、作品制作）

1. 彩虹实验室

教师指导学生使用儿童棱镜在阳光充足的窗台寻找彩虹，每小组配备太阳追踪卡（带方向箭头）和观察记录贴纸。学生用放大镜观察棱镜内部结构，将颜色排列顺序贴在彩虹手账本上，完成者获得"彩虹勋章"（含 UV 变色功能）。教师通过智能白板实时展示各小组发现的彩虹位置。小组互评依据颜色排列的正确性（误差不超过 1 种颜色）、观察记录完成度（含 5 个以上细节）、科学问题提出数量（每提 1 个问题加 1 分），使用智慧星星贴纸或手账评分量表。对应学习目标是 A2、B1。

2. 沙画魔法工坊

教师通过慢动作视频演示沙画基础技法（撒、漏、抹），重点讲解蓝色和白色沙粒的混合比例。学生使用安全剪刀剪裁树叶模板，用毛刷均匀涂抹胶水，将彩色沙粒固定在底板上。教师提供 LED 灯箱，帮助学生观察沙粒流动效果，将优秀作品用真空封装机保存。教师从构图完整性(包含雪、彩虹、太阳)、材料创新性(使用3种以上特殊沙粒)、色彩搭配合理性三方面评分,使用艺术星星贴纸、三维评分量表。对应学习目标是 B2。

3. 彩虹诗歌屋

教师引导学生通过五感观察卡进行创作,使用诗歌模板编写《小雪的彩虹糖》儿歌。每小组用录音笔录制朗诵音频。对应学习目标是 A4、B3。

(三)展示阶段(成果交流、评价反思)

1. 魔法彩虹派对

教师组织学生佩戴彩虹解说员胸牌(带扩音器),在班级魔法角布置沙画作品墙。学生扮演"魔法精灵"(佩戴发光头饰),通过触摸作品触发语音讲解。学生使用互动平板投票选出"最受欢迎的彩虹秘密",前三名获得"彩虹使者"徽章(含光敏变色功能)。对应学习目标是 B4。

2. 冰晶球反思时刻

教师指导学生将作品存入"彩虹记忆罐"(智能感应开启),进行反思。每小组使用旋转式评分卡(含科学、艺术、合作三个维度)进行自评互评,生成"魔法成长树"可视化评价报告。教师为"最佳魔法团队"颁发证书(含紫外线防伪标识)。教师依据反思深度、团队贡献度、创意新颖性进行星级评定,使用太阳星星贴纸、电子成长档案。

附 录

最终作品评价表

评价维度	评价指标	自评	互评	总评
彩虹瓶	能稳定投射彩虹光带,记录单包含颜色顺序和材料发现	☆☆☆☆☆	☆☆☆☆☆	☆☆☆☆☆
沙画贴画	构图完整(有雪、彩虹、太阳),自然材料使用合理(树叶、小石子)	☆☆☆☆☆	☆☆☆☆☆	☆☆☆☆☆
魔法诗集	包含2首以上原创儿歌,图文结合表现小雪特征	☆☆☆☆☆	☆☆☆☆☆	☆☆☆☆☆

小雪（高年级）

彩虹魔法：棱镜实验与雪景沙画

一 项目基本信息

项目名称为"小雪 彩虹魔法：棱镜实验与雪景沙画"。主学科是科学、美术。关联学科是语文、劳动、信息技术。授课年级为小学高年级（四至六年级）。教学单元或知识点：光的折射原理、三棱镜分光现象、沙画创作技巧、小雪节气文化。课时安排：课内 3 课时 + 课外 1 课时。项目概要：本项目以"小雪的彩虹工坊"为主题，通过棱镜实验解密彩虹的形成，结合雪景沙画创作，让学生在科学探究与艺术创作中感受"雪霁初晴见彩虹"的自然之美。项目融合光学原理、手工技艺与文学赏析，培养科学思维、艺术表现力和文化感知力，激发学生探索冬季自然现象的兴趣。

二 项目内容分析

（一）课标分析

内容要求：科学方面，掌握光的折射与色散原理，理解三棱镜分光现象；探究小雪节气中冰晶对光线的影响，了解彩虹形成条件。美术方面，学习沙画构图技巧，掌握冷色调与暖色调的搭配方法；运用彩沙表现雪后初晴的彩虹景象，提升空间造型能力。语文方面，收集与小雪节气相关的诗词，学习比喻、拟人等修辞手法；能撰写观察日记，记录实验过程，创作以彩虹为主题的儿童诗。劳动方面，熟练使用实验器材和沙画工具，养成安全操作和整理材料的习惯。

教学建议：开展"光的奇幻之旅"实验探究，组织学生用三棱镜制造彩虹，观察不同角度的光色变化。结合《诗经》"今我来思，雨雪霏霏"，引导学生感受小雪节气的诗意。设计"彩虹调色盘"沙画工作坊，用蓝色系沙粒表现雪地，用橙红色系沙粒表现彩虹。利用延时摄影记录沙画创作过程，制作成科普短视频。

学业质量标准:能准确解释彩虹形成的科学原理,用三棱镜成功制造彩虹。创作色彩协调、主题鲜明的雪景沙画作品。撰写图文并茂的实验报告,创作富有想象力的彩虹主题诗歌。养成合作探究精神,能清晰地阐述创作思路并改进作品。

(二)教材分析

纵向分析:本项目是对四年级"光的传播"单元课程的深化,是五年级"色彩的奥秘"课程的拓展。通过具象化的棱镜实验,帮助学生构建"光与色"的科学认知,为六年级学习"电磁波谱"奠定基础。小雪文化内容衔接"节气里的中国"主题,强化传统文化与自然科学的联系。

横向分析:科学与美术在光色原理、色彩运用上深度融合,语文为作品赋予文学意境,劳动保障实践操作,信息技术记录创作过程。例如,用语文课收集的诗句命名沙画作品,用科学实验数据指导彩虹色彩搭配,美术课设计沙画构图,劳动课完成材料整理。

(三)学情分析

先验知识:学生已掌握光沿直线传播的知识,能识别彩虹的七种颜色,但对色散原理和冰晶折射现象理解模糊。

技能水平:学生能使用放大镜、三棱镜等工具,但复杂实验操作能力较弱。学生对沙画创作有浓厚的兴趣,但构图能力和色彩运用能力需加强。

思维特点:学生处于从具体运算向形式运算过渡期,需要通过动手操作理解抽象的光学原理。学生对传统文化中的自然意象有感知,但难以将其与科学现象建立联系。

兴趣点:学生对彩虹形成的"魔法"原理非常好奇,喜欢沙画创作的自由表达形式,对实验失败有挫败感,需加强过程性指导。

价值观:学生具有一定审美能力,但对小雪节气中"藏彩虹"的文化内涵理解不深。

(四)核心知识设计

科学:深入探究三棱镜分光原理,白光通过三棱镜分解为红、橙、黄、绿、蓝、靛、紫七色光。理解不同色光折射率的差异。研究小雪冰晶折射现象。模拟云层中的冰晶结构,用六角棱镜演示光线折射—反射—折射的过程。掌握实验操作技能,调整三棱镜角度至42°临界角,观察室内外不同光源下的彩虹效果。

美术:学习沙画构图技巧,采用"近景雪地—中景彩虹—远景雪山"的三层构图,用白色细沙表现雪地反光,将彩沙堆叠出彩虹的弧度。运用冷暖色调对比,用冷色调(钴蓝、群青)表现积雪的纯净,用暖色调(朱红、橘黄)表现彩虹的温暖,通过过渡色增强画面的立体感。创新材料的使用,混合荧光沙粒表现夜间的彩虹,加入细盐模拟冰晶闪烁效果。

语文:赏析小雪诗词中的光色描写,学习"以光写静"的表现手法。创作彩虹主题儿童诗:运用比喻、拟人等修辞,结合科学原理描述光色变化,撰写实验观察日记:用"五感法"记录实验过程。

劳动:掌握实验器材的使用规范,正确握持三棱镜,避免滑落,安全处理玻璃器皿。提升沙画工具的操作能力,用竹片雕刻沙画细节,通过手腕抖动控制沙粒的流速。培养整理材料的习惯:分类回收实验废液与沙画余料,制作"彩虹再生瓶"。

三 驱动性问题/任务设计

(一)应用情境分析

应用情境原型:校园科技节需要设计"小雪彩虹屋"互动展区。

情境类型:真实任务情境。

(二)驱动性问题/任务设计

驱动性问题:作为"彩虹魔法师",我们如何在小雪节气为校园科技节打造一座既能展示光色魔法,又能体验冰雪艺术的奇幻工坊?

最终作品:可调节角度的棱镜彩虹演示器(含科学原理解说牌)、动态雪景沙画装置(含 LED 灯光效果)、彩虹魔法诗集(含实验观察日记与沙画创作故事)。

(三)驱动性问题/任务框架

彩虹藏在什么地方:关联知识与技能为三棱镜实验、光的折射。阶段性作品/成果为彩虹光谱记录表。如何让雪地里长出彩虹:关联知识与技能为沙画构图、色彩搭配。阶段性作品/成果为沙画设计草图。彩虹魔法的秘密咒语:关联知识与技能为小雪诗词赏析、诗歌创作。阶段性作品/成果为魔法诗歌草稿。搭建彩虹工坊的魔法阵:关联知识与技能为电路连接、沙画装置制作。阶段性作品/成果为 LED 沙画台原型。

四 项目目标与评价设计

（一）项目学习目标

A1：了解彩虹形成的光学原理。A2：了解小雪节气的气候特征。A3：学习沙画创作的色彩规律。A4：学习小雪主题诗词的修辞手法。B1：独立完成棱镜分光实验并记录现象。B2：创作融合科学与艺术的雪景沙画。B3：撰写富含科学元素的彩虹主题诗歌。B4：通过团队协作解决装置故障问题。

（二）项目评价设计

对于 A1、B1 目标，评价依据是实验报告、光谱记录图，评价方式是教师评价、小组互评。对于 A3、B2 目标，评价依据是沙画装置、色彩搭配分析表，评价方式是美术教师评分、观众投票。对于 A2、B3 目标，评价依据是彩虹诗集、日记手账，评价方式是创意写作星级评定、家长反馈。对于 A4、B4 目标，评价依据是诗词分析卡、团队分工表，评价方式是语言表达评分、合作能力量表。

五 项目活动设计

（一）启动阶段（问题情境、项目计划）

1. 彩虹魔法召唤

教师启动全息投影仪，同步播放冰岛极光与撒哈拉沙漠彩虹的 4K 纪录片片段，冰原与沙丘的光影对比在教室墙面上流动。教师穿着可随光线变化的"魔法师长袍"，手持水晶棱镜指向窗户，阳光折射出的彩虹立即投射在地面上。教师展示敦煌沙画艺术视频，暂停画面时用电子教鞭标注沙粒堆叠技法。教师使用《魔法手势评分表》评估学生棱镜折射角度模仿的准确性（误差小于 5°），记录创意提问质量（每提 1 个跨学科问题加 2 分），用魔法师徽章贴纸即时奖励。对应学习目标是 A1、A2。

2. 工坊任务会议

教师组织小组使用平板设备上的 MindMaster 软件，绘制包含"光色分离"等 8 个功能模块的彩虹工坊思维导图。每组领取带 NFC 芯片的智能分工卡，扫描后自动分配光学工程师、沙画艺术家等角色。学生用荧光笔在防水图纸上标注棱镜装置设计参数（例如，入射角 60°），使用 3D 打印笔制作沙画沙盘模型。教师从计划书的创新性、分工的合理性、团队协作效率等方面进行评分，将优秀方案生成 3D 打印原型展示。

（二）探究阶段（活动探究、作品制作）

1. 冰晶棱镜实验室

教师指导学生使用三棱镜在阳光充足的窗台上制造彩虹，同步用湿度计（精度 ±2% RH）监测环境湿度。学生用 pH 试纸模拟冰晶酸碱度测试，记录不同湿度下的光色变化数据，使用 Excel 生成相关性分析图表。小组互评依据实验数据完整性（包含 20 组以上数据）、结论逻辑性（$R^2 > 0.8$）、创新改进点（添加滤光装置等），使用智慧星贴纸、实验报告评分量表（含 5 项指标）。对应学习目标是 A1、B1。

2. 雪晶沙画炼丹坊

教师通过慢动作视频演示"沙粒炼金术"技法，重点讲解粗砂（粒径 1～2 mm）、细沙（0.5～1 mm）、荧光沙（含夜光粉）的混合比例。学生使用磁吸沙盘（带 XY 轴定位系统）动态演示"雪后彩虹"，用竹制雕刻刀精细塑造冰晶纹理。教师提供显微镜观察沙粒的表面结构，将优秀作品用真空镀膜机进行防潮处理。美术教师从沙画的层次感、色彩创新性、技术实现难度等方面进行评分，使用艺术星贴纸、三维评分量表。对应学习目标是 A3、B2。

3. 彩虹诗歌工坊

教师引导学生通过五感观察卡进行创作，使用诗歌模板（含押韵字典）编写《彩虹的秘密日记》。每组用录音笔录制朗诵音频，将优秀作品生成带动画效果的魔法诗集手稿（扫描显示 AR 场景）。教师依据诗歌的想象力、科学元素融合度、录音质量进行星级评定。对应学习目标是 A4、B3。

（三）展示阶段（成果交流、评价反思）

1. 彩虹工坊开园式

教师组织学生穿着可变色光的"光色魔法师斗篷"，在科技节进行巡游展示。可旋转展台（转速 0～5 rpm，可调）上的棱镜装置实时投射动态彩虹，沙画装置通过光影编程软件（TouchDesigner）配合 LED 灯光表演《小雪的彩虹舞》。观众使用互动答题器参与"彩虹知识挑战赛"。对应学习目标是 B4。

2. 冰晶球反思仪式

教师指导学生将项目成果制作成"彩虹记忆瓶"，将棱镜碎片用环氧树脂封存（折射率 1.55），将沙画余料制成彩虹瓶。每组使用旋转式评分卡进行自评、互评，生成"魔法成长树"可视化评价报告并进行反思。教师给"最佳魔法团队"颁发证书。

教师依据反思深度、团队贡献度、技术创新点进行星级评定。

附 录

最终作品评价表

评价维度	评价指标	自评	互评	总评
棱镜演示器	能稳定投射彩虹光带,解说牌包含光路图与小雪气候说明	☆☆☆☆☆	☆☆☆☆☆	☆☆☆☆☆
沙画装置	沙画可循环展示,灯光与沙粒颜色形成冷暖对比,体现雪后彩虹意境	☆☆☆☆☆	☆☆☆☆☆	☆☆☆☆☆
彩虹诗集	诗歌富有童趣且包含科学元素,日记图文结合展示探究过程	☆☆☆☆☆	☆☆☆☆☆	☆☆☆☆☆

江雪

唐 柳宗元

千山鸟飞绝，万径人踪灭。

孤舟蓑笠翁，独钓寒江雪。

大雪

（低年级）

冰雪城堡：纸屋承重实验与雪花剪纸

一 项目基本信息

项目名称为"大雪 冰雪城堡：纸屋承重实验与雪花剪纸"。主学科是科学、美术。关联学科是语文、劳动。授课年级为小学低年级（一至三年级）。教学单元或知识点：冰雪的物理特性、纸的结构承重、雪花的对称美、简单诗歌创作。课时安排：课内 3 课时 + 课外 1 课时。项目概要：本项目以"大雪的冰雪城堡"为主题，通过纸屋承重实验探索冰雪建筑的奥秘，结合雪花剪纸艺术，让学生在游戏化学习中感受"积雪覆万物"的自然力量。项目融合科学探究、诗歌创作与手工实践，培养学生的观察力、动手能力和文化感知力，激发学生探索冬季自然的兴趣。

二 项目内容分析

（一）课标分析

内容要求：科学方面，观察冰雪的物理特性，探究纸结构的承重能力；了解大雪的节气特征。美术方面，学习雪花剪纸的基础技法，用自然材料装饰作品；运用冷色调表现冰雪世界。语文方面，学习与大雪相关儿歌，能模仿创作简短的诗歌；用简单的句式描述实验过程和感受。劳动方面，安全使用剪刀、胶水，养成有序整理工具的习惯。

教学建议：开展"冰雪工程师"角色扮演，引导学生用废纸盒搭建城堡。结合儿歌表演，帮助学生记忆节气特征。设计"纸屋挑战赛"，测试不同纸结构（圆柱形、三角形、拱形）的承重能力。组织"冰雪故事会"，鼓励学生用作品讲述大雪故事。

学业质量标准：能说出冰雪的主要特性，用简单的语言描述纸结构承重现象。制作出结构稳固、装饰美观的纸屋模型和雪花剪纸。创作 3～5 句关于大雪的儿歌，在班级中展示分享。养成安全操作习惯,能与同伴合作完成任务。

（二）教材分析

纵向分析:本项目是对一年级"材料特性"单元的延伸,为三年级学习"结构与力"奠定基础。通过具象化的纸屋承重实验,帮助学生建立"结构与功能"的初步认知,衔接低年级的自然观察与高年级的科学探究。

横向分析:科学与美术在材料运用、结构设计上深度融合,语文为作品赋予文学色彩,劳动培养实践技能。

（三）学情分析

先验知识:学生已认识冰雪现象,能识别对称图形,但对冰雪工程和剪纸艺术认知模糊。

技能水平:学生能使用简单手工工具,但精细操作能力较弱。他们对实验探究有兴趣,但自主设计能力需提高。

思维特点:学生的思维以具体形象思维为主,他们需要借助实物操作理解抽象概念,对"城堡"主题非常好奇,但注意力集中时间较短。

兴趣点:学生喜欢动手制作和角色扮演,尤其对会承重的纸屋好奇。但他们对复杂步骤容易失去耐心,需设计游戏化环节。

价值观:学生具有一定审美意识,但对大雪节气的文化内涵理解浅显。

（四）核心知识设计

科学:观察冰雪物理特性,用放大镜观察雪花晶体,发现六边形对称结构。探究冰块融化过程(常温下10分钟融化1 cm厚冰块)。探究纸结构承重,对比不同结构(圆柱/三角形/拱形纸筒)的承重能力,发现三角形结构可稳定承载5本书。

美术:学习雪花剪纸技法,采用"四折法"制作对称雪花,用安全剪刀剪出门窗图案,用固体胶粘贴装饰亮片。运用冷色调搭配,用蓝色系表现冰雪,用白色系表现积雪,点缀银色亮片模拟冰晶。

语文:学习大雪儿歌《雪花城堡》,分析重复句式,模仿创作简单句式。撰写观察日记,记录实验发现,搭配简单图画。

劳动:正确握持儿童剪刀修剪纸张,用固体胶粘贴物品,避免接触尖锐材料。将实验材料分类放入"冰雪工具箱"(标注"纸筒材料""装饰材料"),课后清洁桌面。

三 驱动性问题/任务设计

(一)应用情境分析

应用情境原型:班级"冰雪城堡展"需要创意作品。

情境类型:模拟任务情境。

(二)驱动性问题/任务设计

驱动性问题:作为"冰雪小工程师",我们如何为班级冰雪展设计一座既能承重又能装饰的魔法城堡?

最终作品:可承载 3 本书的纸屋模型(含实验观察记录)、雪花剪纸装饰画(含自然材料拼贴)、冰雪魔法诗集(含学生原创儿歌与绘画)。

(三)驱动性问题/任务框架

冰雪城堡的秘密:关联知识与技能为冰雪观察、结构实验。阶段性作品/成果为冰雪发现手账。如何建造不会倒的纸屋:关联知识与技能为材料测试、模型制作。阶段性作品/成果为纸屋设计草图。剪出会跳舞的雪花:关联知识与技能为剪纸技法、色彩搭配。阶段性作品/成果为雪花剪纸模板。装饰冰雪城堡:关联知识与技能为自然材料拼贴、安全操作。阶段性作品/成果为材料装饰清单。

四 项目目标与评价设计

(一)项目学习目标

A1:了解冰雪的物理特性。A2:了解雪花的对称结构。A3:学习儿歌的重复句式。A4:学习自然材料的装饰方法。B1:制作纸屋模型并测试承重能力。B2:创作简单雪花剪纸装饰画。B3:创作并表演大雪主题儿歌。B4:通过角色扮演来表达设计思路。

(二)项目评价设计

对于 A1、B1 目标,评价依据是纸屋模型、承重记录单,评价方式是教师评价、小组互评(贴纸奖励)。对于 A2、B2 目标,评价依据是剪纸作品、材料使用说明,评价方式是美术教师评分、家长评价(笑脸印章)。对于 A3、B3 目标,评价依据是魔法诗集、表演视频,评价方式是创意写作星级评定、班级投票。对于 A4、B4 目标,评价依据是装饰材料清单、角色表演,评价方式是劳动教师评分、合作能力量表。

五 项目活动设计

（一）启动阶段（问题情境、项目计划）

1. 冰雪城堡召唤

教师启动全息投影仪，播放因纽特人建造冰屋的 4K 纪录片，冰砖堆砌的立体影像在教室中央旋转。教师扮演"冰雪女王"，手持镶嵌 LED 冰晶的魔法棒，指向讲台上的智能玻璃罐，罐内立即飘起细腻的人工雪花。学生佩戴着可变色的冰雪手环（含温度传感器），跟随教师复述"魔法咒语""冰晶亮，雪花扬，冰雪城堡现真章"。教师使用《魔法互动记录表》，记录学生冰雪知识问答的正确率（答对 3 题以上为优秀）和"魔法手势"模仿的整齐度（动作同步率超过 90%），用冰晶贴纸即时奖励。对应学习目标是 A1、A3。

2. 城堡建造会议

教师组织小组用荧光黏土制作立体冰雪城堡模型，每组领取 3D 打印的冰屋结构参考模型。学生使用带 NFC 芯片的魔法分工卡，在防水设计图纸上绘制纸屋功能区，用亮片标注承重柱位置。教师通过平板设备展示往届优秀设计案例，并用激光笔圈出三角形结构优势。教师从草图的创意性、分工合理性、团队协作效率等方面进行评分，将优秀设计投影在屏幕展示。

（二）探究阶段（活动探究、作品制作）

1. 冰雪实验室

教师指导学生使用 A4 纸制作圆柱、三角形、拱形的纸筒，用电子秤测量承重力（精度 0.1 kg）。每组配备实验记录贴纸（含颜色渐变条表示承重值），完成承重测试后可获得"大力士勋章"（含光敏变色功能）。教师通过智能白板实时展示各组数据曲线。小组互评依据承重结果正确性（误差不超过 0.5 kg）、实验记录完成度（含 5 个以上数据点）、科学问题数量（每提 1 个问题加 1 分），使用智慧星星贴纸、手账评分量表。对应学习目标是 B1。

2. 雪花剪纸工坊

教师通过慢动作视频演示"四折法"剪雪花，重点讲解对称轴折叠技巧。学生使用安全剪刀剪裁蓝色、白色手工纸，用小石子拼贴冰裂纹图案的边框，完成后用紫外线灯照射显现隐藏的雪花图案。学生用显微镜观察雪花晶体结构，将优秀作品用真空封装机保存。教师从对称性、装饰的创意性、色彩搭配的合理性等方面进行评分,使用艺术星星贴纸、三维评分量表。对应学习目标是 A2、B2。

3.冰雪诗歌屋

教师引导学生通过五感观察卡进行创作,使用诗歌模板编写《雪花城堡亮晶晶》儿歌。每组用录音笔录制朗诵音频,将优秀作品生成带动画效果的魔法诗歌卡片(扫描显示 AR 冰屋场景)。教师依据儿歌句式的重复性、创意度、录音的清晰度进行星级评定,使用诗歌星星贴纸、电子作品集。对应学习目标是 A4、B3。

(三)展示阶段(成果交流、评价反思)

1.冰雪城堡派对

教师组织学生佩戴冰雪解说员胸牌,在班级冰雪角布置纸屋模型和剪纸作品。学生扮演"雪精灵",通过触摸作品触发语音讲解。学生使用互动平板投票选出"最坚固的冰雪结构",前三名可获得"冰雪工程师"徽章。学生通过电子反馈卡和点赞墙投票,结果实时生成可视化报告。优秀讲解员可获得"魔法大使"勋章。对应学习目标是 B4。

2.冰晶球反思时刻

教师指导学生将作品存入"冰雪记忆盒"(智能感应开启),进行反思。每组使用旋转式评分卡进行自评、互评,生成"魔法成长树"可视化评价报告。教师为"最佳冰雪团队"颁发证书。教师依据反思深度、团队贡献度、创意新颖性进行星级评定。

附 录

最终作品评价表

评价维度	评价指标	自评	互评	总评
纸屋模型	结构完整(有门窗、屋顶),能稳定承载指定重量,记录单包含不同结构的承载能力	☆☆☆☆☆	☆☆☆☆☆	☆☆☆☆☆
剪纸装饰画	图案对称采用"四折法",自然材料(树枝、小石子)使用合理,色彩协调	☆☆☆☆☆	☆☆☆☆☆	☆☆☆☆☆
魔法诗集	包含 2 首以上原创儿歌,图文结合表现大雪的特征	☆☆☆☆☆	☆☆☆☆☆	☆☆☆☆☆

（高年级）

冰雪城堡：纸屋承重实验与雪花剪纸

一 项目基本信息

项目名称为"大雪 冰雪城堡：纸屋承重实验与雪花剪纸"。主学科是科学、美术。关联学科是语文、劳动。授课年级为小学高年级（四至六年级）。教学单元或知识点：雪的晶体结构、冰的抗压强度、纸结构力学、剪纸艺术、大雪节气文化。课时安排：课内 3 课时 + 课外 1 课时。项目概要：本项目以"大雪的冰雪城堡"为主题，通过纸屋承重实验探索冰雪建筑的奥秘，结合雪花剪纸艺术，让学生在科学探究与艺术创作中感受"积雪覆万物"的自然力量。项目融合材料科学、传统技艺与文学表达，培养工程思维、审美能力和文化传承意识，激发学生探索冬季冰雪世界的兴趣。

二 项目内容分析

（一）课标分析

内容要求：科学方面，掌握雪的晶体结构特征，理解冰的抗压强度与温度的关系；探究纸结构的承重原理，了解三角形、拱形等稳定结构。美术方面，学习雪花剪纸的折叠技巧，掌握对称与均衡的构图法则；运用冷色调表现冰雪世界的纯净，结合暖色调突出剪纸艺术的温度感。语文方面，收集与大雪节气相关的诗词，学习托物言志的写作手法；能撰写说明文介绍纸屋实验过程，创作冰雪主题的微型童话。劳动方面，熟练使用实验器材和剪纸工具，养成安全操作和材料回收的习惯。

教学建议：开展"冰雪工程师"主题实践，组织学生测量积雪厚度，用冰砖搭建微型城堡。结合《诗经》"今我来思，雨雪霏霏"等，引导学生感受大雪节气的雄浑意境。设计"纸屋挑战赛"，测试不同纸结构（圆柱、三棱柱、拱门）的承重能力。利用激光雕刻机制作雪花剪纸模板，录制剪纸教学短视频。

学业质量标准:能准确描述雪晶的六边形结构,用科学原理解释冰屋的保温性能。制作出结构稳定、承重能力强的纸屋模型和精致的雪花剪纸作品。撰写图文并茂的实验报告和富有想象力的冰雪童话。养成协作创新精神,能清晰地阐述设计思路并改进作品。

(二)教材分析

纵向分析:本项目是对四年级"材料的特性"单元的深化,对五年级"结构与力"课程的拓展。通过具象化的纸屋实验,帮助学生构建"结构决定功能"的工程认知,为六年级学习"建筑力学"奠定基础。大雪文化内容衔接"节气里的中国"主题,强化自然现象与人文精神的联系。

横向分析:科学与美术在材料特性、结构设计上深度融合,语文为作品赋予文学意境,劳动保障实践操作。

(三)学情分析

先验知识:学生已掌握雪花的基本特征,能识别对称图形,但对雪晶的微观结构和冰的力学性能理解模糊。

技能水平:学生能使用刻度尺、天平来测量,但复杂结构设计能力较弱。他们对剪纸艺术有基础认识,但精细操作和创新设计能力需加强。

思维特点:学生处于具体运算向形式运算过渡期,需要通过实物操作理解抽象力学原理。学生对传统文化中的冰雪意象有感知,但难以将其与科学现象建立联系。

兴趣点:学生对冰雪建筑的"魔法"原理非常好奇,喜欢剪纸创作的自由表达形式,对实验失败有挫败感,需加强过程性指导。

价值观:学生具有一定审美能力,但对大雪节气中"藏生机"的文化内涵理解不深。

(四)核心知识设计

科学:深入研究雪晶的结构特征,通过显微镜观察雪晶的六边形形态,分析不同温度($-5\ ℃$和$-15\ ℃$)下晶体的差异。探究冰的抗压强度,使用压力传感器测试冰砖(厚度$2\ cm$和$5\ cm$)的承重极限,记录温度变化对冰强度的影响。掌握纸屋的结构力学原理:对比圆柱、三棱柱、拱门结构的承重能力,发现三角形结构可提升30%的稳定性。

美术:学习雪花剪纸技巧,采用"四折法"制作对称的雪花,运用阴刻(镂空)与阳刻(留线)技法表现冰晶纹理。创新冰雪主题构图,以"雪中城堡"为背景,用蓝色渐变纸表现冰层,用白色瓦楞纸模拟积雪,用金箔纸点缀冰凌反光。综合运用材料,混合荧光剪纸表现夜间雪景,加入 LED 灯珠营造冰晶闪烁效果。

语文:赏析与大雪相关诗词中的冰雪意象,学习"以雪喻春"的写作技巧。创作冰雪主题微型童话,运用拟人、夸张等修辞,结合科学原理描述冰雪世界。撰写实验观察日记,用"五感法"记录实验过程。

劳动:掌握实验器材使用规范,正确操作压力传感器,安全处理冰砖切割工具。提升剪纸工具的操作能力,使用刻刀雕刻 0.5 mm 精细线条,通过旋转纸张控制剪纸弧度。培养整理材料的习惯,分类回收实验废纸与剪纸边角料,制作"冰雪再生艺术墙"。

三 驱动性问题/任务设计

(一)应用情境分析

应用情境原型:校园冰雪节需要设计"冰雪城堡"互动展区。

情境类型:真实任务情境。

(二)驱动性问题/任务设计

驱动性问题:作为"冰雪工程师",我们如何在大雪节气为校园冰雪节打造一座既能展示冰雪智慧,又能体验剪纸艺术的奇幻城堡?

最终作品:可承重 5 kg 的纸屋模型(含结构力学解说牌)、动态雪花剪纸装置(含光影效果)、冰雪故事集(含实验日记与剪纸创作手账)。

(三)驱动性问题/任务框架

冰雪城堡的魔法基石:关联知识与技能为冰砖抗压实验、结构设计。阶段性作品/成果为冰雪承重测试报告。如何让雪花在城堡里跳舞:关联知识与技能为剪纸折叠技巧、光影设计。阶段性作品/成果为动态剪纸设计草图。冰雪故事的魔法咒语:关联知识与技能为与大雪相关的诗词赏析、童话创作。阶段性作品/成果为冰雪故事手稿。建造城堡的魔法工坊:关联知识与技能为电路连接、装置制作。阶段性作品/成果为 LED 剪纸台原型。

四 项目目标与评价设计

（一）项目学习目标

A1：了解雪晶的六边形结构特征。A2：了解大雪节气的气候特征。A3：了解剪纸艺术的构图规律。A4：了解与大雪相关诗词的表现手法。B1：独立完成纸屋承重实验并记录数据。B2：创作融合科学与艺术的冰雪剪纸。B3：撰写富含科学元素的冰雪童话。B4：通过团队协作解决装置故障问题。

（二）项目评价设计

对于 A1、B1 目标，评价依据是实验报告、结构分析图，评价方式是教师评价、小组互评。对于 A3、B2 目标，评价依据是剪纸装置、材料创新说明，评价方式是美术教师评分、观众投票。对于 A2、B3 目标，评价依据是冰雪故事集、日记手账，评价方式是创意写作星级评定、家长反馈。对于 A4、B4 目标，评价依据是诗词分析卡、团队分工表，评价方式是语言表达评分、合作能力量表。

五 项目活动设计

（一）启动阶段（问题情境、项目计划）

1. 冰雪城堡召唤

教师启动全息投影仪，播放因纽特人建造冰屋的 4K 纪录片，冰砖堆砌的立体影像在教室中央旋转。教师穿着智能温控工程师夹克，手持压力传感器魔杖，指向讲台上的智能冰砖模型，实时显示承重数据。学生佩戴 AR 眼镜，通过扫描冰屋图片触发 3D 结构解析动画。教师使用《冰雪知识竞答评分表》，记录学生的竞答正确率（答对 4 题以上为优秀）和角色扮演投入度（肢体语言丰富度），用工程师徽章贴纸即时奖励。对应学习目标是 A1、A4。

2. 城堡建造会议

教师组织小组使用平板设备上的 MindMaster 软件，绘制包含"智能温控"等10 个功能模块的冰雪城堡思维导图。每组领取带 NFC 芯片的智能分工卡，扫描后自动分配冰砖工程师等角色。学生用荧光笔在防水图纸上标注纸屋承重参数，使用3D 打印笔制作冰雪滑梯模型。教师从计划书的创新性、分工合理性、团队协作效率等方面进行评分，将优秀方案生成 3D 打印原型展示。

（二）探究阶段（活动探究、作品制作）

1. 冰晶抗压实验室

教师指导学生使用高精度压力传感器（量程 0～50 kg）测试 2 cm 和 5 cm 厚度冰砖的承重极限，同步用温度传感器（精度 ±0.1 ℃）记录冰砖融化过程。学生对比圆柱、三棱柱、拱门三种结构的稳定性，使用 Excel 生成应力—应变曲线图。小组互评依据实验数据准确性（误差不超过 1 kg）、结论逻辑性（$R^2 > 0.9$）、创新改进点（添加保温层设计等），使用智慧星贴纸、实验报告评分量表（含 5 项指标）。对应学习目标是 A1、B1。

2. 雪花剪纸炼丹坊

教师通过慢动作视频演示"六折法"剪纸技巧，重点讲解折叠次数对对称性的影响。学生使用激光雕刻机（精度 0.05 mm）制作镂空冰凌纹样，在热敏纸上雕刻遇热显诗词的变色剪纸。教师提供显微镜供学生观察雪花晶体结构，将优秀作品用真空镀膜机进行防潮处理。教师从剪纸精细度（线条宽度不超过 0.5 mm）、科学创新性（含温度感应功能）、技术实现难度（激光雕刻操作）评分，使用艺术星贴纸、三维评分量表。对应学习目标是 A3、B2。

3. 冰雪故事工坊

教师引导学生通过五感观察卡进行创作，使用写作模板编写《冰砖的旅行日记》。每组用录音笔录制有声故事，将优秀作品生成带动画效果的冰雪故事手稿（扫描显示 AR 冰屋场景）。对应学习目标是 A2、B3。

（三）展示阶段（成果交流、评价反思）

1. 冰雪城堡开园式

教师组织学生穿着智能温控工程师夹克，在冰雪节进行巡游展示。可旋转展台（转速 0～10 rpm，可调）上的压力传感器实时演示纸屋承重能力，剪纸装置通过光影编程软件（TouchDesigner）配合 LED 灯光表演《冰雪圆舞曲》。观众使用互动答题器参与"冰雪结构挑战赛"。观众通过电子投票系统（含创新性、科学性、艺术性 3 项指标）和答题正确率评分，结果实时生成雷达图。优秀作品的创作者可获得"冰雪大师"奖杯（含太阳能充电功能）。对应学习目标是 B4。

2. 冰晶球反思仪式

教师指导学生将项目成果制作成"冰雪记忆瓶"，用冰砖碎片用环氧树脂封存，将剪纸边角料制成冰晶风铃。每组使用旋转式评分卡进行自评、互评并反思,生成"魔法成长树"可视化评价报告。教师为"最佳工程师团队"颁发证书。教师依据反思深度、团队贡献度、技术创新点进行星级评定,使用太阳星贴纸、电子成长档案。

附 录

最终作品评价表

评价维度	评价指标	自评	互评	总评
纸屋模型	结构稳定(三角支撑、拱门设计),解说牌包含力学原理与大雪气候说明	☆☆☆☆☆	☆☆☆☆☆	☆☆☆☆☆
剪纸装置	剪纸可循环展示,灯光与纸色形成冷暖对比,体现"雪覆城堡"的意境	☆☆☆☆☆	☆☆☆☆☆	☆☆☆☆☆
故事集	童话富有童趣且包含科学元素,日记图文结合,展示探究过程	☆☆☆☆☆	☆☆☆☆☆	☆☆☆☆☆

冬至夜喜逢徐七

元 高启

君来同客馆，把酒夜相看。

动是经年别，能辞尽夕欢。

雪明窗促曙，阳复座销寒。

世路今如此，悬知后会难。

冬至
（低年级）

阳光礼物：饺子宴与灯光秀

一　项目基本信息

　　项目名称为"冬至　阳光礼物：饺子宴与灯光秀"。主学科是综合实践、科学。关联学科是语文、美术、劳动。授课年级为小学低年级（一至三年级）。教学单元或知识点：冬至节气特点、阳光的作用、简单烹饪、光影艺术、儿歌创作。课时安排：课内 3 课时 ＋ 课外 1 课时。项目概要：本项目以"冬至的阳光礼物"为主题，通过制作简易太阳能灯和饺子宴，让学生在游戏化学习中理解"冬至一阳生"的自然规律。项目融合科学探究、诗歌创作与劳动实践，培养学生的观察力、动手能力和文化感知力，激发学生探索冬季自然的兴趣。

二　项目内容分析

（一）课标分析

　　内容要求：综合实践方面，掌握简单手工制作方法，能使用安全材料设计微型灯光装置；理解阳光对植物生长的作用。科学方面，观察冬至的物候变化，了解阳光与温度的关系。探究常见材料（锡纸、镜子）的反光效果。语文方面，学习与冬至相关的儿歌，能模仿创作简短的诗歌；用简单句式描述制作过程和感受。美术方面，学习剪贴、泥塑等技法，用自然材料装饰作品；运用暖色调表现阳光温暖。劳动方面，安全使用剪刀、胶水，养成有序整理工具的习惯。

　　教学建议：开展"阳光寻宝"游戏，引导学生用锡纸反射阳光。结合儿歌表演，帮助学生记忆节气特征。设计"光影大挑战"实验，用不同材料制作反光板。组织"阳光故事会"，鼓励学生用作品讲述冬至故事。

　　学业质量标准：能说出冬至的主要物候现象，用简单的语言描述阳光实验现象。

制作出结构稳固、装饰美观的太阳能灯和符合要求的饺子。创作 3～5 首冬至相关儿歌,在班级展示分享。养成安全的操作习惯,能与同伴合作完成任务。

(二)教材分析

纵向分析:本项目是对一年级"光与影"单元的延伸,为三年级学习"太阳能利用"奠定基础。通过具象化的灯光装置,帮助学生建立"阳光与生活"的初步认知,衔接低年级的自然观察与高年级的科学探究。

横向分析:综合实践与科学在材料选择、实验设计上深度融合,语文为作品赋予文学色彩,美术提升作品的美观度,劳动培养实践技能。例如,用科学实验结果指导反光材料的选择,美术课设计灯光秀场景,劳动课完成饺子的制作。

(三)学情分析

先验知识:学生已认识昼夜变化,能识别暖色调,但对冬至的特殊意义和阳光的科学作用认知模糊。

技能水平:学生能使用简单的手工工具,但精细操作能力较弱。他们对实验探究有兴趣,但自主设计能力需提高。

思维特点:学生的思维以具体形象思维为主,他们需要借助实物操作来理解抽象概念。他们对"礼物"主题非常好奇,但注意力集中时间较短。

兴趣点:学生喜欢动手制作和角色扮演,尤其对会发光的灯箱非常好奇,但对复杂步骤容易失去耐心,需设计游戏化环节。

价值观:学生具备初步的自然保护意识,但对冬至"阳气始生"的文化内涵理解浅显。

(四)核心知识设计

综合实践:掌握太阳能灯的基本结构,用鞋盒制作灯箱,通过"挖孔—贴锡纸—装灯"三步法模拟阳光反射。学习分层装饰方法,在底层放置仿真蔬菜(用黏土制作),中层粘贴反光材料(锡纸、亮片),上层覆盖透明膜(模拟阳光穿透)。

科学:观察冬至的物候变化,记录昼夜时长变化(白天最短),观察阳光角度的变化。探究材料的反光性,对比不同材料(锡纸、镜子、白纸)的反光效果,发现锡纸能增强30%的反光亮度。

语文:学习与冬至相关的儿歌《阳光饺子》,分析拟声词的运用,模仿创作简单句式。撰写观察日记,记录实验发现,搭配简单的图画。

美术:学习自然材料拼贴,用松果、树皮装饰灯箱外墙,用彩色黏土制作"阳光笑脸"。运用暖色调搭配,用橙色系(橘红、柠檬黄)表现阳光,用黄色系(金黄、米白)表现灯光,点缀红色装饰(剪纸窗花)。

劳动:正确掌握持儿童剪刀修剪材料,用固体胶粘贴物品,避免接触高温灯源。将实验材料分类放入"阳光工具箱"(标注"反光材料""装饰材料"),课后清洁桌面。

三 驱动性问题/任务设计

(一)应用情境分析

应用情境原型:班级"冬至阳光派对"需要互动作品。

情境类型:模拟任务情境。

(二)驱动性问题/任务设计

驱动性问题:作为"阳光小使者",我们如何为班级冬至派对制作既能发光又能分享的阳光礼物?

最终作品:太阳能反光灯箱(含实验观察记录)、饺子宴(含创意造型与食用说明)、阳光魔法诗集(含学生原创儿歌与绘画)。

(三)驱动性问题/任务框架

阳光的礼物在哪里:关联知识与技能为光影实验、材料测试。阶段性作品/成果为阳光发现手账。如何制作会发光的礼物:关联知识与技能为灯箱制作、反光设计。阶段性作品/成果为灯箱设计草图。包出阳光味道的饺子:关联知识与技能为简单烹饪、安全操作。阶段性作品/成果为饺子制作流程图。编写阳光魔法咒语:关联知识与技能为与冬至相关的儿歌赏析、诗歌创作。阶段性作品/成果为魔法诗歌卡片。

四 项目目标与评价设计

(一)项目学习目标

A1:了解冬至的物候特征。A2:了解材料的反光特性。A3:了解与冬至相关儿歌的语言特点。A4:学习自然材料的装饰方法。B1:制作太阳能灯箱并描述现象。B2:安全完成饺子制作并记录过程。B3:创作并表演冬至主题儿歌。B4:通过角色扮演来表达设计思路。

（二）项目评价设计

对于 A1、A2、B1 目标，评价依据是灯箱作品、观察记录单，评价方式是教师评价、小组互评（贴纸奖励）。对于 B2 目标，评价依据是饺子宴照片、制作流程图，评价方式是家长评价、劳动日志（盖笑脸印章）。对于 A3、B3 目标，评价依据是魔法诗集、表演视频，评价方式是创意写作星级评定、班级投票。对于 A4、B4 目标，评价依据是装饰材料清单、角色表演，评价方式是美术教师评分、合作能力量表。

五 项目活动设计

（一）启动阶段（问题情境、项目计划）

1. 阳光礼物召唤

教师启动全息投影仪，播放冬季北极熊捕食海豹的 4K 动画，阳光在冰面上折射的光影效果在教室墙面上流转。教师扮演"阳光精灵"，身着金丝绣制的发光斗篷，手持水晶棱镜指向窗户，阳光折射出的光斑立即在地面上形成旋转的彩虹圈。学生佩戴可变色的阳光手环（含光敏传感器），领取内含锡纸、彩泥的"魔法阳光包"，观察教师演示"会发光的饺子"魔术（饺子内置微型 LED 灯）。教师使用《阳光知识问答记录表》，记录学生答题的正确率（答对 4 题以上为优秀）和"魔法手势"模仿整齐度（动作同步率超过 90%），用阳光贴纸即时奖励。对应学习目标是 A1、A3。

2. 礼物计划会议

教师组织小组用荧光彩泥制作立体阳光灯模型，每组领取 3D 打印的太阳形饺子参考模型。学生使用带 NFC 芯片的魔法分工卡，在防水设计图纸上绘制阳光灯结构（有反光层、LED 灯、装饰区），用亮片标注重点反光区域。教师通过平板设备展示往届优秀设计案例，并用激光笔圈出锡纸反光层的关键作用。教师从草图的创意性（包含阳光元素）、分工卡合理性（角色任务匹配）、团队协作效率（完成时间记录）评分，将优秀设计投影在屏幕上展示，使用星星贴纸奖励。

（二）探究阶段（活动探究、作品制作）

1. 阳光实验室

教师指导学生使用高精度照度计（量程 0～20 000 lux）测试锡纸、镜子、白纸的反光亮度，记录数据后生成对比柱状图。每组配备实验记录贴纸（含阳光强度渐变条），完成测试后获得"反光小能手"勋章（含光敏变色功能）。教师通过智能白板实时展示各组反光效果排名。小组互评依据反光效果的正确性(误差不超过100 lux)、实验记录完成度(含 5 个以上数据点)、科学问题的数量(每提 1 个问题加1 分),使用智慧星星贴纸、手账评分量表。对应学习目标是 A2、B1。

2. 阳光饺子工坊

教师通过慢动作视频演示彩色饺子的制作过程,重点讲解南瓜泥面团(黄色)和菠菜汁面团(绿色)的揉制技巧。学生使用卡通模具压出太阳、笑脸造型,用可食用色素点出"阳光眼睛",完成后用紫外线灯照射显现隐藏的冬至祝福语。教师提供显微镜供学生观察面团的纤维结构,将优秀作品用真空封装机保存。家长根据造型的安全性、色彩协调性、卫生操作记录进行评价。对应学习目标是 B2。

3. 灯箱魔法屋

教师指导学生用鞋盒制作太阳能灯箱。挖孔安装 LED 小灯(3 V、0.2 A),内壁粘贴锡纸反光层(反射率 80%),用松果、树皮装饰外墙。学生用荧光彩泥制作"阳光笑脸"贴画,安装在灯箱顶部。教师提供太阳能充电板(5 V、1 W)供学生测试照明效果,在优秀作品上用激光雕刻机刻上班级名称。教师从结构的合理性(反光角度 45°)、装饰的创意性(使用 3 种以上自然材料)、技术实现难度(太阳能供电成功)评分,使用艺术星星贴纸、三维评分量表。对应学习目标是 B1。

(三)展示阶段(成果交流、评价反思)

1. 阳光派对盛宴

教师组织学生佩戴"阳光解说员"胸牌,在班级阳光角布置灯箱模型和饺子宴。学生扮演"小太阳",通过触摸作品触发语音讲解,并表演冬至主题儿歌。学生使用互动平板投票选出"最亮的反光材料",前三名可获得"阳光使者"徽章。学生通过电子反馈卡和点赞墙投票,结果实时生成可视化报告。优秀讲解员可获得"魔法大使"勋章。对应学习目标是 A3、A4、B3、B4。

2. 冰晶球反思时刻

教师指导学生将作品存入"阳光记忆罐"(智能感应开启)并进行反思。每组使用旋转式评分卡进行自评、互评,生成"魔法成长树"可视化评价报告。教师为"最佳阳光团队"颁发证书。教师依据反思深度、团队贡献度、创意新颖性进行星级评定,使用太阳星星贴纸、电子成长档案。

附 录

最终作品评价表

评价维度	评价指标	自评	互评	总评
灯箱	能有效反射阳光，记录单包含材料发现和装饰说明	☆☆☆☆☆	☆☆☆☆☆	☆☆☆☆☆
饺子	造型安全(无尖锐物)，色彩协调(彩色面团)，食用说明清晰	☆☆☆☆☆	☆☆☆☆☆	☆☆☆☆☆
魔法诗集	包含2首以上原创儿歌，图文结合表现冬至特征	☆☆☆☆☆	☆☆☆☆☆	☆☆☆☆☆

冬至
（高年级）

阳光礼物：饺子宴与光影艺术

一 项目基本信息

项目名称为"冬至 阳光礼物：饺子宴与光影艺术"。主学科是科学、劳动。关联学科是语文、美术、信息技术。授课年级为小学高年级(四至六年级)。教学单元或知识点：冬至的天文现象、光影原理、传统饮食文化、艺术设计。课时安排：课内4课时 + 课外2课时(食材准备与社区实践)。项目概要：本项目以"冬至的阳光礼物"为主题，通过包饺子实践理解阴阳转化，结合光影艺术创作，让学生在劳动实践与艺术表达中感受"冬至一阳生"的哲学智慧。项目融合天文知识、传统习俗与艺术创新，培养学生的科学素养、劳动技能和文化感知力，激发学生探索节气与自然的联系。

二 项目内容分析

（一）课标分析

内容要求：科学方面，掌握冬至日太阳直射点的变化规律，理解日照时间变化原理；探究光影形成条件，学习太阳能的转化与利用。劳动方面，熟练掌握包饺子的技法,学习传统饮食文化;安全使用烹饪工具,养成团队协作与卫生习惯。语文方面,收集与冬至相关的诗词,学习借景抒情的写作手法;能撰写活动策划书;创作冬至主题微剧本。美术方面,学习光影装置设计,掌握冷暖色调搭配技巧;运用剪纸、灯笼等元素表现阳光穿透冰凌的效果。

教学建议:开展"追光者"主题实践,组织学生测量正午太阳高度角,制作日晷模型。结合与冬至相关的诗歌赏析,引导学生感受古人对时光流转的哲思。设计"光影魔法实验室",用三棱镜制造彩虹,用 LED 灯带模拟阳光轨迹。组织社区举办冬至宴,邀请家长参与包饺子,录制传统技艺传承短视频。

学业质量标准:能准确地解释冬至的天文意义,用科学原理解释光影现象。制作出造型美观、营养均衡的饺子,完成创意光影装置作品。撰写图文并茂的活动报告和富有诗意的冬至故事。养成劳动实践与艺术创新能力,能清晰地阐述设计理念并改进作品。

(二)教材分析

纵向分析:本项目是对三年级"地球与宇宙"单元课程的深化,对四年级"光的传播"课程的拓展。通过具象化的日晷制作,帮助学生构建"时空变化"的科学认知,为六年级学习"宇宙探索"奠定基础。冬至文化内容衔接"节气里的中国"主题,强化传统文化与自然科学的融合。

横向分析:科学与劳动在天文观测、饮食制作上深度融合,语文为活动赋予文学意境,美术提升作品的艺术性,信息技术记录实践过程。例如,用语文收集的谚语命名饺子品种,用科学实验数据指导光影装置设计,美术课上创作冬至主题装饰,劳动课完成烹饪实践。

(三)学情分析

先验知识:学生已掌握四季形成的原因,能识别光影现象,但对冬至的特殊天文意义和光影艺术应用理解模糊。

技能水平:学生能使用刻度尺、温度计测量数据,但复杂装置设计能力较弱。他们对包饺子有基础认识,但造型创新和团队协作能力需加强。

思维特点:学生处于从具体运算向形式运算的过渡期,需要通过动手操作理解抽象的天文概念。学生对传统文化中的自然意象有感知,但难以将其与科学现象建立联系。

兴趣点：学生对光影艺术的"魔法"效果非常好奇，喜欢烹饪实践的互动形式。对长时间实验有倦怠感，需设计多样化探究活动。

价值观：学生具有一定文化认同感，但对冬至"阳气始生"的哲学内涵理解不深。

（四）核心知识设计

科学：深入研究冬至天文特征，通过地球仪演示太阳直射南回归线的现象，测量本地正午太阳高度角（约 30°），记录全年最短日照时间（约 9 小时）。探究光影形成的原理，用小孔成像装置演示太阳形状，用凸面镜模拟冰凌折射，分析不同材料（玻璃/水晶）的透光率差异。掌握太阳能的应用技术：组装简易太阳能热水器，测试不同颜色吸热板的升温效率（黑色板升温最快，达 45 ℃）。

劳动：学习传统包饺子技法，掌握"一捏二褶三封口"技巧，制作麦穗饺（象征丰收）、元宝饺（象征财富）等传统造型。设计彩色饺子（加菠菜汁做出绿色饺子皮、加南瓜泥做出黄色饺子皮），探究不同馅料（三鲜/素馅）的营养均衡性。规范使用擀面杖、菜刀等工具，掌握水沸时下饺、点水三次的煮饺技巧。

语文：赏析与冬至相关诗词中的时空哲思，学习"以时喻理"的表现手法。创作冬至主题微剧本，运用拟人、象征等修辞，结合科学原理描述冬至故事。撰写活动策划书，用"时间轴法"记录筹备过程（食材采购—制作—分享），附上谚语注释（"冬至不端饺子碗，冻掉耳朵没人管"）。

美术：学习光影装置设计，采用"冰凌折射"原理，用透明亚克力板制作多层光影折射装置，配合 LED 暖光营造"阳光破冰"效果。用锡箔纸制作反光雪花，用荧光颜料绘制"阳光轨迹图"，结合剪纸艺术表现"冬至大如年"的热闹场景。混合光纤材料表现流动的光影。

三 驱动性问题/任务设计

（一）应用情境分析

应用情境原型：社区"冬至阳光节"需要设计互动体验区。

情境类型：真实任务情境。

（二）驱动性问题/任务设计

驱动性问题：作为"阳光使者"，我们如何在冬至为社区设计一场既能传承传统文化,又能展现光影魔法的温暖盛宴?

最终作品:可调节角度的日晷模型(含天文现象解说牌)、沉浸式光影艺术装置(含太阳能供电系统)、冬至美食地图(含饺子食谱与文化故事)。

(三)驱动性问题/任务框架

阳光的魔法密码在哪里:关联知识与技能为日晷制作、天文观测。阶段性作品/成果为太阳高度角测量表。如何让阳光在冰凌中跳舞:关联知识与技能为光影实验、装置设计。阶段性作品/成果为折射装置设计草图。饺子里藏着什么故事:关联知识与技能为冬至诗词赏析、剧本创作。阶段性作品/成果为美食故事手稿。搭建阳光盛宴的魔法厨房:关联知识与技能为烹饪实践、安全操作。阶段性作品/成果为饺子制作流程图。

四 项目目标与评价设计

(一)项目学习目标

A1:学习冬至的天文现象特征。A2:学习光影艺术的科学原理。A3:学习传统饮食的文化内涵。A4:学习与冬至相关诗词的表现手法。B1:独立制作日晷并记录太阳轨迹。B2:创作融合科学与艺术的光影装置。B3:策划并实施社区冬至饺子宴。B4:通过团队协作解决装置故障问题。

(二)项目评价设计

对于 A1、B1 目标,评价依据是日晷模型、观测记录,评价方式是教师评价、小组互评。对于 A2、B2 目标,评价依据是光影装置、科学原理说明,评价方式是美术教师评分、观众投票。对于 A3、B3 目标,评价依据是美食地图、活动照片,评价方式是社区居民评分、劳动日志。对于 A4、B4 目标,评价依据是诗词分析卡、团队分工表,评价方式是语言表达评分、合作能力量表。

五 项目活动设计

(一)启动阶段(问题情境、项目计划)

1.阳光唤醒仪式

教师启动全息投影仪,播放北极极夜转极昼的 4K 纪录片,地球自转的立体影像在教室中央旋转。教师穿着智能温控的"阳光使者披风",手持水晶日晷指向墙面,实时显示本地冬至太阳轨迹。学生佩戴 AR 眼镜，通过扫描敦煌壁画图片触发 3D 祭祀场景还原动画。教师使用《天文知识竞答评分表》，记录学生答题的正确率（答对 5 题以上为优秀）和角色扮演投入度（肢体语言丰富度），用阳光使者徽章贴纸即时奖励。对应学习目标是 A1、A4。

2. 盛宴筹备会议

教师组织小组使用平板设备上的 MindMaster 软件，绘制包含"智能追光"等 12 个功能模块的阳光盛宴思维导图。每组领取带 NFC 芯片的智能分工卡，扫描后自动分配天文工程师、光影艺术家等角色。学生用荧光笔在防水图纸上标注灯光秀参数，使用 3D 打印笔制作彩虹饺子列车模型。教师从计划书创新性、分工合理性、团队协作效率等方面进行评分，对优秀方案生成 3D 打印原型展示。

（二）探究阶段（活动探究、作品制作）

1. 日晷追光实验室

教师指导学生使用带 LED 直射点指示的地球仪，模拟冬至太阳直射南回归线的现象。学生用吸管制作简易日晷（刻度精度 1°），配合高精度光度计（量程 0～50 000 lux）测量本地正午太阳高度角，记录全年最短日照时间（约 9 小时）。小组互评依据实验数据的准确性（误差不超过 2°）、结论的逻辑性（$R^2 > 0.95$）、创新改进点，使用智慧星贴纸、实验报告评分量表（含 5 项指标）。对应学习目标是 A1、B1。

2. 光影魔法炼丹坊

教师通过慢动作视频演示三棱镜折射技巧，重点讲解入射角对光谱分离的影响。学生使用太阳能板（5 V，2 W）驱动旋转灯笼，在灯笼表面安装温度传感器（精度 ±0.1 ℃）以控制变色 LED 灯带。教师提供显微镜供学生观察水晶球内部结构，将优秀作品用真空镀膜机进行防紫外线处理。教师从装置的创新性（含温度感应功能）、科学原理应用度（准确解释折射现象）、技术实现难度（多系统联动）三方面评分，使用艺术星贴纸、三维评分量表。对应学习目标是 A2、B2。

3. 饺子故事工坊

教师引导学生通过五感观察卡进行创作，使用写作模板编写《阳光在饺子里旅行》。每组用录音笔录制有声故事，将优秀作品生成带动画效果的阳光故事手稿（扫描显示 AR 烹饪场景）。教师依据故事想象力、科学元素融合度、录音质量进行星级评定，使用诗歌星贴纸、电子作品集。对应学习目标是 A3、B3。

（三）展示阶段（成果交流、评价反思）

1. 阳光盛宴开园式

教师组织学生穿着智能温控"阳光使者披风"，在社区搭建互动展台。可旋转展台（载重200 kg）上的日晷模型实时演示节气变化，光影装置通过光影编程软件（TouchDesigner）配合交响乐表演《冬至圆舞曲》。观众使用互动答题器参与"阳光知识挑战赛"。现场烹饪，准备彩虹饺子宴（含天然色素）。观众通过电子投票系统（含创新性、科学性、互动性3项指标）和答题正确率给学生评分，结果实时生成雷达图。优秀作品的创作者获得"阳光大师"奖杯（含太阳能充电功能）。对应学习目标是B3、B4。

2. 冰晶球反思仪式

教师指导学生将项目成果制作成"阳光记忆瓶"，将日晷碎片用环氧树脂（折射率1.55）封存，将饺子模具制成阳光风铃。每组使用旋转式评分卡进行自评、互评并进行反思，生成"魔法成长树"可视化评价报告。教师为"最佳阳光团队"颁发证书。教师依据反思深度、团队贡献度、技术创新点进行星级评定，使用太阳星贴纸、电子成长档案。

附 录

最终作品评价表

评价维度	评价指标	自评	互评	总评
日晷模型	能准确显示本地冬至时刻，解说牌包含地球公转示意图与诗词注释	☆☆☆☆☆	☆☆☆☆☆	☆☆☆☆☆
光影装置	利用太阳能供电，光影效果能动态变化，体现"阳光重生"主题	☆☆☆☆☆	☆☆☆☆☆	☆☆☆☆☆
美食地图	包含5种创意饺子食谱，图文结合展示冬至饮食文化与科学原理	☆☆☆☆☆	☆☆☆☆☆	☆☆☆☆☆

小寒食舟中作

唐 杜甫

佳辰强饮食犹寒，隐几萧条戴鹖冠。

春水船如天上坐，老年花似雾中看。

娟娟戏蝶过闲幔，片片轻鸥下急湍。

云白山青万余里，愁看直北是长安。

小寒

（低年级）

鸟巢庇护所：喂鸟器制作与冬日童话剧

一 项目基本信息

项目名称为"小寒 鸟巢庇护所：喂鸟器制作与冬日童话剧"。主学科是科学、美术。关联学科是语文、劳动。授课年级为小学低年级（一至三年级）。教学单元或知识点：鸟类的越冬方式、材料的保温性、手工制作基础、儿歌创作。课时安排：课内3课时＋课外1课时（自然材料收集）。项目概要：本项目以"小寒的鸟巢行动"为主题，通过制作简易喂鸟器来理解生物适应性，结合冬日童话剧创作，让学生在游戏化学习中感受"冬日生机"的自然智慧。项目融合科学探究、诗歌创作与手工实践，培养学生的观察力、动手能力和文化感知力，激发学生探索冬季生命奥秘的兴趣。

二 项目内容分析

（一）课标分析

内容要求：科学方面，观察鸟类冬季行为（觅食、羽毛变化），探究常见材料（稻草、棉花）的保温性；了解小寒的节气特征（低温、降雪）。美术方面，学习自然材料拼贴技法，用安全工具制作喂鸟器装饰；运用暖色调表现鸟巢的温暖。语文方面，学习与小寒相关的儿歌，能模仿创作简短的诗歌；用简单的句式描述制作过程和感受。劳动方面，安全使用剪刀、胶水，养成有序整理工具的习惯。

教学建议：开展"冬日小卫士"角色扮演，引导学生用自然材料搭建鸟巢。结合与小寒相关的儿歌表演，帮助学生记忆节气特征。设计"材料保暖赛"，测试不同材料的保温效果。组织"鸟巢故事会"，鼓励学生用作品讲述鸟类故事。

学业质量标准：能说出鸟类越冬的主要方式，用简单的语言描述材料保温现象。制作出结构稳固、装饰美观的喂鸟器和童话剧头饰。创作3～5句小寒主题的儿歌，在班级展示分享。养成安全操作习惯,能与同伴合作完成任务。

(二)教材分析

纵向分析:本项目是对一年级"动物的冬天"单元的延伸,为三年级学习"生物与环境"奠定基础。通过具象化的喂鸟器制作,帮助学生建立"动物适应环境"的初步认知,衔接低年级的自然观察与高年级的科学探究。

横向分析:科学与美术在材料运用、结构设计上深度融合,语文为作品赋予文学色彩,劳动培养实践技能。例如,用科学实验结果指导材料选择,美术课设计鸟巢造型,劳动课完成制作流程。

(三)学情分析

先验知识:学生已认识冬季的特征,能识别常见鸟类,但对鸟类越冬行为和手工技艺认知模糊。

技能水平:学生能使用简单的手工工具,但精细操作能力较弱。他们对实验探究有兴趣,但自主设计能力需加强。

思维特点:学生的思维以具体形象思维为主,他们需要借助实物操作理解抽象概念,对"庇护所"主题非常好奇,但注意力集中时间较短。

兴趣点:学生喜欢动手制作和角色扮演,对喂鸟器非常好奇,但对复杂步骤容易失去耐心,需设计游戏化环节。

价值观:学生具有动物保护意识,但对小寒节气的文化内涵理解浅显。

(四)核心知识设计

科学:观察鸟类越冬行为,记录麻雀的啄食动作,发现羽毛蓬松度的变化,探究鸟类储存食物的方式。探究材料的保温性,对比不同材料(稻草/棉花/树叶)的保温效果,发现棉花能保持温度更久(30分钟后温差达10℃)。

美术:学习自然材料拼贴,用稻草编织鸟巢的底座,用麻绳捆绑树枝,用松果鳞片表现蓬松感,配合丙烯颜料绘制暖色调装饰。用橙色系(橘红、柠檬黄)表现鸟巢内部温暖,用棕色系(深棕、土黄)表现树枝的纹理,点缀红色毛线模拟果实。

语文:学习小寒儿歌《鸟巢暖烘烘》,分析叠词的运用,模仿创作简单的句式。撰写观察日记,记录实验发现,搭配简单图画(鸟巢、喂鸟器等)。

劳动:正确握持儿童剪刀修剪稻草,用固体胶粘贴物品,避免接触尖锐材料。将实验材料分类放入"鸟巢工具箱"(标注"保温材料""装饰材料"),课后清洁桌面。

三 驱动性问题/任务设计

（一）应用情境分析

应用情境原型：班级"冬日动物保护站"需要爱心作品。

情境类型：模拟任务情境。

（二）驱动性问题/任务设计

驱动性问题：作为"冬日小卫士"，我们如何为班级保护站制作既能喂鸟又能表演的魔法庇护所？

最终作品：简易喂鸟器模型（含实验观察记录）、冬日童话剧头饰（含自然材料装饰）、魔法诗集（含学生原创儿歌与绘画）。

（三）驱动性问题/任务框架

小鸟的冬天怎么过：关联知识与技能为鸟类观察、材料实验。阶段性作品/成果为鸟类发现手账。如何建造温暖的鸟窝：关联知识与技能为保温测试、模型制作。阶段性作品/成果为鸟巢设计草图。设计童话剧魔法角色：关联知识与技能为头饰制作、安全操作。阶段性作品/成果为角色头饰模板。编写鸟巢魔法故事：关联知识与技能为与小寒相关的儿歌赏析、诗歌创作。阶段性作品/成果为魔法诗歌卡片。

四 项目目标与评价设计

（一）项目学习目标

A1：了解鸟类越冬的方式。A2：了解材料的保温特性。A3：学习儿歌的叠词运用。A4：学习用自然材料装饰的方法。B1：制作喂鸟器并描述保温现象。B2：安全完成头饰制作并记录过程。B3：创作并表演冬日主题儿歌。B4：通过角色扮演来表达设计思路。

（二）项目评价设计

对于 A1、B1 目标，评价依据是喂鸟器模型、观察记录单，评价方式是教师评价、小组互评（贴纸奖励）。对于 A2、B2 目标，评价依据是头饰作品、制作流程图，评价方式是家长评价、劳动日志（盖笑脸印章）。对于 A3、B3 目标，评价依据是魔法诗集、表演视频，评价方式是创意写作星级评定、班级投票。对于 A4、B4 目标，评价依据是装饰材料清单、角色表演，评价方式是美术教师评分、合作能力量表。

五 项目活动设计

（一）启动阶段（问题情境、项目计划）

1. 冬日小卫士召唤

教师启动全息投影仪，播放北极狐冬季捕食旅鼠的4K动画，雪地反光的光影效果在教室墙面上流转。教师扮演"羽毛精灵"，身着可变色的智能温控斗篷，手持水晶羽毛指向窗户，阳光透过水晶折射出的光斑立即在地面上形成旋转的羽毛图案。学生佩戴可变色的羽毛手环（含光敏传感器），领取内含稻草、毛线的"鸟巢魔法包"，观察教师演示"会跳舞的喂鸟器"（内置震动传感器，触发鸟食洒落）。教师使用《鸟类知识问答记录表》，记录学生答题的正确率（答对4题以上为优秀）和"魔法手势"模仿整齐度（动作同步率超过90%），用羽毛贴纸即时奖励。对应学习目标是A1、A3。

2. 庇护所规划会议

教师组织小组用荧光彩泥制作立体鸟巢模型。每组领取3D打印的防雨雪喂鸟器参考模型。学生使用带NFC芯片的魔法分工卡（含材料采集员、鸟巢工程师等角色）完成分工，在防水设计图纸上绘制喂鸟器结构（有保温层、防雨雪檐、食物储存仓），用亮片标注重点保暖区域。教师通过平板设备展示往届优秀设计案例，并用激光笔圈出稻草编织层的关键作用。教师从草图创意性、分工合理性、团队协作效率等方面进行评分，将优秀设计投影在屏幕上展示，使用星星贴纸奖励。

（二）探究阶段（活动探究、作品制作）

1. 鸟类庇护实验室

教师指导学生使用高精度温度计（精度 ±0.1 ℃）测试稻草、棉花、树叶的保温效果，记录数据后生成对比折线图。每组配备实验记录贴纸（含温度渐变条），完成测试后可获得"保暖小专家"勋章（含光敏变色功能）。教师通过智能白板实时展示各组保温效果排名。小组互评依据温度记录正确性（误差不超过0.5 ℃）、实验记录完成度（含5个以上数据点）、科学问题的数量（每提1个问题加1分），使用智慧星星贴纸、手账评分量表。对应学习目标是A2、B1。

2. 鸟巢装饰工坊

教师通过慢动作视频演示稻草编织技巧，重点讲解交叉编织法如何增强结构强度。学生使用安全剪刀修剪树枝，用麻绳捆绑树枝，制作喂鸟器框架，用松果、羽毛装饰外墙，用红色毛线模拟果实。教师提供显微镜供学生观察稻草纤维结构，将优秀作品用真空封装机保存。家长根据鸟巢结构的稳固性(承重不小于 50 g)、装饰的创意性、卫生操作记录进行评价。对应学习目标是 B2。

3.童话剧魔法屋

教师引导学生通过五感观察卡进行创作,使用诗歌模板编写《稻草窝里的故事》儿歌,为高年级童话剧创作做准备。每组用录音笔录制朗诵音频,根据优秀作品生成带动画效果的童话剧头饰(扫描显示 AR 鸟类动画)。教师依据儿歌句式的重复性、创意度、录音清晰度进行星级评定,使用诗歌星星贴纸、电子作品集。对应学习目标是 A3、B3。

(三)展示阶段(成果交流、评价反思)

1.庇护所落成典礼

教师组织学生佩戴羽毛解说员胸牌(带扩音器),在班级生态角布置喂鸟器模型和童话剧头饰。学生扮演"小鸟朋友"(佩戴发光头饰),通过触摸作品触发语音讲解。学生使用互动平板投票选出"最温暖的庇护材料",前三名可获得"羽毛使者"徽章(含光敏变色功能)。学生通过电子反馈卡和点赞墙投票,结果实时生成可视化报告。优秀讲解员可获得"魔法大使"勋章。对应学习目标是 A4、B4。

2.冰晶球反思时刻

教师指导学生将作品存入"羽毛记忆罐",用羽毛贴画记录反思内容。每组使用旋转式评分卡进行自评、互评,生成"魔法成长树"可视化评价报告。教师为"最佳庇护团队"颁发证书。教师依据反思深度、团队贡献度、创意新颖性进行星级评定,使用太阳星星贴纸、电子成长档案。

附录

最终作品评价表

评价维度	评价指标	自评	互评	总评
喂鸟器	结构完整(有喂食口、屋顶)、能稳定地放置鸟食,记录单包含材料发现	☆☆☆☆☆	☆☆☆☆☆	☆☆☆☆☆
童话剧头饰	造型安全(无锐角),自然材料使用合理(羽毛、树叶),色彩协调	☆☆☆☆☆	☆☆☆☆☆	☆☆☆☆☆
魔法诗集	包含 2 首以上原创儿歌,图文结合表现鸟类越冬特征	☆☆☆☆☆	☆☆☆☆☆	☆☆☆☆☆

小寒
（高年级）

鸟巢庇护所：喂鸟器制作与冬日童话剧

一 项目基本信息

项目名称为"小寒 鸟巢庇护所：喂鸟器制作与冬日童话剧"。主学科是科学、美术。关联学科是语文、劳动、信息技术。授课年级为小学高年级（四至六年级）。教学单元或知识点：鸟类冬季生存策略、材料工程学、童话剧创作、小寒节气文化。课时安排：课内 4 课时 ＋ 课外 3 课时（材料收集与社区实践）。项目概要：本项目以"小寒的鸟巢行动"为主题，通过制作生态喂鸟器理解生物适应性，结合童话剧创作，让学生在科学探究与艺术表达中感受"冬日生机"的自然智慧。项目融合动物行为学、工程设计与文学创作，培养生态意识、创新思维和文化表达能力，激发学生探索冬季生命奥秘的兴趣。

二 项目内容分析

（一）课标分析

内容要求：科学方面，掌握鸟类冬季生存策略（迁徙、冬羽、储食），探究不同材料（木材、塑料、竹筒）的抗寒性能，理解生态喂鸟器的设计原理（防风、防雨雪、防天敌）。美术方面，学习自然材料的综合运用，掌握立体构成技巧；运用枯枝、松果等素材表现鸟巢的温暖感，结合暖色调营造冬日生机氛围。语文方面，收集与小寒节气相关的诗词，学习借物抒情的写作手法；能撰写喂鸟器使用说明书，创作以鸟类越冬为主题的童话剧剧本。劳动方面，熟练使用木工工具，养成安全操作和回收环保材料的习惯；掌握涂刷防水涂层、打绳结、捆绑等实用技能。

教学建议：开展"冬日守护者"主题实践，组织学生观察校园鸟类活动，记录鸟类觅食行为。结合《诗经》"十月之交，朔日辛卯"等诗词，引导学生感受古人对时序的敬畏。设计"材料耐寒挑战赛",测试不同材质喂鸟器的抗寒能力。利用定格动画记录鸟类取食过程,制作生态保护宣传片。

学业质量标准:能准确地描述鸟类的冬季生存策略,用科学原理解释喂鸟器的设计要点。制作出结构合理、功能完善的喂鸟器。完成富有创意的童话剧剧本与表演。撰写图文并茂的观察报告和富含哲理的冬日故事。养成生态保护意识与团队协作能力,能清晰地阐述设计理念并改进作品。

(二)教材分析

纵向分析:本项目是对三年级"动物的适应"单元的深化,对四年级"材料与结构"课程的拓展。通过具象化的喂鸟器制作,帮助学生构建"生物与环境"的生态认知,为六年级学习"生态系统"奠定基础。小寒文化内容衔接"节气里的中国"主题,强化自然规律与人文关怀的联系。

横向分析:科学与美术在材料选择、结构设计上深度融合,语文为活动赋予文学意境,劳动保障实践操作,信息技术记录创作过程。例如,用语文课收集的诗句命名喂鸟器,用科学实验数据指导材料选择,美术课设计鸟巢造型,劳动课完成制作流程。

(三)学情分析

先验知识:学生已掌握鸟类的基本特征,能识别常见鸟种,但对冬季羽毛变化和食物储存行为理解模糊。

技能水平:学生能使用锤子、螺丝刀等工具,但对复杂结构设计能力较弱。学生对童话剧创作有兴趣,但剧本逻辑和角色塑造能力需加强。

思维特点:学生处于具体运算向形式运算的过渡期,需要通过实物操作理解抽象生态概念。他们对传统文化中的自然意象有感知,但难以将其与科学现象建立联系。

兴趣点:学生对鸟类越冬的策略充满好奇,喜欢童话剧的角色扮演形式,对重复性劳动有倦怠感,需设计趣味性探究环节。

价值观:具备初步的生态保护意识,但对小寒"藏生机"的文化内涵理解不深。

(四)核心知识设计

科学:深入研究鸟类的冬季生存策略,观察麻雀的羽毛蓬松度变化(增加30%的厚度),分析蜡嘴雀的种子储存行为(每只储存约2 000粒种子)。探究材料抗寒性能,测试木材（-15 ℃开裂率 10％）、塑料（-20 ℃脆化）、竹筒（-10 ℃吸湿膨胀）的耐寒极限,选择最优材料组合。掌握喂鸟器工程设计,采用"三角形屋顶 + 倒圆锥防猫"结构,设置可调节喂食口（直径 3 ~ 5 cm）,配备温度传感器监测食物状态。

美术:学习自然材料的综合运用,用树皮制作鸟巢纹理,用麻绳捆绑树枝,用松果鳞片表现蓬松感,配合丙烯颜料绘制暖色调雪景。创新鸟巢主题装饰,采用"内暖外冷"的色彩方案,内部用橙红色表现温暖,外部用灰蓝色表现寒冷环境,添加 LED 灯珠营造微光效果。运用插接、缠绕、编织等技法,将枯枝、松果组合成立体鸟巢模型,设计可开合观察窗。

语文:赏析与小寒相关诗词中的生命哲思,学习"以冬喻生"的表现手法。创作鸟类越冬童话剧,运用拟人、象征等修辞,结合科学原理描述鸟类互助故事。撰写喂鸟器使用说明书,用"问题解决法"说明设计亮点,附上诗词注释（"寒雪梅中尽,春风柳上归"）。

劳动:掌握木工工具的使用规范,安全操作台锯切割木板,正确使用砂纸打磨边缘,规范涂刷防水木蜡油。提升编织捆绑技能,用八股辫技法固定鸟巢支撑结构,通过十字交叉法增强底座的稳定性。培养回收材料的习惯,将废弃塑料瓶改造成喂食槽,用旧毛衣编织鸟巢内衬,制作"环保再生材料包"。

三 驱动性问题/任务设计

（一）应用情境分析

应用情境原型:社区"冬日鸟类保护计划"需要设计生态喂鸟器。

情境类型:真实任务情境。

（二）驱动性问题/任务设计

驱动性问题:作为"冬日守护者",我们如何在小寒节气为社区设计既能保护鸟类,又能传递温暖故事的生态庇护所？

最终作品:智能生态喂鸟器（含温度监测与防雨雪功能）、沉浸式冬日童话剧（含原创剧本与道具设计）、鸟类保护手册（含观察日记与喂鸟器维护指南）。

（三）驱动性问题/任务框架

鸟类的冬日生存密码:关联知识与技能为羽毛观察、食物实验。阶段性作品/成果为鸟类越冬观察报告。如何建造不会冻住的粮仓:关联知识与技能为材料耐寒测试、结构设计。阶段性作品/成果为喂鸟器原型草图。鸟巢里藏着什么故事：关联知识与技能为与小寒相关的诗词赏析、剧本创作。阶段性作品/成果为童话剧分镜脚本。搭建庇护所的魔法工坊：关联知识与技能为木工制作、安全操作。阶段性作品/成果为喂鸟器组装流程图。

四 项目目标与评价设计

（一）项目学习目标

A1：了解鸟类冬季生存策略。A2：学习材料耐寒性科学原理。A3：了解自然材料的艺术表现力。A4：学习与小寒相关诗词的哲学内涵。B1：独立制作智能生态喂鸟器。B2：创作融合科学与艺术的童话剧。B3：策划并实施社区喂鸟行动。B4：通过团队协作解决技术难题。

（二）项目评价设计

对于A1、A2、B1目标，评价依据是喂鸟器模型、监测数据，评价方式是教师评价、小组互评。对于B2目标，评价依据是童话剧剧本、道具设计，评价方式是美术教师评分、观众投票。对于A3、B3目标，评价依据是保护手册、活动照片，评价方式是社区居民评分、劳动日志。对于A4、B4目标，评价依据是诗词分析卡、团队分工表，评价方式是语言表达评分、合作能力量表。

五 项目活动设计

（一）启动阶段（问题情境、项目计划）

1.冬日守护者召唤

教师启动全息投影仪，播放北极燕鸥跨半球迁徙的4K纪录片，鸟类振翅的立体影像在教室中央旋转。教师穿着智能温控的"羽毛魔法师斗篷"，手持水晶观鸟镜指向墙面，实时显示故宫宫墙下的越冬鸟类热成像图。学生佩戴AR眼镜，通过扫描鸟类图片触发3D羽毛结构解析动画。教师使用《鸟类知识竞答评分表》，记录学生答题的正确率（答对6题以上为优秀）和角色扮演创意度（独特动作设计数量），用羽毛魔法师徽章贴纸即时奖励。对应学习目标是A1、A4。

2.庇护所规划会议

教师组织小组使用平板设备上的MindMaster软件，绘制包含"智能监控"等

15 个功能模块的鸟巢庇护所思维导图。每组领取带 NFC 芯片的智能分工卡,扫描后自动分配生态工程师、剧本创作师等角色。学生用荧光笔在防水图纸上标注喂鸟器参数,使用 3D 打印笔制作防猫倒圆锥结构模型。教师从计划书的创新性、分工的合理性、团队协作效率等方面进行评分,将优秀方案生成 3D 打印原型展示。

(二)探究阶段(活动探究、作品制作)

1. 鸟类生存实验室

教师指导学生使用高精度望远镜观察校园中的鸟类,记录麻雀羽毛蓬松度变化(通过图像处理软件量化),用电子天平(精度 0.01 g)称量蜡嘴雀的储食量。学生对比松木($-15\ ℃$抗冻)、竹筒($-10\ ℃$抗冻)、树脂($-20\ ℃$抗冻)的耐寒性,使用 Excel 生成抗冻曲线。小组互评依据观察记录的完整性、结论的逻辑性($R^2 > 0.98$)、创新改进点,使用智慧星贴纸、实验报告评分量表。对应学习目标是 A1、A2、B1。

2. 鸟巢材料炼丹坊

教师通过慢动作视频演示树脂材料的浇筑技巧,重点讲解防猫倒圆锥结构的力学原理。学生使用 3D 打印机(精度 0.1 mm)制作喂鸟器主体,在低温箱中测试不同材料的抗冻极限。教师提供显微镜供学生观察材料的微观结构,将优秀作品用真空镀膜机进行防腐蚀处理。教师从喂鸟器的实用性、材料的创新性、技术实现难度评分,使用创新星贴纸、三维评分量表。对应学习目标是 A3、B3。

3. 冬日童话工坊

教师引导学生通过五感观察卡(视觉:鸟类啄食,听觉:寒风呼啸,触觉:蓬松羽毛)进行创作,使用写作模板编写《冰天雪地的午餐会》剧本。每组用录音笔录制有声剧本,将优秀作品生成带动画效果的童话剧手稿(扫描显示 AR 鸟类互动场景)。教师依据剧本想象力、科学元素融合度、录音质量进行星级评定,使用文学星贴纸、电子作品集。对应学习目标是 B2。

(三)展示阶段(成果交流、评价反思)

1. 庇护所落成仪式

教师组织学生穿着智能温控"羽毛魔法师斗篷",在社区公园安装智能喂鸟器(含 5 W 太阳能板,温度传感器精度 $\pm 0.1\ ℃$)。学生通过光影编程软件(TouchDesigner)控制 LED 灯模拟风雪效果,表演沉浸式童话剧《冰雪中的约定》。观众使用互动答题器参与"鸟类保护知识挑战赛"。社区居民通过电子投票系统(含实用性、美观性、教育性 3 项指标)和喂食记录评分,结果实时生成雷达图。优秀作品创作者获得"生态大师"奖杯(含太阳能充电功能)。对应学习目标是 B4。

2. 冰晶球反思仪式

教师指导学生将项目成果制作成"羽毛记忆瓶",将喂鸟器碎片用环氧树脂(折射率 1.55)封存,将童话剧道具制成羽毛风铃。每组使用旋转式评分卡进行自评、互评,生成"魔法成长树"可视化评价报告并进行反思。教师为"最佳守护者团队"颁发证书。教师依据反思深度、团队贡献度、技术创新点进行星级评定,使用太阳星贴纸、电子成长档案。

附 录

最终作品评价表

评价维度	评价指标	自评	互评	总评
喂鸟器	结构科学(倒圆锥防猫设计),能自动调节喂食量,温度传感器实时显示食物状态	☆☆☆☆☆	☆☆☆☆☆	☆☆☆☆☆
童话剧	剧本包含 3 个以上鸟类角色,制作道具时运用自然材料,表演传达生态保护理念	☆☆☆☆☆	☆☆☆☆☆	☆☆☆☆☆
保护手册	包含 5 种常见鸟类特征图,图文结合展示喂鸟器制作与维护方法	☆☆☆☆☆	☆☆☆☆☆	☆☆☆☆☆

大寒吟

宋 邵雍

旧雪未及消，新雪又拥户。

阶前冻银床，檐头冰钟乳。

清日无光辉，烈风正号怒。

人口各有舌，言语不能吐。

大寒
（低年级）

年味工坊：传统玩具与家庭春晚

一 项目基本信息

项目名称为"大寒 年味工坊：传统玩具与家庭春晚"。主学科是综合实践、科学。关联学科是语文、美术、劳动。授课年级为小学低年级（一至三年级）。教学单元或知识点：传统玩具原理、年味装饰、简单手工、儿歌创作、家庭协作。课时安排：课内 3 课时＋课外 2 课时（家庭实践）。项目概要：本项目以"大寒的年味工坊"为主题，通过制作简易风车、陀螺等传统玩具，结合家庭春晚筹备，让学生在游戏化学习中感受"辞旧迎新"的文化魅力。项目融合科学探究、诗歌创作与劳动实践，培养学生的观察力、动手能力和家庭协作意识，激发学生探索节气与生活的联系。

二 项目内容分析

（一）课标分析

内容要求：综合实践方面，掌握简单机械玩具的制作方法，能使用安全材料设计传统玩具；理解家庭春晚的筹备流程。科学方面，观察传统玩具的运动原理（旋转、平衡），探究材料（竹、木、塑料）的耐用性。语文方面，学习与大寒相关的儿歌，能模仿创作简短的诗歌；用简单句式描述制作过程和感受。美术方面，学习剪贴、泥塑等技法，用自然材料装饰作品；运用中国红、金色表现年味。劳动方面，安全使用剪刀、胶水，养成有序整理工具的习惯。

教学建议：开展"年味小匠人"角色扮演活动，引导学生拆解传统玩具。结合儿歌表演，帮助学生记忆节气特征。设计"玩具挑战赛"，测试不同材料的耐用性。组织"家庭春晚策划会"，鼓励学生与家长共同准备节目。

学业质量标准：能说出传统玩具的主要特点，用简单的语言描述运动现象。制作出结构稳固、装饰美观的传统玩具和春晚道具。创作3～5句与大寒相关的儿歌，在班级展示分享。养成安全操作习惯，能与家人合作完成任务。

（二）教材分析

纵向分析：本项目是对一年级"材料特性"单元的延伸，为三年级学习"机械运动"奠定基础。通过具象化的玩具制作，帮助学生建立"结构与功能"的初步认知，衔接低年级的自然观察与高年级的科学探究。

横向分析：综合实践与科学在材料选择、机械原理上深度融合，语文为作品赋予文学色彩，美术提升美观度，劳动培养实践技能。

（三）学情分析

先验知识：学生已认识年俗活动，能识别传统玩具，但对其科学原理和家庭协作认知模糊。

技能水平：学生能使用简单手工工具，但精细操作能力较弱。他们对实验探究有兴趣，但自主设计能力需提高。

思维特点：学生的思维以具体形象思维为主，他们需要借助实物操作理解抽象概念，对"工坊"主题非常好奇，但注意力集中时间较短。

兴趣点：学生喜欢动手制作和角色扮演，尤其对会动的传统玩具非常好奇，对复杂步骤容易失去耐心，需设计游戏化环节。

价值观：学生具备一定家庭意识，但对大寒"迎年"的文化内涵理解浅显。

（四）核心知识设计

综合实践：掌握传统玩具的制作方法，用竹片制作风车（三叶片结构），用瓶盖制作陀螺（重心平衡设计），通过"切割－打磨－装饰"三步法完成作品。学习家庭春晚的筹备，制定节目单（歌舞、小品、魔术），制作简易道具（灯笼、面具），设计互动环节（猜灯谜）。

科学：观察玩具运动原理，探究风车旋转与风力的关系（风速越大，转速越快），分析陀螺平衡与重心的关系（中心轴垂直于地面）。探究材料的耐用性，对比不同材料（竹、木、塑料）的抗摔性能，发现塑料材质更耐用（5次摔落无损坏）。

语文：学习与大寒相关的儿歌《风车转呀转》，分析重复句式，模仿创作简单的句式。撰写观察日记，记录实验发现，搭配简单的图画。

美术：学习传统纹样装饰，临摹"福"字，剪纸，用金箔纸制作吉祥图案，配合红底黄边表现喜庆氛围。运用中国红搭配,主色调使用朱砂红,点缀金色流苏,制作"年年有余"主题灯笼。

劳动:正确握持儿童刻刀雕刻竹片,用砂纸打磨边缘,规范涂刷环保颜料。养成整理收纳习惯,将实验材料分类放入"年味工具箱"(标注"竹制材料""装饰材料"),课后清洁桌面。

三 驱动性问题/任务设计

(一)应用情境分析

应用情境原型:班级"年味博物馆"需要互动展品。

情境类型:模拟任务情境。

(二)驱动性问题/任务设计

驱动性问题:作为"年味小匠人",我们如何为班级博物馆制作既能展示传统智慧,又能让家人欢笑的年味作品?

最终作品:可旋转的传统玩具套装(含实验观察记录)、家庭春晚节目单(含原创节目与道具设计)、年味魔法诗集(含学生原创儿歌与绘画)。

(三)驱动性问题/任务框架

传统玩具的秘密:关联知识与技能为机械原理、材料测试。阶段性作品/成果为玩具拆解观察报告。如何制作会跳舞的玩具:关联知识与技能为手工制作、安全操作。阶段性作品/成果为玩具设计草图。策划家庭春晚魔法秀:关联知识与技能为节目编排、道具制作。阶段性作品/成果为春晚流程表。编写年味魔法咒语:关联知识与技能为与大寒相关的儿歌赏析、诗歌创作。阶段性作品/成果为魔法诗歌卡片。

四 项目目标与评价设计

(一)项目学习目标

A1:了解传统玩具的运动原理。A2:了解材料的耐用特性。A3:了解儿歌的重复句式。A4:了解传统纹样的艺术特征。B1:制作玩具并描述运动现象。B2:安全完成道具制作并记录过程。B3:创作并表演大寒主题儿歌。B4:通过角色扮演来表达设计思路。

（二）项目评价设计

对于 A1、B1 目标,评价依据是玩具模型、观察记录单,评价方式是教师评价、小组互评(贴纸奖励)。对于 A2、B2 目标,评价依据是节目单、道具照片,评价方式是家长评价、劳动日志(盖笑脸印章)。对于 A3、B3 目标,评价依据是魔法诗集、表演视频,评价方式是创意写作星级评定、班级投票。对于 A4、B4 目标,评价依据是纹样设计图、角色表演,评价方式是美术教师评分、合作能力量表。

五　项目活动设计

（一）启动阶段（问题情境、项目计划）

1.年味小匠人召唤

教师启动全息投影仪,播放老北京风车制作的 4K 纪录片,匠人的手作过程在教室中央立体呈现。教师扮演"年味魔法师",身着金丝绣制的智能温控围裙,手持水晶陀螺指向窗户,阳光折射出的光斑立即在地面上形成旋转的福字图案。学生佩戴可变色的年味手环(含光敏传感器),领取内含竹片、彩绳的传统玩具材料包,观察教师演示会旋转的陀螺灯笼(内置磁悬浮装置)。教师使用《传统玩具知识问答记录表》,记录学生答题的正确率(答对 5 题以上为优秀)和"魔法手势"模仿整齐度(动作同步率超过 90％),用福字贴纸即时奖励。对应学习目标是 A1、A3。

2.工坊任务会议

教师组织小组用荧光彩泥制作立体玩具模型,每组领取 3D 打印的旋转陀螺参考模型。学生使用带 NFC 芯片的魔法分工卡,在防水设计图纸上绘制玩具结构,用亮片标注重点功能区域。教师通过平板设备展示往届优秀设计案例,并用激光笔圈出磁悬浮旋转轴的关键作用。教师从草图的创意性、分工合理性、团队协作效率评分,将优秀设计投影在屏幕展示,使用合作星星贴纸奖励。

（二）探究阶段（活动探究、作品制作）

1.玩具魔法实验室

教师指导学生使用高精度计时器(精度 0.01 秒)测试竹片、塑料、木头陀螺的旋转时间,记录数据后生成对比柱状图。每组配备实验记录贴纸(含旋转时间渐变条),完成测试后获得"旋转小能手"勋章(含光敏变色功能)。教师通过智能白板实时展示各组旋转时间排名。小组互评依据旋转时间记录正确性(误差不超过 0.5 秒)、实验记录完成度(含 5 个以上数据点)、科学问题数量(每提 1 个问题加 1 分),使用智慧星星贴纸、手账评分量表。对应学习目标是 A2、B1。

2. 传统玩具工坊

教师通过慢动作视频演示风车的制作,重点讲解 3 叶片竹片的平衡技巧。学生使用安全剪刀修剪竹片,用金箔纸装饰叶片,用绳艺固定棉线轴。教师提供显微镜供学生观察竹纤维结构,将优秀作品用真空封装机保存。家长根据结构稳定性、装饰美观度、卫生操作记录等方面进行评价。对应学习目标是 B2。

3. 春晚魔法屋

教师引导学生通过五感观察卡进行创作,使用诗歌模板编写儿歌《陀螺转出新一年》。每组用录音笔录制朗诵音频,根据优秀作品生成带动画效果的春晚节目单(扫描显示 AR 传统玩具动画)。教师依据儿歌句式的重复性、创意度、录音的清晰度进行星级评定,使用诗歌星星贴纸、电子作品集。对应学习目标是 A4、B3。

(三)展示阶段(成果交流、评价反思)

1. 年味工坊开放日

教师组织学生佩戴玩具魔法师胸牌(带扩音器),在班级文化角布置传统玩具和春晚节目单。学生扮演"年兽朋友"(佩戴发光头饰),通过触摸作品触发语音讲解。学生使用互动平板投票选出"最持久的旋转玩具",前三名可获得"年味使者"徽章(含光敏变色功能)。学生通过电子反馈卡和点赞墙投票,结果实时生成可视化报告。优秀讲解员可获得"魔法大使"勋章。对应学习目标是 A4、B3。

2. 冰晶球反思时刻

教师指导学生将作品存入"年味记忆盒"(智能感应开启),用金箔纸记录反思内容。每组使用旋转式评分卡进行自评、互评,生成"魔法成长树"可视化评价报告。教师为"最佳年味团队"颁发证书。教师依据反思深度、团队贡献度、创意新颖性进行星级评定,使用太阳星星贴纸、电子成长档案。

附 录

最终作品评价表

评价维度	评价指标	自评	互评	总评
玩具套装	包含风车、陀螺各 1 个,能正常运转	☆☆☆☆☆	☆☆☆☆☆	☆☆☆☆☆

续表

评价维度	评价指标	自评	互评	总评
节目单	包含3个以上家庭合作节目,道具安全(无锐角),色彩协调	☆☆☆☆☆	☆☆☆☆☆	☆☆☆☆☆
魔法诗集	包含2首以上原创儿歌,图文结合表现大寒特征	☆☆☆☆☆	☆☆☆☆☆	☆☆☆☆☆

大寒
（高年级）

年味工坊：传统玩具与家庭春晚

一 项目基本信息

项目名称为"大寒 年味工坊：传统玩具与家庭春晚"。主学科是科学、劳动。关联学科是语文、美术、信息技术。授课年级为小学高年级(四至六年级)。教学单元或知识点：材料工程学、热力学原理、传统手工艺、民俗文化、戏剧创作。课时安排：课内4课时＋课外3课时(家庭实践)。项目概要：本项目以"大寒的年味工坊"为主题,通过制作智能传统玩具理解古人智慧,结合家庭春晚创作,让学生在科技与传统的碰撞中感受"辞旧迎新"的文化魅力。项目融合材料科学、民俗技艺与艺术创新,培养学生的工程思维、文化传承意识和家庭协作能力,激发学生探索节气与生活的联系。

二 项目内容分析

（一）课标分析

内容要求：科学方面,掌握传统玩具的力学原理,探究热胀冷缩在年糕制作中的应用；理解智能装置的基础电路设计。劳动方面,熟练使用木工工具制作传统玩具,学习年俗食品制作技艺,安全操作热熔胶枪、激光雕刻机等设备。语文方面,收集与大寒相关的谚语、诗词,学习叙事性写作手法；能撰写玩具使用说明书,创作家庭春晚主持词。美术方面,学习传统玩具的造型艺术,掌握吉祥纹样设计技巧;运用中国红、金色等色彩表现年味,结合 LED 灯创新灯光效果。

教学建议:开展"年味工程师"主题实践,组织学生拆解陀螺、空竹等传统玩具,分析其科学原理。结合《元日》的赏析,引导学生感受古人对新春的期盼。设计"材料挑战赛",测试不同材质(竹、木、塑料)的耐寒性。利用智能家居设备改造传统玩具,录制短视频《年味科技秀》。

学业质量标准:能准确地解释传统玩具的科学原理,用科学原理解释年糕制作中的热胀现象。制作出功能完善的智能传统玩具,完成创意家庭春晚剧本创作与表演。撰写图文并茂的实践报告和富含年味的主持词。养成科技与传统相结合的创新意识,能清晰地阐述设计理念并改进作品。

(二)教材分析

纵向分析:本项目是对四年级"运动与力"单元的深化,对五年级"材料与工程"课程的拓展。通过具象化的传统玩具制作,帮助学生构建"技术与文化"的认知框架,为六年级学习"智能控制"奠定基础。大寒文化内容衔接"节气里的中国"主题,强化传统习俗与现代科技的融合。

横向分析:科学与劳动在材料选择、工艺制作上深度融合,语文为活动赋予文学意境,美术提升作品的艺术性,信息技术实现智能改造。

(三)学情分析

先验知识:学生已掌握简单机械原理,能识别传统玩具,但对其背后的科学原理和文化寓意理解模糊。

技能水平:学生能使用基础手工工具,但复杂结构设计与电路连接能力较弱。他们有参与家庭春晚的经验,但剧本创作和舞台设计能力需加强。

思维特点:学生处于具体运算向形式运算过渡期,需要通过实物操作理解抽象工程概念。学生对传统文化中的科技元素有感知,但难以将其与现代技术建立联系。

兴趣点:学生对智能改造传统玩具非常好奇,喜欢家庭春晚的互动形式。他们对重复性手工制作有倦怠感,需设计科技融合环节。

价值观:学生有一定文化认同感,但对大寒"迎年"的哲学内涵理解不深。

(四)核心知识设计

科学:深入研究传统玩具力学原理,拆解陀螺,分析角动量守恒(转速达300 rpm

时稳定性最佳)，探究空竹的向心力公式($F=mv^2/r$)。探究年糕制作的热力学，测试糯米粉糊化温度(约 75 ℃)，分析冷却后淀粉重结晶过程，理解"打年糕"的分子结构变化。掌握智能控制技术，组装光敏电阻控制的走马灯电路，用 Arduino 编程实现灯笼自动旋转(转速 5 rpm)。

劳动：学习传统玩具制作技艺，用榫卯结构制作七巧板，掌握"一锯二刨三打磨"的木工流程，用红线编织中国结装饰玩具。创新年俗食品制作：设计彩色年糕(添加紫薯泥呈紫色，添加南瓜泥呈黄色)，探究木糖醇替代蔗糖的可行性(甜度保持80%)，掌握蒸汽定型技法。提升智能工具操作能力，安全使用激光雕刻机切割木板(精度 0.1 mm)，规范焊接 LED 灯带电路，制作可变色灯笼。

语文：赏析与大寒相关诗词中的年味意象，学习"以寒衬暖"的表现手法。创作家庭春晚主持词，运用排比、对偶等修辞，结合科学原理串联节目。撰写玩具使用说明书，用"问题解决法"说明智能改造亮点，附上谚语注释("大寒到顶点，日后天渐暖")。

美术：学习传统吉祥纹样设计，临摹"连年有余"鱼纹、"福"字变体，用烫金工艺装饰玩具，配合红底金线表现喜庆氛围。创新舞台美术设计，采用"前低后高"的层次布局，用投影技术呈现动态年画，设计可升降灯笼(30～150 cm)，增强空间感。综合运用材料，混合光纤材料制作发光中国结，用热转印技术将诗词印制在年糕包装纸上。

三 驱动性问题/任务设计

(一)应用情境分析

应用情境原型：社区"科技年味节"需要设计传统玩具互动区。

情境类型：真实任务情境。

(二)驱动性问题/任务设计

驱动性问题：作为"年味工程师"，我们如何在大寒节气为社区设计既传承传统智慧，又充满科技感的年味体验活动？

最终作品：智能传统玩具套装(含陀螺、走马灯、电子春联)、沉浸式家庭春晚(含原创剧本与智能舞台装置)、年味科技手册(含玩具制作指南与春晚策划方案)。

（三）驱动性问题/任务框架

传统玩具的科学密码：关联知识与技能为力学实验、电路设计。阶段性作品/成果为玩具拆解分析报告。如何让年味智能升级：关联知识与技能为材料创新、编程控制。阶段性作品/成果为智能玩具原型草图。春晚舞台的魔法咒语：关联知识与技能为与大寒相关的诗词赏析、剧本创作。阶段性作品/成果为春晚分镜脚本。搭建年味工坊的魔法厨房：关联知识与技能为食品制作、安全操作。阶段性作品/成果为年糕制作流程图。

四　项目目标与评价设计

（一）项目学习目标

A1：了解传统玩具的力学原理。A2：了解年糕制作的热力学原理。A3：了解吉祥纹样的艺术特征。A4：了解与大寒相关诗词的情感表达。B1：独立制作智能传统玩具。B2：创作融合科技与传统的家庭春晚。B3：策划并实施社区年味体验活动。B4：通过团队协作解决技术难题。

（二）项目评价设计

对于 A1、B1 目标，评价依据是玩具模型、电路设计图，评价方式是教师评价、小组互评。对于 A2、B2 目标，评价依据是春晚剧本、舞台设计，评价方式是美术教师评分、家庭满意度调查。对于 A3、B3 目标，评价依据是年味手册、活动照片，评价方式是社区居民评分、劳动日志。对于 A4、B4 目标，评价依据是诗词分析卡、团队分工表，评价方式是语言表达评分、合作能力量表。

五　项目活动设计

（一）启动阶段（问题情境、项目计划）

1.年味工程师召唤

教师启动全息投影仪，播放故宫春节文物修复的 4K 纪录片，匠人们修复宫灯的立体影像在教室中央旋转。教师戴着智能温控的"时空工程师"护目镜，手持水晶陀螺指向墙面，实时显示智能花灯的动态电路设计图。学生佩戴 AR 眼镜，通过扫描玩具文物图片触发 3D 拆解动画。教师使用《年味知识竞答评分表》，记录学生答题的正确率（答对 7 题以上为优秀）和角色扮演创意度（独特科技元素数量），用时空工程师徽章贴纸即时奖励。对应学习目标是 A1、A4。

2. 工坊规划会议

教师组织小组使用平板设备上的 MindMaster 软件，绘制包含"智能舞狮"等 20 个功能模块的年味工坊思维导图。每组领取带 NFC 芯片的智能分工卡，扫描后自动分配机械工程师、数字艺术家等角色。学生用荧光笔在防水图纸上标注智能玩具参数，使用 3D 打印笔制作可变色电子春联模型。教师从计划书的创新性、分工合理性、团队协作效率等方面进行评分，将优秀方案生成 3D 打印原型展示。

（二）探究阶段（活动探究、作品制作）

1. 传统玩具实验室

教师指导学生使用高精度转速传感器拆解陀螺、空竹等传统玩具，同步用向心力计算模板（公式 $F = mv^2/r$）分析稳定性。学生对比竹（抗摔 30 次）、木（抗摔 20 次）、塑料（抗摔 40 次）的抗摔性能，使用 Excel 生成耐久性曲线。小组互评依据实验数据的准确性（误差不超过 5 rpm）、结论逻辑性（$R^2 > 0.99$）、创新改进点，使用智慧星贴纸、实验报告评分量表。对应学习目标是 A1、B1。

2. 智能玩具炼丹坊

教师通过慢动作视频演示 Arduino 编程，重点讲解光敏传感器控制走马灯转速的逻辑。学生使用激光雕刻机（精度 0.01 mm）制作可变色电子春联，在低温箱中测试 LED 灯带的耐寒性。教师提供示波器供学生观察电路波形，将优秀作品用真空镀膜机进行防氧化处理。教师从玩具的创新性、科技融合度、技术实现难度等方面进行评分。对应学习目标是 B2。

3. 年味故事工坊

教师引导学生通过五感观察卡进行创作，使用写作模板编写剧本《智能灯笼的除夕夜》。每组用录音笔录制有声剧本，根据优秀作品生成带动画效果的春晚剧本手稿。教师依据剧本的想象力、科技元素融合度、录音质量进行星级评定，使用文学星贴纸、电子作品集。对应学习目标是 A3、B3。

（三）展示阶段（成果交流、评价反思）

1. 年味工坊开园式

教师组织学生戴着智能温控"时空工程师"护目镜，在社区搭建智能玩具互动区。学生通过陀螺仪演示角动量守恒，通过 AR 眼镜展示从传统玩具到智能玩具的演变史,使用直播设备举办家庭春晚。观众使用互动答题器参与"科技年味知识挑战赛"。社区居民通过电子投票系统和知识挑战赛得分进行评分,结果实时生成雷达图。优秀作品创作者可获得"科技年味大师"奖杯。对应学习目标是 B2、B4。

2. 冰晶球反思仪式

教师指导学生将项目成果制作成"年味记忆瓶",将玩具零件用环氧树脂(折射率 1.55)封存,将春晚道具制成电子风铃。每组使用旋转式评分卡进行自评、互评,生成"魔法成长树"可视化评价报告并进行反思。教师为"最佳年味团队"颁发证书。教师依据反思深度、团队贡献度、技术创新点进行星级评定,使用太阳星贴纸、电子成长档案。

附 录

最终作品评价表

评价维度	评价指标	自评	互评	总评
智能玩具	融合传统造型与科技功能,能实现人机互动	☆☆☆☆☆	☆☆☆☆☆	☆☆☆☆☆
家庭春晚	剧本包含 5 个以上节目类型,舞台装置实现灯光、音效智能控制	☆☆☆☆☆	☆☆☆☆☆	☆☆☆☆☆
年味手册	包含 3 种传统玩具制作教程,图文结合展示科技改造原理	☆☆☆☆☆	☆☆☆☆☆	☆☆☆☆☆